Zell Das Gen-Zeitalter

Rolf Andreas Zell

Das Gen-Zeitalter

Menschen, Mächte, Moleküle

TRIAS THIEME HIPPOKRATES ENKE

Anschrift des Autors:
Rolf Andreas Zell
Osianderstraße 13
D-7000 Stuttgart 1

Umschlaggestaltung und
Konzeption der Typographie:
B. und H. P. Willberg, Eppstein/Ts.

Umschlagphoto:
Dominique Loenicker, Fellbach
Textzeichnungen:
Friedrich Hartmann, Stuttgart

CIP-Titelaufnahme der Deutschen Bibliothek:

Zell, Rolf Andreas:
Das Gen-Zeitalter: Menschen, Mächte, Moleküle / Rolf Andreas Zell. – Stuttgart: TRIAS – Thieme Hippokrates Enke, 1990

Rüdigerstraße 14
D-7000 Stuttgart 30
Printed in Germany
Satz und Druck: Gulde-Druck GmbH
D-7400 Tübingen
(Linotype System 4 [300 Linotronic])

ISBN 3-89373-126-1 1 2 3 4 5 6

Wichtiger Hinweis: Medizin als Wissenschaft ist ständig im Fluß. Forschung und klinische Erfahrung erweitern unsere Kenntnisse, insbesondere was Behandlung und medikamentöse Therapie anbelangt. Soweit in diesem Werk eine Dosierung oder eine Applikation erwähnt wird, darf der Leser zwar darauf vertrauen, daß Autoren, Herausgeber und Verlag größte Mühe darauf verwandt haben, daß diese Angabe genau dem **Wissensstand bei Fertigstellung des Werkes** entspricht. **Dennoch ist jeder Benutzer aufgefordert,** die Beipackzettel der verwendeten Präparate zu prüfen, um in eigener Verantwortung festzustellen, ob die dort gegebene Empfehlung für Dosierungen oder die Beachtung von Kontraindikationen gegenüber der Angabe in diesem Buch abweicht. Das gilt besonders bei selten verwendeten oder neu auf den Markt gebrachten Präparaten und bei denjenigen, die vom Bundesgesundheitsamt (BGA) in ihrer Anwendbarkeit eingeschränkt worden sind. Benutzer außerhalb der Bundesrepublik Deutschland müssen sich nach den Vorschriften der für sie zuständigen Behörde richten.

Reise in die Gen-Zeit

»Chancen und Risiken der Gentechnologie«, so lauten die Titel bestimmt Dreiviertel aller Vorträge, die sich mit dieser Entwicklung beschäftigen. Chancen und Risiken – das hört sich wie eine buchhalterisch penible Bilanz an: Soviel steht im Soll, soviel im Haben, unter dem Strich sieht's so aus. Doch auf diese Weise läßt sich eine Technologie nicht »berechnen«. Es fehlt bereits die wichtigste Voraussetzung für eine Bilanzierung, nämlich eine gemeinsame »Währungseinheit«, in der sich Gewinne und Verluste verrechnen lassen. Letztlich müssen Technologie-Buchhalter Äpfel mit Birnen vergleichen: Was nützt ein gentechnisch hergestellter Impfstoff, der vor einer Tropenkrankheit schützt, wenn er so teuer ist, daß ihn kaum eines der betroffenen Länder kaufen kann? Auf welcher Kontenseite und mit welchem Wert soll unser Buchhalter den Impfstoff verbuchen?

Hinzu kommt ein weiteres Problem, in das Kosten-Nutzen-Rechenakrobaten geraten: Manchmal sind Technologien geradezu furchterregend erfolgreich. Ein Paradebeispiel liefert das erste Kapitel, das von der »genetischen Gesellschaft« handelt. Molekularbiologische Untersuchungen und Gen-Tests lassen das Wissen um unsere Erbanlagen explodieren. So hilfreich dieses Wissen für Betroffene ist, von der Gesellschaft verlangt es mit Sicherheit einen sensibleren Umgang mit Krankheit, vor allem aber mit den Kranken. Geschieht dies nicht, dann könnte gerade einer der dicksten Haben-Posten der Gentechnik zu einer Gesellschaft beitragen, die der Gen-Kritiker und Biochemiker Erwin Chargaff als »molekulares Auschwitz« charakterisiert hat.

Also keine Bilanz, kein abgewogenes »Für« und »Wider«. Statt dessen biete ich eine gedankliche Reise an: Stellen wir uns vor, die gentechnischen Produkte, die heute bereits vorhanden oder aber absehbar sind, kommen in Gebrauch. Wie werden diese Produkte unser Leben verändern, wie haben sie unser Leben bereits verändert? An welchen neuralgischen Punkten der Reise müssen wir auf den Weg achten, um nicht in Sackgassen zu geraten?

In diesem Sinne ist *Gen-Zeit* ein Reiseführer, allerdings keiner, der touristische Sensationen abhakt. Stattdessen möchte er dem Reisenden ein Gefühl dafür geben, was ihn in diesem fremden Land alles erwartet. Die Reiserouten sind nicht immer ganz einfach. Aber schließlich ist es interessanter, die Landstraße zu benutzen, als auf der Autobahn zu fahren. Mitunter sind sogar gedankliche Klettertouren notwendig, um den besten Ausblick in einer vielfältigen Landschaft zu genießen.

Jedes Kapitel beschreibt eine der gentechnischen »Landschaften«. Es beginnt jeweils mit einer »Reisereportage«. Sie liefert einen ersten Eindruck davon, was uns in diesem Landstrich erwartet. Der daran anschließende Kapiteltext beschreibt das unbekannte Land dann systematisch. Angst, sich in dem fremden Begriffs-Dschungel der gentechnischen Welt zu verirren, muß niemand haben. In diesem Fall hilft der alphabetische »Nachschlageteil« im letzten Kapitel weiter. Ich wünsche Ihnen eine gute Reise.

Rolf Andreas Zell

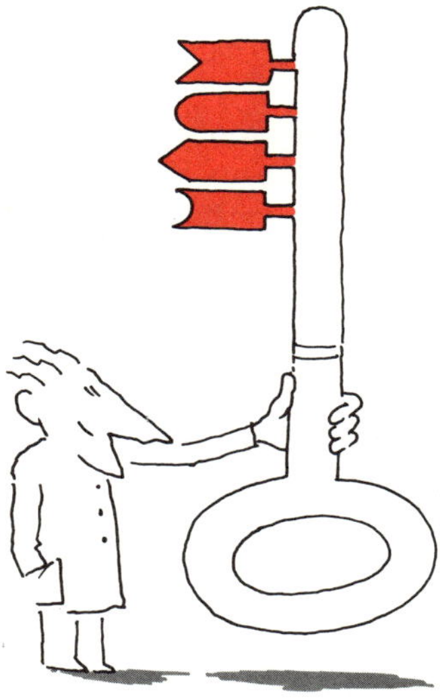

Er hat den Schlüssel

Die genetische Gesellschaft

Über die Krankheit seines Vaters spricht der 26jährige Wolfgang K. kaum mit einem Menschen. Irgendwie ist es ihm unangenehm, sagen zu müssen, sein Vater sei an einer Erbkrankheit gestorben. Am liebsten will Wolfgang K. diesen Gedanken aus seinen Leben verbannen. Schließlich ist er kerngesund. Und außerdem hatten ihm damals, vor sechs Jahren, als sein Vater an dieser schrecklichen Krankheit starb, die Ärzte Mut gemacht. Nur 50%, so hieß es, betrage seine Chance, ebenfalls zu erkranken. Und 50% – das erscheint ihm eine ausreichend große Chance. Genug, um sich nicht weiter mit dem lästigen Thema auseinandersetzen zu müssen. Chorea Huntington oder Veitstanz heißt die Krankheit, an der Wolfgang K.s Vater und, kurz vorher, auch dessen Bruder gestorben ist. Es ist eine Erbkrankheit, eine Krankheit also, die durch einen Fehler in den Erbanlagen, den Genen, verursacht wird. Es ist eine heimtückische Krankheit, für die die Mediziner bislang keine Heilungsmöglichkeit gefunden haben.

Die Chorea Huntington äußert sich als Nervenkrankheit. Sie tritt jedoch nicht sofort bei Geburt in Erscheinung. Die meisten Patienten erkranken erst nach dem 45. Lebensjahr – so auch Wolfgang K.s Vater. Zuerst waren es bei ihm bizarre, unwillkürliche und unkontrollierbare Muskelzuckungen. Doch bald kamen Sprachstörungen hinzu. Wolfgang K. erinnert sich noch genau an die oft peinlichen Situationen am Eßtisch, wenn sein Vater nur Unverständliches stammelte und sich mit hilfesuchendem Gesicht begreiflich machen wollte. Bald erfaßte diese seltsame Krankheit mehr als die Sprache. Selbst dem damals achtjährigen Bub blieb nicht verborgen, wie sich die Persönlichkeit seines Vaters zusehends veränderte, wie alles das, was ihm an seinem Vater als typisch erschien, einfach verschwand. Das soll mein Vater sein? So fragte er sich immer häufiger. Die letzten Jahre schließlich waren für alle die Hölle: Hilflos mußte die Familie mit ansehen, wie der Vater geistig verfiel. Etwa 12 Jahre nach den ersten Anzeichen starb der Mann in völliger geistiger Umnachtung.

Seit dem Tod seines Vaters, nachdem die Ärzte ausführlich mit ihm über die Krankheit gesprochen hatten, weiß Wolfgang K., daß auch ihm ein Huntington-Schicksal bevorstehen kann. Wie gesagt: Es steht 50:50. Ein teuflisches genetisches Roulette-Spiel. Wolfgang K. blendete diese unangenehme Tatsache in der Folgezeit einfach aus. Er dachte sich: »Was soll ich mich jetzt schon verrückt machen? Und vor allem, wenn es mich tatsächlich treffen sollte, dann kann ich ja doch nichts daran ändern.« Für den jungen Mann waren nun ganz andere Dinge wichtig. Nach den für alle belasteten Jahren mit dem schwerkranken Vater wollte er jetzt wieder an seine eigene Zukunft denken. Die Berufsentscheidung stellte sich ihm. Das Abitur hatte er

– mit ganz passablem Erfolg – in der Tasche. Die Bundeswehrzeit war überstanden. Er entschied sich, ein Jura-Studium anzufangen. Es war nicht nur das berufliche Ziel, das ihn daran reizte. Das Studium, in der 200 km entfernten Universitätsstadt, bot ihm auch die Möglichkeit, von zuhause auszuziehen. Das selbständige Leben in der eigenen Bude, so dachte er, macht es ihm vielleicht leichter, mit den traurigen Erlebnissen während seiner Teenager-Zeit fertigzuwerden.

Obwohl allen Erbkrankheiten gemeinsam ist, daß ihre Ursache letztlich in unseren Erbanlagen liegt, ist es dennoch ein unscharfer Begriff. Erbkrankheit ist nicht gleich Erbkrankheit – ein Faktum, das nicht nur für die Menschen von Bedeutung ist, die von einem Defekt in ihren Erbanlagen betroffen sind. Diese Tatsache ist auch für die Humangenetiker wichtig, also für die Mediziner, die sich mit der Aufklärung der Ursachen, mit der Diagnose und der Behandlung von Erbkrankheiten beschäftigen. Die Träger der Erbanlagen sind die *Chromosomen*. Wir Menschen besitzen in jeder unserer Körperzellen 23 Chromosomen-Paare. Davon sind 22 Paare bei Männern und Frauen gleich. Nur beim 23. Paar, den Geschlechtschromosomen, gibt es Unterschiede: Männer tragen ein X- und ein Y-Chromosom, Frauen zwei X-Chromosomen. Die Bezeichnung »X« und »Y« ist einfach zu erklären: Geschlechts-Chromosomen sehen unter dem Mikroskop x- oder y-förmig aus. Etwa 100000 Gene, so haben die Genetiker herausgefunden, sind insgesamt auf unseren Chromosomen aufgereiht – wie die Perlen auf einer Schnur. Die chemische Substanz, aus der unsere Erbanlagen bestehen, ist seit langem bekannt. Es ist ein Molekül mit dem zungenbrecherischen Namen *Desoxyribonucleinsäure*. Abgekürzt klingt es schon etwas handlicher: DNA nennen Wissenschaftler in aller Welt dieses Molekül. Immer, wenn es um Gentechnik geht, geht es fast automatisch um DNA. Im angloamerikanischen Sprachgebrauch wird Gentechnik – also »gene technology« – daher auch als »recombinant DNA-technology« bezeichnet. Damit ist eigentlich schon das wichtigste gesagt: Bei der Gentechnik geht es um die Erbsubstanz DNA, und es handelt sich um einen Prozeß, dessen Ziel es ist, DNA neu zusammenzusetzen, zu *rekombinieren*.

Die DNA stellt das biologisches Erbe dar, das ein Individuum jeweils zur Hälfte von den Keimzellen des Vaters – sie heißen Samenzellen – und der Mutter – dort heißen sie Eizellen – erhält. In der Erbsubstanz DNA sind alle Informationen gespeichert, die notwendig sind, damit sich aus einer befruchteten Eizelle schließlich ein Mensch entwickeln kann. Die Informationen, die dieses Molekül enthält, bestimmen, ob wir grüne oder blaue Augen haben, ob wir großwüchsig oder schmächtig gebaut sind, aber auch, ob wir zu Kurzsichtigkeit, Fettleibigkeit oder zur Schizophrenie neigen werden. Genau hier liegt das Problem, exakt zu beschreiben, was eine Erbkrankheit eigentlich ist. Eine Erbkrankheit kann auf einem Defekt in unseren Erbanlagen beruhen, der jeden, der diesen Informationsfehler – Genetiker nennen sie *Mutationen* – in seiner DNA trägt, krank macht. Es kann aber auch ein Defekt sein, der nicht unweigerlich zum Ausbruch einer Krankheit führt. Solche Fehler in der genetischen Information erhöhen lediglich die *Wahrscheinlichkeit*, mit der wir bestimmte Krankheiten bekommen können. Träger solcher Mutationen sind also anfälliger gegenüber einigen Krankheiten – das können Allergien, Herz-Kreislauf-Krankheiten wie die Arteriosklerose oder auch eine Form der Zuckerkrankheit sein.

Je nachdem, wie weit oder eng ein Mediziner den Begriff »Erbkrankheit« faßt, wird er unterschiedliche Zahlen über die *Häufigkeit von Erbkrankheiten* nennen. Ein dramatischer Unterschied übrigens – die von den Forschern genannten Zahlen reichen von 1% bis 100% der Bevölkerung. Streng genommen kann man nämlich sagen, daß jeder Mensch Mutationen in seiner Erbsubstanz trägt. Schließlich umfaßt unser Erbgut mindestens drei Milliarden Bausteine. Chemisch gesehen sind dies die vier Basen, die sich in dem DNA-Molekül paarweise gegenüberstehen. Die Gesamtzahl dieser Bausteine innerhalb einer Zelle ist noch längst nicht bekannt. Diese unvorstellbar große Zahl an Bausteinen läßt sich in circa 100 000 Gene gliedern. Aber auch diese Zahl ist lediglich eine Schätzung. Wenn dieses Buch erschienen sein wird, dann haben die Molekularbiologen auf der ganzen Welt vielleicht gerade 1000 Gene unseres Erbguts dingfest machen können – also gerade ein Prozent.

Humangenetiker kennen etwa 4000 verschiedene Krankheitsbilder, die von Mutationen in den Erbanlagen hervorgerufen werden. Davon sind in Deutschland etwa 4% aller Neugeborenen betroffen. Doch nur bei einem Viertel von ihnen äußert sich der Erbdefekt als eine gravierende Störung. In der Mehrheit der Fälle schränkt der Erbschaden die Lebensqualität des Betroffenen nur leicht ein. Für die Bundesrepublik Deutschland haben Humangenetiker hochgerechnet, daß etwa 300 000 Menschen an einer dieser 4000 Erbkrankheiten leiden. Jede dieser »reinen« Erbkrankheiten ist somit sehr selten. Die in Deutschland häufigste Erbkrankheit etwa, die *Cystische Fibrose* oder *Mukoviszidose*, tritt bei jedem zweitausendsten Baby auf. Die Schwere einer Erbkrankheit hängt übrigens nicht davon ab, ob sie nur durch einen punktuellen, molekularen Schaden in den Bausteinen der DNA verursacht ist, oder ob der Defekt durch die Abnormität ganzer Chromosomen hervorgerufen wird. Doch unabhängig vom »Ausmaß« dieser Defekte im Erbgut ist ihnen allen gemeinsam, daß die Träger solcher fehlerhafter Erbanlagen tatsächlich immer erkranken.

Dies ist anders bei Krankheiten, für deren Entstehung Erbdefekte zwar eine Rolle spielen, bei denen indes diese Mutationen nicht automatisch krankmachen, sondern lediglich die Wahrscheinlichkeit dafür erhöhen, daß der betreffende Träger erkrankt. So stießen dänische Mediziner vom Steno Memorial Hospital in Gentofte 1985 bei der Untersuchung von 429 Patienten auf eine bestimmte Gen-Konstellation, die bei Patienten mit Arteriosklerose zweieinhalbmal häufiger zu finden war als bei Patienten, die von dieser Herz-Kreislauf-Erkrankung nicht betroffen waren.

In der Zwischenzeit konnten verschiedene Wissenschaftlergruppen in der ganzen Welt nachweisen, daß vor allem Gen-Defekte im Blutfett-Stoffwechsel erheblichen Einfluß auf die Wahrscheinlichkeit haben, mit der eine Person an Arteriosklerose erkrankt. Im Gegensatz zu den seltenen »reinen« Erbkrankheiten können solche genetischen *Prädispositionen* – wie Humangenetiker dies nennen – weit verbreitet sein. Der Münsteraner Humangenetiker Prof. Gerd Assmann hat etwa herausgefunden, daß jeder vierte Bundesbürger von genetisch bedingten Defekten in seinem Blutfett-Stoffwechsel betroffen ist. Wie gesagt, ihr Gen-Defekt bedeutet kein unausweichliches Infarkt-Schicksal. Zum Ausbruch der Krankheit müssen weitere Faktoren hinzukommen – etwa die Vorliebe für ein fettes Eisbein oder der Griff zur Zigarette. Humangenetiker sprechen in solchen Fällen von *multifaktoriellen Krankheiten*. Sie meinen damit: Der genetische Defekt allein reicht für den Ausbruch der Krankheit nicht aus. Ko-Faktoren – etwa ein bestimmter Lebenswandel oder eine Infektion mit bestimmten Krankheitserregern – müssen hinzukommen, ehe sich solche Krankheiten ausprägen.

Zählt man die Häufigkeit aller multifaktoriell verursachten Krankheiten in der Bevölkerung zusammen, so kommt man zu einer Aussage, die fast unsinnig anmutet: Dann nämlich ist praktisch jeder Mensch mit einem genetischen Defekt behaftet, der ihn für die eine oder andere Krankheit anfällig macht. Wie gesagt: Genetisch »fehlerfrei« ist kein Mensch auf der Erde. Diese Überlegung sollte jeder im Kopf haben, der von »erbkrank« und vor allem von »erbgesund« spricht – eine Unterscheidung, die den Nazi-Medizinern während des Dritten Reiches den Weg zu den abscheulichsten »Experimenten« und »Behandlungen« gebahnt hat.

Es ist schwer, die Grenze zwischen dem zu ziehen, was eine Erbkrankheit ist, und was nicht. Wie sinnvoll ist es eigentlich, mit einem Schlag gleich ein Viertel, die Hälfte, die Gesamtheit aller Menschen als erbkrank zu erklären? Doch nicht nur dieser quantitative Aspekt spielt bei der Frage, was wir unter dem Begriff »Erbkrankheit« zusammenfassen, eine Rolle. Das Beispiel Arteriosklerose ist für die folgende Überlegung ein relativ harmloser Fall. Inzwischen haben die Mediziner eine ganze Reihe von Krankheiten gefunden, die einen genetischen Hintergrund zu haben scheinen. Das Spektrum reicht von immunologischen Störungen, wie der Allergie, über eine Form der Zuckerkrankheit bis hin zur Altersdemenz, der Alzheimer Krankheit. Und genau in diesem Bereich – bei den *Geisteskrankheiten* – treffen wir auf ein entscheidendes Problem.

Seit wenigen Jahren schwelt ein brisanter wissenschaftlicher Streit: Haben etwa auch Geisteskrankheiten eine genetische Basis? 1987 und 1988 beantworteten mehrere Forscherteams unabhängig voneinander diese Frage nicht nur mit einem klaren »Ja«, sie meinten auch, den Beweis für diese These liefern zu können. Den Anfang machte 1987 ein US-amerikanisches Team von Wissenschaftlern mehrerer Universitäten. Die Wissenschaftler untersuchten das Auftreten der *manischen Depression* in der kleinen Volksgruppe der Amish people. Diese religiöse Gemeinschaft – es sind etwa 12000 Menschen – lebt auch heute noch sehr abgeschlossen in einem kleinen Gebiet des US-Bundesstaates Pennsylvania. Heiraten finden praktisch nur zwischen Geschlechtspartnern innerhalb der Amish statt. Der Ursprung dieser Menschen läßt sich auf 50 Familien zurückverfolgen, die im 18. Jahrhundert aus Deutschland emigrierten. Die Amish halten ihre Familientradition hoch. Daher läßt sich der Stammbaum der meisten Mitglieder über viele Generationen hinweg zurückverfolgen. Und noch ein Punkt ist wichtig: Unter den Amish people ist der Gebrauch von Alkohol, Drogen und Psychopharmaka aufgrund ihrer puritanischen Überzeugung verpönt. Das erleichtert enorm die Diagnose von manisch Depressiven, da sie ihre psychischen Symptome nicht künstlich kaschieren. Diese Umstände machen die Amish zu einem interessanten »Forschungsgegenstand« für Humangenetiker, die an dem Erbgang von genetisch bedingten Krankheiten interessiert sind.

Die Wissenschaftler stellten nun fest, daß ein bestimmter Erbdefekt, den sie auf dem elften der 23 Chromosomenpaare lokalisieren konnten, mit dem Auftreten der manischen Depression eng verknüpft ist. Und die Forschergruppe konnte sogar einen Schritt weiter gehen: Sie entdeckten die genetische Auffälligkeit just in der Nähe eines Gens, das diesen zunächst überraschenden Zusammenhang plausibel erscheinen läßt. Die genetische Auffälligkeit befand sich nämlich ganz in der Nähe eines Gens, das die Bauanleitung für das Enzym Tyrosin-Hydroxilase enthält. Dieses Enzym ist für den Aufbau von *Dopamin* im Körper verantwortlich. Und Dopamin wiederum – hier schließt sich der Kreis – spielt bei der Entstehung der manischen Depression eine entscheidende Rolle.

Am 26. Februar 1987 veröffentlichte das Forscher-Team seine Ergebnisse in der britischen Zeitschrift »Nature«. Doch die Freude über »den ersten genetischen Marker für eine Geisteskrankheit«, wie das US-Fachblatt »Science« jubelte, hielt nicht lange an: Denn im selben Heft von »Nature« publizierten zwei weitere Forschergruppen zum gleichen Thema. Ein Londoner Psychiater und eine britisch-französisch-isländische Forschergruppe sowie ein weiteres US-amerikanisches Team versuchten die Ergebnisse ihrer Kollegen an zwei anderen Personenkollektiven zu wiederholen. Doch trotz intensiver Bemühungen fanden sie keinen Zusammenhang zwischen einer Auffälligkeit im Erbgut und dem Auftreten der Geisteskrankheit. Nicht etwa Schlampigkeit oder gar Betrugsabsichten, so nahmen die Wissenschaftler ihre Kollegen in Schutz, müssen der Grund für diese Diskrepanz sein. Vielmehr vermuteten sie, nicht nur ein Gen sondern eine ganze Batterie von Einzelgenen könne am Entstehen der manischen Depression beteiligt sein.

Doch die Jagd um »geisteskranke« Gene ging weiter: Nur ein gutes Jahr später, im November 1988, meldeten sich Forscher wieder mit einer einschlägigen Publikation zu Wort: Der britische Psychiater Timothy Crow äußerte die Vermutung, daß die *Schizophrenie* durch einen Defekt auf den Geschlechts-Chromosomen vererbt werden könne. Seine Argumente waren indes kaum mehr als eine Hypothese mit gewisser Plausibilität. Handfeste genetische Analysen oder gar einen richtigen Beweis konnte er jedenfalls nicht liefern. Kein Wunder, daß seiner kühnen Hypothese nur ein kurzes Leben beschieden war. Nur eine Woche später stellte der Londoner Forscher Hugh Gurling vom Middlessex Krankenhaus seine Ergebnisse in der Zeitschrift »Nature« vor: Zwei verwandte chinesische Schizophrenie-Patienten führten ihn zum Chromosom Nummer 5. Bei beiden tauchten nämlich Teile dieses Chromosoms doppelt auf – es war unnatürlich verlängert. Gurling untersuchte daraufhin fünf englische und zwei isländische Familien, in denen diese Erbkrankheit gehäuft auftrat. Der Zusammenhang zwischen Schizophrenie und der Anomalität auf dem fünften Chromosom verdichtete sich. Doch Gurling, vorsichtig geworden durch die Diskussion im letzten Jahr, als es um die manische Depression ging, setzte auch gleich ein dickes Fragezeichen in seinen Bericht. So erwähnte er den Fall zweier Zwillingsbrüder, von denen nur einer an Schizophrenie litt, obwohl beide die identische Gen-Ausstattung – und zwar auch das verlängerte 5. Chromosom – besaßen. Gurling bezeichnete seine Analysen selbst als vorläufig. Eine durchaus richtige Einschätzung, wie sich nur drei Wochen später herausstellen sollte: Drei Mediziner aus Edinburgh, die 10 schottische Familien untersucht hatten, in denen ebenfalls die Schizophrenie gehäuft auftauchte, konnten Gurlings Zusammenhang zwischen dem verlängerten Chromosom Nummer 5 und dem Auftreten der Geisteskrankheit nicht bestätigen.

Dennoch: Für beide Gruppen war das Chromosom Nummer 5 noch längst nicht entlastet. Zum einen setzte die schottische Gruppe eine weniger detaillierte Methode zur Untersuchung ein. Es hätte sein können, daß ihnen deswegen der Zusammenhang verborgen geblieben war. Und zum andern, argumentierte Gurling, könnte es sein, daß die Schizophrenie, die in den isländischen Familien auftritt, eine andere genetische Ursache hat als die Form der Geisteskrankheit, die in den schottischen Familien auftrat. Es ist nämlich nicht ungewöhnlich, daß ein und dasselbe Krankheitsbild auf unterschiedlichen Mutationen beruhen kann.

Im Grunde genommen war damit alles wieder beim alten: Einigkeit bestand lediglich darin, daß Geisteskrankheiten wie die Schizophrenie auch eine genetische Grundlage haben müssen. Das ist schon aus der Tatsache ableitbar, daß diese Krankheit nicht zufallsverteilt, sondern in einigen Familien gehäuft auftritt. Doch die Frage »Geschlechts-Chromosomen oder Chromosom 5 oder vielleicht noch ein ganz anderes Chromosom?« blieb weiterhin offen.

Doch eigentlich hätte das Debakel um die widersprüchlichen Analysen die Forscher auf eine aussichtsreichere Spur führen müssen. Denn wenn nicht Schlamperei für die konträren Ergebnisse verantwortlich sein kann, dann spricht dieses uneinheitliche Bild eigentlich für die Hypothese, daß es nicht nur ein krankmachendes Gen gibt, das Schizophrenie oder manische Depression auslöst. Die Befunde sprechen eher dafür, daß selbst innerhalb einer Person *mehrere* Mutationen zusammenkommen müssen, damit diese Krankheiten ausbrechen. Und völlig offen bleibt dann noch, welche nicht-genetischen Faktoren bei einer Person hinzukommen müssen, damit sie im Zusammenspiel mit den Mutationen die Krankheit schließlich auslösen.

Erst kürzlich erlitten die molekularbiologischen Gen-Jäger einen weiteren Rückschlag: Zwei US-amerikanische Forscher, die sich ebenfalls mit der genetischen Grundlage der *manischen Depression* beschäftigt hatten, schauten sich die alten Ergebnisse ihrer Landsleute noch einmal genauer an. Zur Erinnerung: Drei Forscherteams hatten 1987 in der Volksgruppe der Amish people einen Zusammenhang zwischen einen Gen-Defekt auf dem 11. Chromosom und dem Auftreten von manischer Depression gefunden. Und der Zusammenhang schien plausibel, weil ja der Gen-Defekt ganz in der Nähe eines Erbgut-Abschnittes lag, der für die Ausprägung der Krankheit durchaus in Frage kam. Doch John Kelsoe von den Nationalen Gesundheitsinstituten und Edward Ginns vom Nationalen Krebsforschungsinstitut in Bethesda guckten noch etwas genauer auf das Erbgut. Ihr Ergebnis: Die gefundene Auffälligkeit im Erbgut ist räumlich viel zu weit von dem »verdächtigen« Gen entfernt, dessen Beteiligung am Krankheitsgeschehen so plausibel klingt. Die wichtige Kausal-Kette »Gen-Defekt – Ausfall des Enzyms – Krankheit« war gesprengt. Und es kam noch dicker: Eine erneute statistische Analyse – nur zwei Jahre später – ließ den Zusammenhang zwischen der Auffälligkeit auf dem 11. Chromosom und der manischen Depression nun nur noch als Zufallsbefund erscheinen. Zwei der vor zwei Jahren als gesund eingestuften Personen, die – gemäß der ursprünglichen Hypothese – nicht die Auffälligkeit auf dem 11. Chromosom besaßen, litten inzwischen an manischer Depression. Damit war die aufsehenerregende 1987er Arbeit nur noch Makulatur. Das Fazit von Kelsoe und Ginns: »Die sich widersprechenden Arbeiten der Genetiker spiegeln unser Unverständnis darüber wider, wie das Zusammenspiel von Erbgut und Umwelt Geisteskrankheiten auslösen kann«.

Doch mit dieser zweifellos notwendigen Selbstkritik der Forscher ist das Problem noch nicht vom Tisch: Eigentlich könnte uns »Normalbürger« das Hick-Hack der Wissenschaftler völlig kalt lassen. Auf welchem Feld streiten sich schließlich Forscher nicht um »die Wahrheit«? Für unseren Alltag haben solche Dispute nur selten Bedeutung. Doch in diesem Fall ist es anders. Sollten detaillierte, präzisere und sehr sorgfältig ausgeklügelte Gen-Analysen doch noch den – unbestrittenen – genetischen Ursachen-Anteil an der Entstehung von Geisteskrankheiten zum Vorschein bringen, dann könnte sich auch die *Einstellung der Gesellschaft zu Geisteskranken* – ein ohnehin schon bedenkenswertes Verhältnis – gravierend verändern. Der Erlanger Sozialwissenschaftler Rainer Hohlfeld hat es einmal auf folgenden Punkt gebracht: »Die sozialen Folgen einer solchen «Psychogenetik» können fatal sein. Durch das Abschieben der Leidensursachen auf die biologisch-genetische Ebene (ein Vorgehen, welches historisch ganz eng mit dem Rassismus verquickt ist) ist niemand mehr verantwortlich: Das Individuum nicht für die Bewältigung seiner Konfliktgeschichte, der Psychiater nicht für Gespräche über soziale und psychische Ursachen, die Eltern nicht für ihre Indoktrination, die Gesellschaft nicht für ihren unbarmherzigen Konkurrenzkampf. Alle sind entlastet – bis auf den Patienten, der zum Menschen zweiter Klasse wird. Taucht es da nicht wieder auf, dieses Grundmuster: biologische Identifikation – Selektion – Sonderbehandlung?«

Rainer Hohlfeld bewegt sich zwar auf dünnem Eis. Selbstverständlich ist es dumm, einen begründeten und vielleicht sogar einmal beweisbaren Zusammenhang zwischen Genen und Geisteskrankheiten nur deshalb zu leugnen, weil er nicht in das Bild paßt, daß wir uns vom Menschen gemacht haben. Und sicherlich ist es unfair, den Wissenschaftlern, die sich um die Aufklärung dieses Zusammenhanges bemühen, rassistisches Denken zu unterstellen. Trotzdem greift seine Kritik an einem Punkt: Wenn wir

Geisteskrankheiten ausschließlich als zunächst genetische und – was daraus folgt – als biochemische Entgleisung unseres Körpers zu betrachten lernen, dann besteht eigentlich kein Grund mehr, sich über eventuelle soziale oder gesellschaftliche »Entgleisungen« Gedanken zu machen, die einen Menschen in eine Geisteskrankheit treiben. Stehen gar Medikamente zur Verfügung – zweifellos eine segensreiche Perspektive für die Betroffenen! -, dann könnten Geisteskrankheiten den gesellschaftlichen Stellenwert von Kopfschmerzen erhalten. Ein kompliziertes Ursachengeflecht wird auf die simple, biochemische Ebene reduziert: Have you had your pill today?

Inzwischen sind für Wolfgang K. vier Jahre vergangen. Er hat sein Jura-Studium an der Universität beendet und ist glücklich, beim nahegelegenen Amtsgericht sein Referendariat machen zu können. Inzwischen hat er nämlich seine Bude mit einer kleinen Wohnung vertauscht, in der er seit zwei Jahren mit seiner Freundin Karin lebt. Mit Karin hat er bislang nicht über das Thema Huntington gesprochen. Kam die Sprache auf seine Kindheit, auf den Tod seines Vaters, so lavierte er sich mit der Floskel »irgendeine unheilbare Krankheit« um die ganze Wahrheit herum. Doch eines Abends geschah etwas, daß Wolfgang K. zwang, sein Schweigen zu brechen. Karin eröffnete ihm, sie sei trotz praktizierter Verhütung schwanger geworden. Sofort schossen dem jungen Mann zwei Fragen durch den Kopf: Was ist, wenn ich doch das verdammte Gen für die Erbkrankheit meines Vaters in mir trage? Wird vielleicht auch das Kind davon betroffen sein? Wolfgang K. mußte nun seine Freundin in die Huntington-Geschichte einweihen. Mehr noch, beide mußten sich akut mit dem Problem Erbkrankheit auseinandersetzen. Karin hatte zwar viel Verständnis für Wolfgangs anfängliches Schweigen. Schließlich gingen beide zunächst davon aus, daß sie lediglich zusammen wohnen würden. Wie's dann weitergeht, wird sich zeigen. Von Heirat und Kindern war jedenfalls nicht die Rede.

Dennoch: Nun, wo das Problem nicht mehr nur Wolfgangs Privatsache war, verlangte sie eine Entscheidung. Die nächsten Wochen waren für das Paar eine harte Belastungsprobe. Sie versuchten, sich neuere Informationen zu beschaffen. Schließlich waren seit dem Tod von Wolfgangs Vater einige Jahre verstrichen. Tatsächlich stießen sie bei ihrer Suche auf einen Zeitungsbericht von 1983. Darin stand, Wissenschaftler aus USA hätten einen Gen-Test für Chorea Huntington entwickelt. Mit diesem Test, so hieß es in der Meldung weiter, ließen sich Träger des Erbdefekts mit nahezu hundertprozentiger Sicherheit erkennen. Dieser Test hätte also Wolfgang K.s 50:50 Unsicherheit in eine Ja-Nein-Sicherheit verwandeln können. Doch genau davor hatte Wolfgang ja Angst. Schließlich wollte er ja gar nicht wissen, wie es um seine Gene bestellt ist. Ein gesundes Baby – das konnten sich beide durchaus vorstellen, auch wenn die Schwangerschaft für das Paar unerwartet kam. Aber ein Baby, das mit dieser genetischen Zeitbombe auf die Welt kommen würde, und ebenso wie sein Vater irgendwann mit dieser schrecklichen Krankheit konfrontiert wäre? Das war beiden eine unerträgliche Vorstellung. Wolfgang K. suchte einen Ausweg aus diesem Entscheidungs-Dilemma. Er ging zu seinem Hausarzt. Und der schickte ihn zu einer humangenetischen Beratungsstelle an der Universität.

In Deutschland gibt es etwa 30 *humangenetische Beratungsstellen*. Zumeist sind sie einem Universitätsinstitut angeschlossen. Doch vereinzelt gibt es auch niedergelassene Fachärzte, die sich auf die genetische Beratung von Familien spezialisiert haben. Das Beratungsangebot nutzen bei uns etwa 25 000 bis 30 000 Personen pro Jahr. Neu sind solche Beratungsstellen keineswegs. Viele von ihnen arbeiten seit Jahrzehnten. Doch neu sind indes die diagnostischen Möglichkeiten, die die Humangenetiker inzwischen Ratsuchenden wie Wolfgang K. anbieten können. Vor allem Fortschritte in der Molekularbiologie und der Gentechnik haben die Diagnostik von Erbkrankheiten in kurzer Zeit revolutioniert. In nur wenigen Jahren gelang es den Humangenetikern, über 200 Erbkrankheiten bis auf ihre molekulare Basis in der DNA zu erforschen. Die Detailkenntnis von der molekularen Grundlage solcher Defekte hat eine wichtige Konsequenz: Mit diesem Wissen lassen sich heute Diagnose-Tests entwickeln, die Erbkrankheiten selbst dann erkennen können, wenn sie noch gar nicht ausgebrochen sind. Tests übrigens, die mit einer Sicherheit zwischen 95 und 100% einen Erbdefekt richtig erkennen.

Das ist für die Humangenetik eine völlig neue Situation. Zunächst standen den Medizinern nämlich keinerlei Testmethoden zum Aufspüren von Erbkrankheiten zur Verfügung. Selbst die Vermutung, daß es sich bei einer bestimmten Krankheit um eine Erbkrankheit handeln könnte, war zunächst vage, keineswegs durch Beweise abgesichert. Die Vermutung beruhte lediglich auf der beobachtbaren Tatsache, daß sich manche seltenen Krankheiten in einigen Familien häuften. Das klassische Beispiel hierfür ist die Bluterkrankheit, die etwa auf einigen Adelsfamilien wie ein geheimnisvoller Fluch lastete.

Der Augustiner-Mönch Gregor Mendel schuf in der Mitte des vergangenen Jahrhunderts die experimentelle Grundlage für die spätere Vermutung der Humangenetiker, daß Erbfaktoren für diese seltsamen Häufungen von sonst seltenen Krankheiten verantwortlich waren. Der botanisch interessierte Mönch hatte nämlich damals herausgefunden, daß Merkmale von Pflanzen – etwa die Farbe ihrer Blüten – nicht wahllos, sondern *nach mathematischen Regeln* in aufeinanderfolgenden Generationen auftauchten. Ohne zu wissen, was ein Gen ist oder woraus die Erbsubstanz besteht, folgerte der Mönch, daß es Erbfaktoren geben müsse, die regelhaft von Generation zu Generation weitergegeben werden. Mendel leitete aus seinen Kreuzungsversuchen mit den Erbsen diese Regeln ab. Diese Mendelschen Regeln waren das gedankliche Rüstzeug, mit dem die Humangenetiker bis in die späten 50er Jahre unseres Jahrhunderts hinein, Erbkrankheiten in Familien aufspürten. Sie mußten lediglich den Analogieschluß ziehen: Wenn sich Erbfaktoren regelhaft vererben, dann müssen sich die Fehler in diesen Erbfaktoren ebenso regelhaft in aufeinander folgenden Generationen finden lassen. Dieser Analogieschluß ist – wie wir heute wissen – völlig korrekt. Doch leider lassen sich nur wenige Erbkrankheiten wie die Farbe von Erbsenblüten über Generationen verfolgen. Und selbst wenn sich ein krankes Gen beim Menschen genauso von Generation zu Generation weitervererbt wie die Mendelschen Erbsen-Gene, bleiben die Aussagen der Mediziner unscharf: Mit ihrer familien-detektivischen Arbeit der Rekonstruktion eines Familien-Stammbaumes können sie höchstens *Wahrscheinlichkeitsaussagen* darüber treffen, ob ein Sohn oder eine Tochter eines Paares ebenfalls mit einem Erbdefekt auf die Welt kommen wird. Eine solche Wahrscheinlichkeitsaussage hatten übrigens auch Wolfgang K.s Ärzte damals bei dem jungen Mann getroffen. In seinem Fall stand es 50:50, daß auch er das krankmachende Gen für Chorea Huntington trug.

Die diagnostischen Möglichkeiten verbesserten sich erst, als 1959 französische Humangenetiker erkannten, daß eine Erbkrankheit – das sogenannte *Down-Syndrom* – durch eine im Mikroskop sichtbare Chromosomenstörung verursacht wird. Die Franzosen entdeckten nämlich in den Zellen von Patienten mit dem Down-Syndrom drei statt der in gesunden Zellen üblichen zwei Exemplare des 21. Chromosoms. Diese Erbkrankheit, die schwere Mißbildungen hervorruft, heißt seitdem auch *Trisomie 21* – nicht nur eine informativere Bezeichnung für diese Krankheit, die früher auch mit dem wenig völkerverständigenden Begriff »Mongoloismus« bezeichnet wurde. Die neuen Ergebnisse über die Trisomie 21 ließen das Licht-Mikroskop zu einem wichtigen Arbeitsutensil der Humangenetiker werden. Per Mikroskop konnten sie die Zellen ihrer Klienten nach Anomalitäten in den Chromosomen untersuchen. Nun war es möglich, weitere Erbkrankheiten humangenetisch zu analysieren. Im Mikroskop entdeckten die Wissenschaftler Erbdefekte, bei denen Chromosomen fehlten oder überzählig waren. Sie konnten sogar Erbkrankheiten erkennen, bei denen in den Zellen der Patienten Stücke einzelner Chromosomen fehlten oder bei denen solche Stücke plötzlich innerhalb eines ganz anderen Chromosoms auftauchten. Doch weiterhin unentdeckt blieben alle feineren Defekte innerhalb der Chromosomen. Sie blieben auch unter dem Mikroskop verborgen.

Genauso wenig möglich war es, Ratsuchenden während der Schwangerschaft eine sichere Diagnose für ihr noch ungeborenes Baby zu stellen. Erst die Methoden der *Amniozentese* und später der *Chorionzotten-Biopsie* eröffneten solche Diagnose-Möglichkeiten. Bei beiden Methoden entnehmen die Mediziner der Mutter während der Schwangerschaft Zellen aus den Embryonalhüllen, die das Ungeborene im Mutterleib umschließen. Darunter befinden sich auch Zellen, die von dem Fetus selbst stammen. Diese Zellen lassen sich kultivieren und im Mikroskop anschauen. Finden die Humangenetiker in diesen Zellen etwa drei Exemplare des 21. Chromosoms, so können sie nun mit Gewißheit sagen: Dieses Baby wird an Trisomie 21 leiden. Sehr häufig entscheiden sich Eltern in dieser Situation für eine Abtreibung.

Doch die eigentliche Revolution der Humangenetik fand erst Mitte der 70er Jahre statt. Molekularbiologen hatten gelernt, einzelne Gene aus menschlichen Zellen herauszuschneiden und zu isolieren, und den Molekülfaden der DNA Baustein für Baustein zu lesen. Mit diesen beiden Methoden – dem Bearbeiten der DNA und dem Entziffern der Erbinformation – konnten Humangenetiker nun auch winzige genetische Fehler entdecken. Zusammengefaßt heißen diese molekularen Verfahren der genetischen Diagnostik *DNA-Analysen*. Ein Vergleich zwischen den alten und den neuen Diagnose-Techniken macht den Unterschied deutlich: Man könnte sich die gesamte Erbinformation als ein Buch mit 23 Kapiteln – eines für jedes Chromosom – vorstellen. Bei der Chromosomenanalyse schauen die Humangenetiker lediglich nach, ob alle 23 Kapitel des Buches vollständig und in doppelter Ausführung vorhanden sind. Schließlich tragen wir Menschen in all unseren Körperzellen – mit Ausnahme der Keimzellen – einen doppelten Chromosomensatz. Ein Fehler innerhalb eines Kapitels würde ihnen indes nur auffallen, wenn das betreffende Kapitel deutlich zu kurz oder zu lang geraten ist. Fehlen indes nur einzelne Absätze innerhalb eines Kapitels oder haben sich gar winzige Druckfehler eingeschlichen, so bleiben sie bei der Chromosomen-Analyse unentdeckt. Erst mit Hilfe der DNA-Analyse können Humangenetiker sozusagen die Schreibweise einzelner Worte in den Kapiteln des Buches prüfen.

Wenn hier von einem Buch die Rede ist, so ist es notwendig, sich das Ausmaß dieses Buches zu vergegenwärtigen: Nehmen wir der Einfachheit halber als Grundmaß eine Schreibmaschinen-Seite mit 30 Zeilen à 60 Anschläge = 1800 Zeichen pro Seite. Das menschliche Erbgut enthält drei Milliarden Zeichen. Das entspräche einem Buch von 1,67 Millionen Seiten. Bei üblicher Papierdicke ergäbe das einen Folianten von 15 Metern Dicke, wenn alle Kapitel nur einmal vorhanden wären. In unserem Erbgut sind jedoch alle Kapitel doppelt »abgedruckt«.

Es vergeht inzwischen kaum ein Monat mehr, ohne daß Molekularbiologen in einer Fachzeitschrift von einem neuen Gen-Test für eine Erbkrankheit berichten. Das vielleicht spektakulärste Beispiel in der letzten Zeit: Einem Team von kanadischen und US-amerikanischen Humangenetikern gelang es im Juli 1989 das Gen zu finden, das für den unter Weißen häufigsten Gendefekt, nämlich die *Mukoviszidose* oder *Cystische Fibrose*, verantwortlich ist. Die schnelle Entwicklung der Molekulargenetik läßt heute kaum noch jemanden daran zweifeln, daß bis zur Jahrtausendwende die meisten, wenn nicht gar alle Erbkrankheiten, die durch *ein einziges* defektes Gen verursacht werden, sicher diagnostiziert werden können.

Um beurteilen zu können, wie kompliziert indes die Suche der Molekularbiologen nach Gen-Defekten wie der Cystischen Fibrose ist, hilft es, erneut die Analogie zwischen der Erbinformation auf den Chromosomen und dem 15-Meter-Buch mit seinen 23 Kapiteln zu bemühen: Zunächst hatten die Wissenschaftler noch nicht einmal einen Anhaltspunkt dafür, auf welchem Chromosom – also in welchem Kapitel des Buches – das gesuchte Gen, von der Größe etwa mit einem Absatz oder einer Seite vergleichbar, liegen könnte. Überhaupt keine Ahnung hatten die Wissenschaftler zudem, welche Information dieses Gen enthalten könnte. Sie wußten also nicht einmal, wie der Absatz in dem Buch lautet, den sie suchten. Erst 1985 stießen Wissenschaftler auf eine erste wichtige Spur: Sie konnten es sehr wahrscheinlich machen, daß das gesuchte Gen auf dem langen Arm des 7. Chromosoms – sozusagen in den hinteren Zweidritteln dieses Kapitels liegt. Nun stürzten sich alle beteiligten Forscher-Teams auf das Kapitel Nr. 7 in dem dicken Buch. Schritt für Schritt gelang es, den Textausschnitt einzugrenzen, in der auch der gesuchte Absatz – das CF-Gen, wie es die Wissenschaftler heute nennen – enthalten war. Schließlich blieb ein Ausschnitt übrig, der 1,5 Millionen Buchstaben enthielt. Die Textstelle enthielt also immerhin noch gut 830 Seiten. Em Ende gelang es tatsächlich, eine Textpassage von knapp einer Seite Länge dingfest zu machen, die die gesuchte Information enthielt. 1480 Buchstaben lang ist das CF-Gen. Doch der Clou kommt erst: Die Wissenschaftler verglichen nun die Zeichenfolge des »korrekten« Gens gesunder Menschen mit der »fehlerhaften« Schreibweise innerhalb des CF-Gens kranker Menschen. Dabei stellten sie fest, daß ein einziger fehlender Buchstabe in dieser Textpassage für zwei Drittel aller CF-Krankheitsfälle verantwortlich ist – ein einziger fehlender *Buchstabe* in einem 15 m dicken Buch! Das restliche Drittel wird durch andere Mutationen innerhalb des CF-Gens hervorgerufen. Ein weiteres Beispiel dafür, daß unterschiedliche Defekte dasselbe Krankheitsbild zur Folge haben. Sie werden gegenwärtig alle sorgfältig analysiert. Nun, nachdem das Gen gefunden ist, ist die Suche nach weiteren Mutationen nicht mehr als eine

Routinearbeit, an der sich Doktoranden ihre ersten wissenschaftlichen Meriten erwerben können. Wenn die Liste aller CF-Mutationen vollständig vorliegen wird, dann läßt sich in Zukunft die Cystische Fibrose mit hundertprozentiger Sicherheit nachweisen. Doch schon heute haben betroffene Familien etwas von der mühseligen Laborarbeit der Molekulargenetiker. Bereits drei Monate, nachdem die Forscher das entscheidende CF-Gen und den Defekt gefunden hatten, boten mehrere US-amerikanische Unternehmen einen CF-Test an. Er wird zweifellos bald die 100-%-Marke erreicht haben.

Nicht immer liefern DNA-Analysen dieses Höchstmaß an Sicherheit. Es bestehen nämlich zwischen den einzelnen diagnostischen Verfahren wichtige Unterschiede. Das exakteste Ergebnis liefern sogenannte *direkte DNA-Analysen*. Sie weisen – wie im Fall der Cystischen Fibrose das mutierte Gen im Erbgut eines Menschen selbst nach. Zur Zeit gibt es etwa 100 solcher direkten Gen-Tests. Das Verfahren ist eine komplizierte Kombination mehrerer molekularbiologischer Techniken. Das entscheidende Hilfsmittel dieser Tests sind sogenannte *Gen-Sonden*. Das sind kurze Bruchstücke des DNA-Moleküls, die spiegelbildlich nur zu einem defekten Gen-Abschnitt – nicht jedoch zu dem gesunden Gen – passen und sich daran anheften. Die Gen-Sonde für den CF-Test etwa enthält genau eine spiegelbildliche DNA-Kette, bei der ebenfalls der eine entscheidende, weil krankheitsauslösende Baustein weggelassen wurde. Deshalb heftet sich die CF-Sonde nur dann an das komplementäre DNA-Molekül aus der Probe, wenn dort ebenfalls der fatale »Aussetzer« drinsteckt. Voraussetzung für einen direkten Gen-Test ist daher, daß der defekte Gen-Abschnitt, der eine bestimmte Erbkrankheit hervorruft, bekannt ist. Nur dann kann der Molekularbiologe komplementäre DNA-Abschnitte gentechnisch herstellen und als Gen-Sonden einsetzen. Die Funktion dieser Gen-Sonden ist mit einer Angel vergleichbar. Wissenschaftler sprechen daher auch salopp vom Fischen nach dem kranken Gen: Sie benutzen die Gen-Sonde dazu, in der hunderttausendfachen Vielfalt der Gene eines Menschen, nach demjenigen zu fahnden, das defekt ist.

Doch längst nicht von allen bislang molekularbiologisch untersuchten Erbkrankheiten ist tatsächlich das betreffende Gen bekannt, daß diese Krankheit verursacht. Dann müssen sich die Humangenetiker mit sogenannten *Marker-Genen* begnügen, die nur in der Nachbarschaft des defekten, nicht jedoch des gesunden Gens auftreten. Wir erinnern uns: Die Wissenschaftler, die nach dem Zusammenhang zwischen Gen-Defekten und Geisteskrankheiten gesucht hatten, stießen auf genetische Auffälligkeiten. Dies genau waren solche Marker-Gene, von denen sie hofften, daß sie ganz in der Nähe des eigentlich krankmachenden Gens lägen. Es sind – um wieder die Buch-Analogie zu bemühen – auffällige Textpassagen in der Nachbarschaft des Absatzes, der den Fehler enthält. Die auffällige Stelle, also das

Marker-Gen, hat dabei selbst gar keinen Krankheitswert. Es ist sozusagen nur ein Buchzeichen, daß auf eine fehlerhafte Stelle hinweist. Der Nachteil ist hierbei, daß je nach Abstand zwischen dem krankmachenden Gen und dem Marker-Gen, die Diagnose mit Ungenauigkeiten behaftet ist. Je größer dieser Abstand ist, desto größer wird die Möglichkeit von falschen Testergebnissen. Ein *indirekter Gen-Test* läßt daher nur Wahrscheinlichkeits-Aussagen zu. Doch immerhin lassen sich in den meisten Fällen Genauigkeiten von über 90% erreichen. Indirekte Gen-Tests bieten also einen deutlichen Vorteil gegenüber den Wahrscheinlichkeitsaussagen, die auf der Basis des Familienstammbaumes und des Erbganges einer Krankheit meist nur Aussagen im 25–50%-Bereich zulassen.

Doch gegenüber den direkten Gen-Tests haben die indirekten Tests nicht nur den Nachteil einer Restunsicherheit: Indirekte Gen-Tests lassen sich aus technischen Gründen nicht bei allen Familien einsetzen. Humangenetiker sprechen in solchen Fällen von »uninformativen« Familien. Hinzukommt, daß indirekte Gen-Tests nur dann aussagekräftig sind, wenn möglichst viele Familienmitglieder den Test machen lassen. Beide Einschränkungen hängen mit den Methoden zusammen, die für diese indirekten Tests benutzt werden. Die Humangenetiker setzen hierbei nämlich nicht nur Gen-Sonden – diesmal eben die Marker-Gene – zum Fischen ein. Zusätzlich benutzen sie eine Art *»genetischen Fingerabdruck«*, ein persönliches Bruchstück-Muster der DNA. Die Erbsubstanz mehrer Familienmitglieder wird dabei mit Enzymen – sie heißen *Restriktionsenzyme* – zerschnitten. Diese chemischen Substanzen haben die Eigenschaft, den DNA-Molekülfaden nur an ganz bestimmten Stellen zu zerschneiden. Die unterschiedlich langen DNA-Fragmente werden anschließend einem elektrischen Feld ausgesetzt. In diesem Feld wandern sie – und zwar entsprechend ihrer Größe und Ladung unterschiedlich weit. Überträgt man anschließend das Muster der gewanderten DNA-Bruchstücke auf einen Film, so erhält man ein individuelles Strichmuster. Jeder Strich steht dabei für ein DNA-Fragment. Dieses Muster sieht bei jedem Menschen anders aus – es ist, wie die Wissenschaftler sagen, *polymorph*. Daher sprechen sie auch vom *Restriktions-Fragmentlängen-Polymorphismus*. Selbst die Abkürzung »RFLP« macht dieses Wortungetüm nicht viel sympathischer. Doch glücklicherweise haben die Wissenschaftler noch ein viel besseres Wort dafür parat. Da die RFLPs ja für jeden Menschen unterschiedlich aussehen, heißen sie auch »DNA-Fingerabdrücke«. Je näher verwandt zwei Personen sind, desto ähnlicher ist deren DNA-Fingerabdruck. Verändert nun ein Gen-Defekt dieses Schnittmuster, dann kann der Humangenetiker beim Vergleich der Schnittmuster innerhalb einer Familie sagen, ob eine bestimmte Person Träger des defekten Gens ist.

Der Nachteil besteht nun nicht so sehr im höheren Arbeitsaufwand. Heikler ist es, daß für eine aussagekräftige Analyse weitere Familienmitglieder benötigt werden. Und vielleicht haben der Onkel oder die Nichte selbst gar kein Interesse oder nicht den Wunsch, etwas über ihre eigenen Gene zu erfahren. Oft müssen die ratsuchenden Personen dabei Verwandte ansprechen, mit denen sie lange keinen Kontakt hatten, oder mit denen sie sich nicht verstehen.

Doch diese Initiative muß in jedem Fall von dem Ratsuchenden selbst ausgehen. Die Berater bestellen nicht etwa ganze Familien-Clans zum Gespräch, wie der Humangenetiker Prof. Jörg Schmidtke vom Universitätsklinikum Berlin-Charlottenburg erklärt: »Grundsätzlich beraten wir nur die Leute, die sich aktiv an uns wenden. Falls in der Familie noch weitere Familienmitglieder untersucht werden müssen, treten wir niemals direkt an diese Familienmitglieder heran, sondern überlassen das unseren Klienten. Und wenn sich dabei eine Information ergeben sollte, die für andere Familienmitglieder relevant ist, so geben wir diese Information auch nicht einfach an den Ratsuchenden heraus. Dann muß sich das Familienmitglied, das diese Information betrifft, erneut an uns oder an den überweisenden Arzt wenden«.

Ein solcher indirekter Gen-Test für Chorea Huntington war es auch, von dem Wolfgang K. in der Zeitung gelesen hatte. Ihn störte nicht die Restunsicherheit, mit dem dieser Test behaftet ist. Im Gegenteil, er fürchtete sich vor der Sicherheit, vor dem definitiven Wissen um sein genetisches Schicksal. Er konnte sich nicht vorstellen, wie er weiterleben sollte, wenn er erfahren würde, daß auch ihm – wie seinem Vater und seinem Onkel – ein Huntington-Schicksal bevorstand. Wolfgang K.s Beispiel macht deutlich, wie ambivalent die neuen diagnostischen Möglichkeiten in der Humangenetik sind. Gewiß, sie ermöglichen detaillierteres Wissen über unsere Erbanlagen. Sie geben werdenden Eltern Antwort auf die bange Frage, ob ihr ungeborenes Kind gesund oder krank zur Welt kommen wird. Oft helfen sie einem Ratsuchenden, zu Entscheidungen für sich und die weitere Lebensplanung zu kommen. Doch nicht jeder kann oder möchte mit dieser Gewissheit leben: Für Wolfgang K. hätte die Gewissheit, in spätestens 20 Jahren an dieser Krankheit zu Grunde gehen zu müssen, vielleicht 20 glückliche Jahre zerstört. Und wenn der junge Mann doch einem Test zustimmen würde, wie sollte sich das Paar entscheiden, wenn es erfahren würde, daß der Fetus im Bauch der Mutter mit an Sicherheit grenzender Wahrscheinlichkeit ebenfalls das Huntington-Gen tragen wird?

Die meisten Paare würden sich in dieser Situation für eine Abtreibung entscheiden. Doch nicht in allen Fällen sind Eltern dazu bereit. Religiöse oder weltanschauliche Gründe können dagegen sprechen. Und nicht nur das Für und Wider einer Abtreibung muß hierbei eine Rolle spielen: Kann denn ein Mensch mit einem Huntington-Gen kein glückliches Leben führen? Ab wann ist eine Gen-Konstellation das Leben wert? Man muß kein radikaler Abtreibungsgegner sein, um in dieser Situation ethisch ins Schleudern zu geraten. Das Beispiel des Tests auf Chorea Huntigton macht eines deutlich: Ein humangenetisches Institut benötigt weitaus mehr als ein Gen-Labor und fähige Molekularbiologen. Diagnosen von so weitreichender Bedeutung bedürfen einer sorgfältigen Einbettung: Was sind die Motive des Ratsuchenden, sich einem Test zu unterziehen? Hat er sich über die Konsequenzen eines für ihn fatalen Testergebnisses Gedanken gemacht? Wie sieht die persönliche Situation des Ratsuchenden aus? Hat er eine Familie, Freunde oder einen Lebenspartner, die ihn davor bewahren zu verzweifeln? Solche Fragen sollten in der humangenetischen Beratung vor jedem wichtigen Test die Hauptrolle spielen. Und mit der Bekanntgabe des Testergebnisses darf sich das Angebot nicht erschöpfen.

Wie so etwas aussehen kann, zeigt die humangenetische Beratungsstelle der belgischen Universität in Leuwen. Das dortige Team war 1986 eines der ersten in Europa, das sich entschlossen hatte, Ratsuchenden den Gen-Test für *Chorea Huntington* anzubieten. Die Geschichte dieses Versuches zeigt, wie behutsam Humangenetiker ihr Beratungsangebot unterbreiten müssen. Mit insgesamt 162 Ratsuchenden begannen die belgischen Humangenetiker ein Jahr später. Bei 104 von ihnen – der sogenannten Risikogruppe – war bekannt, daß in ihrer Familie die Krankheit aufgetreten war. 58 Personen waren Partner von Personen der Risikogruppe. Schon im Laufe der Vortest-Phase stellte sich heraus, daß nicht alle Ratsuchenden einen Test wünschten. Und dies, obwohl sie alle aus eigenen Stükken die Beratungsstelle aufgesucht hatten. In Gesprächen mit Psychologen nannten die Ratsuchenden vor allem zwei Gründe, die sie vor einem Test zurückschrecken ließen: Die Tatsache, daß es für diese Krankheit noch keine Behandlungsmöglichkeit gäbe und die Schwierigkeit, mit der Gewißheit eines positiven Testergebnises leben zu müssen. (Als »positiv« bezeichnen die Mediziner immer dann einen Test, wenn er das gesuchte Merkmal anzeigt – egal, ob es sich um das defekte Huntington-Gen, einen Krankheitserreger, oder aber um eine Schwangerschaft handelt. »Positiv« bedeutet in der Analytik also für den Getesteten oft etwas Negatives.)

Dieser Vortest-Phase schloß sich eine Entscheidungsphase an: Die Testwilligen sollten dabei in Gesprächen mit Psychologen Strategien entwickeln, wie sie – je nach Ausgang des Tests – mit dem Testergebnis leben könnten. Wieder sprangen einige Personen ab, weil sie feststellten, sie wären gar nicht in der Lage gewesen, mit dem Wissen um ihre zukünftige Krankheit weiterzuleben. Am Ende blieben schließlich 28 Personen übrig, die fest entschlossen waren, sich dem Test zu unterziehen. Doch nur 23 erschienen schließlich zum Test. Fünf Personen hatten es sich kurz vorher doch noch anders überlegt. Inzwischen haben sechs Personen ihr Testergebnis: Vier erwiesen sich als gesund, zwei Personen identifizierte der Test mit sehr hoher Wahrscheinlichkeit als Träger des Huntington-Gens. Alle getesteten Patienten werden weiterhin von den Psychologen der Beratungsstelle in unterschiedlichen Abständen betreut. »Niemand«, so sagt Geroy Kiebooms, die Leiterin des Projekts, »soll mit seinem Testergebnis alleingelassen werden«.

Gen-Tests wie der für Chorea Huntington müssen eingebettet sein in ein umfassendes Beratungsangebot der Humangenetiker. Auch wenn natürlich die molekularbiologischen Tests immer wieder im Mittelpunkt des öffentlichen Interesses stehen, bestimmt ihre Zahl nicht die Qualität einer humangenetischen Beratung. Diese hängt wesentlich davon ab, in wie weit die Humangenetiker in der Lage sind, auf die Sorgen und Nöte, denen die Ratsuchenden oft ausgesetzt sind, einzugehen. Doch die personelle Voraussetzung dafür, also die Kooperation von Humangenetikern mit Psychologen, Familientherapeuten und Sozialarbeitern, fehlen in Deutschland leider häufig: Nur in Ausnahmefällen verfügen die Beratungsstellen tatsächlich über eine ausreichende Zahl von psychologisch geschulten Mitarbeitern. Manche Beratungsstellen meinen sogar, ganz darauf verzichten zu können.

Für Wolfgang K. bot die humangenetische Beratung keine Lösung seines Problems. Es würde zwar sehr schwer werden, meinte der Humangenetiker in der Beratungsstelle zu dem jungen Mann, jemanden in Deutschland zu finden, der in der Lage und bereit dazu wäre, den Test zu machen. Aber versuchen könnte man es, falls Wolfgang K. dies wünsche. Doch je länger sich Wolfgang K. mit dem Test auseinandersetzte, desto klarer wurde ihm, daß dieser Test seine mühsam aufgebauten Zukunftsperspektiven mit einem Wisch zerstören könnte. Nach reiflicher Überlegung entschied sich das Paar zum Schwangerschaftsabbruch.

Gewissens- und Entscheidungsnöte – damit sind nicht nur die Ratsuchenden selbst konfrontiert. Manchmal trifft es auch die Berater – etwa wenn es um die *Geschlechtsbestimmung* eines Embryos geht. Solche Geschlechtsdiagnosen sind heute möglich – mit der Chorionzotten-Biopsie etwa ab der 11. Schwangerschaftswoche. Eine Londoner Forschergruppe wagte 1989 sogar eine Geschlechtsanalyse bei einem nur drei Tage alten und im Reagenzglas erzeugten Embryo, bevor er der Mutter in den Uterus zurückverpflanzt wurde. Der Grund für eine Geschlechtsdiagnose liegt dabei nicht unbedingt in dem Wunsch der Eltern, eine Antwort auf die Frage »Junge oder Mädchen?« zu bekommen. Geschlechtstests können dem Humangenetiker bei einigen Erbkrankheiten bereits Aufschluß darüber geben, wie hoch die Wahrscheinlichkeit ist, mit der der Fetus im Mutterleib krank zur Welt kommen wird. So sind etwa von manchen Erbkrankheiten fast ausschließlich Männer betroffen. Das ist dann der Fall, wenn die defekten Gene, die diese Erbkrankheiten verursachen, auf dem – bei Männern nur einfach vorhandenen – X-Chromosomen liegen. Beispiele für *geschlechtsgebundene Erbkrankheiten* sind die *Bluterkrankheit* und eine Form des erblichen Muskelschwunds, die sogenannte *Muskeldystrophie vom Typ Duchenne*. In diesen Fällen kann bereits die Diagnose »weiblich« mit ziemlich hoher Sicherheit bedeuten, daß der Fetus gesund ist.

Derartige Diagnosen sind sicher nicht der Stein des Anstoßes beim Geschlechtstest. Zum Problem werden solche Tests erst, wenn das Wissen um das Geschlecht des Fetus den Eltern als Entscheidungsgrundlage dient, ob der Fetus abgetrieben wird oder nicht. In einigen asiatischen Ländern etwa setzen Eltern gezielt die Geschlechtsdiagnose ein, um ausschließlich Knaben zur Welt zu bringen. Die Diagnose »weiblich« bedeutet gleichsam ein Todesurteil für den Fetus – die Eltern lassen ihn abtreiben. Auf diese Weise hat sich beispielsweise in Südkorea das natürliche 1:1 Verhältnis der Geschlechter bereits meßbar verschoben: 100 Mädchen-Geburten stehen 117 Geburten bei Jungen gegenüber. Der Grund für die häufige Abtreibung weiblicher Feten: Mädchen werden später einmal bei der Heirat das Familienbudget mit einer beträchtlichen Mitgift belasten. 1986 ergab eine Studie indischer Sozialarbeiter in Bombay, daß 7997 von 8000 Abtreibungen nur deshalb von den Eltern gewünscht wurden, weil das Ungeborene das falsche – nämlich das weibliche – Geschlecht aufwies. 1988 unternahm die Regierung des westindischen Bundesstaates Maharastra erste Schritte, diese Entwicklung gesetzlich zu unterbinden. Der Bundesstaat beschloß ein Gesetz, in dem die Anwendung der Amniozentese zur Geschlechtsbestimmung verboten wurde. Verbunden mit diesem bundesstaatlichen Gesetzesvorhaben war natürlich auch das Ziel, ein derartiges Verbot in ganz Indien durchzusetzen. Bislang indes ohne Erfolg. Die indische Regierung in New Delhi zögert bis heute, gesetzliche Schritte zu unternehmen. Schlimmer noch, selbst in Maharastra ist die vorgeburtliche Geschlechtsbestimmung trotz des gesetzlichen Verbotes offenbar weiterhin möglich. 1990 strengte eine indische Bürgerinitiative gegen Geschlechtsbestimmung und vorgeburtliche Geschlechtsauswahl rechtliche Schritte gegen eine indische Klinik an. Die Klinik warb in Anzeigen offen für ihre Dienstleistung, vorgeburtliche Geschlechtsbestimmungen vorzunehmen. Doch bislang blieben die Gerichte untätig. Die Landesregierung selbst sah, so unglaublich es klingen mag, »keine rechtliche Handhabe«, um gegen die Klinik vorzugehen.

Was in asiatischen Ländern längst zur Routine geworden ist, gibt es in Deutschland immerhin in Ansätzen. So berichten auch deutsche Humangenetiker, daß sie von Eltern mit der Bitte aufgesucht werden, eine Geschlechtsdiagnose zu stellen. Ein dabei schon fast typisches Muster: Eine Frau kommt in die Beratung, erzählt, daß sie schwanger sei und daß sie bereits mehrere Töchter zur Welt gebracht habe. Wenn es nun diesmal wieder ein Mädchen wird, so die Frau, würde der Mann sie verlassen.

Der Humangenetiker befindet sich hierbei in einer erpreßbaren Situation: Unterstützt er den Diagnose-Wunsch der schwangeren Frau, so tut er das gegen seine eigenen Prinzipien. Verweigert er der Frau den Test, so erklärt sie ihm schlicht, sie würde in diesem Fall abtreiben lassen. Der Humangenetiker steckt in der Klemme: Rettet er seine berufsethischen Prinzipien, hat dies unweigerlich eine Abtreibung zur Folge. Gibt er dem Anliegen nach, so opfert er sein Berufsethos auf dem Altar der Pragmatik, kann aber in 50% aller Fälle eine Abtreibung verhindern.

Das Problem Geschlechtsdiagnose ist nun sicher kein für die Gentechnik spezifisches Problem. Im Gegenteil: Bereits per *Ultraschall-Analyse* läßt sich oft das Geschlecht des Ungeborenen schon erkennen. Gen-Tests sind dafür also gar nicht dafür erforderlich. Doch ein anderes Problem wird hier sichtbar: Je umfangreicher das diagnostische Angebot der Humangenetiker werden wird, desto »anspruchsvoller« könnten die Ratsuchenden werden. Mit jedem Test mehr kann sich ein Denken ausprägen, das nicht nur auf die verständliche Sicherheit zielt, kein krankes Kind auszutragen, sondern das nur noch einen Prachtskerl gelten läßt – blond, blauäugig, großgewachsen. Zunächst eine Zeugung, dann der genetische Check-up und schließlich die entscheidende Frage: Ist uns das Kind genetisch gut genug?. Die »Zeugung auf Probe« als Weg zum Wunschkind. Nun wird sich wohl kaum ein Humangenetiker finden lassen, der bereit wäre, derart absurden Elternwünschen nachzugeben. Aber damit ist das Problem noch längst nicht vom Tisch.

Frau M. hatte vor fünf Jahren den kleinen Daniel zur Welt gebracht. Daniel litt an der schon erwähnten Mukoviszidose oder Cystischen Fibrose, einer Erbkrankheit, die sich durch Abnormitäten des Drüsengewebes bemerkbar macht. Bei Daniel verlief diese Krankheit besonders schlimm. Schwerer Schleim auf den Lungen behinderte seine Atmung so stark, daß er ständig nach Luft rang. Seine häufigen Infekte konnten die Ärzte kaum noch mit Antibiotika behandeln. Schließlich starb Daniel nach einer Lungenentzündung. Daniels Eltern hätten ohne die Möglichkeit eines Gen-Tests wohl nie wieder erwogen, ein weiteres Kind zu zeugen. Das statistische Wiederholungsrisiko dafür, daß auch dieses Kind an Cystischer Fibrose leiden wird, beträgt 25% – eine Quote, die die meisten der betroffenen Eltern bislang davon abhielt, es ein zweites Mal zu versuchen. Doch 1989 entwickelten Wissenschaftler einen direkten Gen-Test, der inzwischen Aussagen mit fast 100%iger Sicherheit zuläßt. Frau M. wurde erneut schwanger. Das Paar suchte daraufhin eine humangenetische Beratungsstelle mit der Bitte auf, den Fetus per Gen-Test auf Cystische Fibrose zu untersuchen. In der 11. Woche machten die Ärzte eine Chorionzotten-Biopsie und untersuchten die Zellen des Ungeborenen mit dem neu verfügbaren Test. Die Gen-Sonde wurde fündig: Der CF-Test machte die Anwesenheit des Gen-Defektes höchstwahrscheinlich. Die Eltern entschieden sich für einen Schwangerschaftsabbruch.

Wer möchte dem Ehepaar M. diese Möglichkeit verwehren? Schließlich hatten die Eltern selbst erlebt, was es heißt, fünf Jahre lang ein Kind mit dieser Krankheit zu pflegen und es dann sterben zu sehen. Andererseits – ist dieser Fall etwas anderes als eine »Zeugung auf Probe«? Dort, wo es um die Diagnose von schweren Erbkrankheiten geht, dort werden sicherlich viele Menschen das humangenetische Diagnostik-Angebot und auch die Konsequenzen, also die Zeugung auf Probe und – eventuell – die Abtreibung, akzeptieren. Doch wo sollen wir – die Humangenetiker, die Eltern, die Gesellschaft – die Grenze ziehen? Akzeptieren wir dieselbe Entscheidung eines Paares, dessen ungeborenes Kind das kranke Gen für Chorea Huntington trägt? Akzeptieren wir auch noch eine Abtreibung, wenn die Eltern das Ergebnis eines Gen-Tests schreckt, der das Kind als arteriosklerose-gefährdet ausweist? Und was ist schließlich, wenn es nur um die – in den Augen der Eltern – falsche Haarfarbe geht?

Dort, wo es um die beiden Extreme dieses Spektrums geht, werden uns die Entscheidungen noch relativ leicht fallen. Die Zeugung auf Probe, der Test und anschließend die Abtreibung – bei einer lebensbedrohlichen Erbkrankheit, für die es noch nicht einmal eine Heilungschance gibt, dort lautet die Antwort mehrheitlich wohl »Ja«. Bei der »falschen« Haarfarbe zweifellos »Nein«. Doch in der »Mitte« – sozusagen irgendwo zwischen der Veranlagung zur Zuckerkrankheit und der zur Fettleibigkeit – wird es schwerfallen, exakte Grenzlinien zu ziehen – Grenzen, die festlegen, wo das verständliche Mitleid der Eltern gegenüber dem zu erwartenden Schicksal des Kindes umschlägt in perfektionistisches Wunschdenken.

Humangenetiker argumentieren häufig, dieses Problem, also unser Umgang mit dem Begriff »Krankheit«, sei keines, das erst durch die Gentechnik entstanden sei. Das ist richtig. Selbstverständlich läßt sich das Geschlecht eines Fetus auch ohne Gen-Test ermitteln, und es stimmt auch, daß die Zulässigkeit der medizinischen Indikation zur Abtreibung – etwa im Falle schwerer Erbschäden – nicht erst nach der Entwicklung der Gentechnik Mitte der 70er Jahre zur Debatte stand. Trotzdem greift dieses Argument zu kurz. Wir hatten zu Beginn dieses Kapitels gesehen, daß der Begriff Erbkrankheit äußerst unscharf ist. Die Gentechnik wird nicht zur Präzisierung dieses Begriffes beitragen. Im Gegenteil: Immer mehr Krankheitsbilder werden sich zukünftig mit Hilfe von Gen-Tests bis auf ihre genetische Basis zurückverfolgen lassen. Irgendwann einmal, wenn wir das komplette Buch unserer Erbanlagen gelernt haben zu lesen, werden wir feststellen, daß es kaum eine Krankheit gibt, bei der unsere Gene nicht die Finger im Spiel haben.

Schon suchen Wissenschaftler nach dem »Melanom-Gen« – also einem Gen, das bei dieser schweren Form des Hautkrebses für Krankheitsausbruch und -verlauf mitverantwortlich ist. Eine der entscheidenden Fortschritte der Krebsforschung im letzten Jahrzehnt war die Erkenntnis, daß sogenannte Krebsgene beim Entstehen bösartiger Wucherungen eine entscheidende Rolle spielen. Angeborene Immundefekte wiederum sind auf Mutationen in den Genen unserer Immunzellen zurückzuführen. Und wahrscheinlich beruht auch die Tatsache, daß der eine sich kaum erkältet, der andere hingegen gleich viermal im Jahr mit einer Triefnase herumlaufen muß, auf unterschiedlichen Erbgut-Ausstattungen dieser beiden Individuen.

Die Aufkärung der genetischen Komponente einer Krankheit kann dabei die Mediziner zu einer neuen Therapie führen. Darin liegt ja gerade der entscheidende Impuls, den gentechnische Methoden der Medizinforschung geben können. Ein Beispiel: Die erfolgreiche Suche nach dem CF-Gen bietet jetzt eine reale Chance, die Stoffwechsel-Entgleisungen, die das kurze Leben von Mukoviszidose-Patienten zur Qual werden lassen, medikamentös zu behandeln. Erst das CF-Gen führte die Mediziner zu den molekularen Stellen der betroffenen Zellen, an denen sich die Krankheit austobt. Jetzt können Pharmaforscher – übrigens wieder mit gentechnischer Hilfe, wie wir noch sehen werden – gezielt Medikamente entwickeln. Diese Therapie könnte Zigtausenden von Menschen ein normales Leben ermöglichen. An diesem Punkt »Stopp« zu rufen, hieße, diesen Menschen die Hoffnung auf Heilung zu verwehren.

Doch dieser positive Aspekt spiegelt nicht die ganze Wahrheit wider. Je mehr Krankheiten oder auch nur Anfälligkeiten für bestimmte Krankheiten frühzeitig – also vor Ausbruch – diagnostizierbar sind, desto »vorhersagbarer« wird natürlich die physische Lebensgeschichte eines Menschen. Der Wert eines Individuums könnte nun auch über seine »genetische Fitneß« definiert werden: Der Manager mit der optimalen Gen-Ausstattung seines Blutfett-Stoffwechsels, die ihn gegen Herz-Kreislauf-Krankheiten feit, der Chemie-Facharbeiter, dessen besonders robuste Gen-Ausstattung ihn vor Chemikalien am Arbeitsplatz schützt. Nicht nur unsere Neigungen und Fähigkeiten müssen fortan darüber entscheiden, welchen Beruf wir ausüben und welches Leben wir führen sollten. In Zukunft könnte das genetische Erbe in unseren Zellen bei wichtigen persönlichen Entscheidungen ausschlaggebend sein. Die Diktatur der Gene.

»Da hörst Du aber mal wieder die Flöhe husten«, sagte mir neulich ein Freund, als wir diesen Punkt erörterten. Das ist schon möglich, denke ich, aber schließlich lassen sich Erdbeben auch nur – wenn überhaupt – mit Meßinstrumenten voraussagen, die bereits beim Vorbeischleichen auf den Zehenspitzen kräftig ausschlagen.

Bislang tauchte die Humangenetik mit ihren neuen diagnostischen Möglichkeiten immer dann auf, wenn Eltern um die Gesundheit ihres ungeborenen Kindes in Sorge sind. Doch humangenetische Methoden erobern inzwischen weitere Bereiche unseres Lebens. Ende 1984 entwickelte der britische Molekularbiologe Alec Jeffreys in Leicester eine Methode, die innerhalb kürzester Zeit die Gentechniker vor Gericht brachte – nicht auf die Anklagebank, wie es sich vielleicht manche Zeitgenossen gewünscht hätten, sondern auf den Stuhl der Gutachter. So war Jeffreys Expertise sowohl in zivilrechtlichen Streitfragen – etwa bei *Vaterschaftsklagen* – wie auch in Strafsachen – etwa wenn es um *Indizienprozesse* in Mordfällen geht – gefragt. Die Methode, die den Molekularbiologen immer häufiger vor Gericht auftreten läßt, nennt Jeffreys »*DNA-Fingerabdruck*«. Es ist eine ausgeklügelte Variante der DNA-Fingerabdruck-Technik, die wir bereits kennengelernt haben.

Das Verfahren liefert tatsächlich eine Art Fingerabdruck, also ein unverwechselbares Erkennungszeichen einer Person. Der Brite hatte nämlich herausgefunden, daß es in unserem Erbgut DNA-Abschnitte zwischen den Genen gibt, die ebenso unverwechselbar einer Person zugeordnet werden können, wie das Muster der Hautlinien auf unseren Fingerbeeren. Und mehr noch: Diese DNA-Fingerabdrücke werden von Generation zu Generation – wie jedes andere Stück DNA auch – weiter vererbt. Der DNA-Fingerabdruck eines Kindes ist also eine Mixtur der »Abdrücke« seiner Eltern. Hier

Hier brauchen uns nicht die technischen Details interessieren, nur die Bedeutung dieses Verfahrens ist wichtig: Zum einen lassen Jeffreys Fingerabdrücke eine Ausage darüber zu, ob die DNA-Fingerabdrücke zweier Blut-, Speichel-, Haut- oder Haarzellen identisch sind. Zum andern bietet der Vergleich mehrerer DNA-Fingerabdrücke die Möglichkeit, Verwandschaftsverhältnisse zwischen Personen festzustellen. Die Irrtums-Wahrscheinlichkeit, so rechneten Experten aus, ist unvorstellbar klein: Nur einmal in 30 Milliarden Fällen soll ein Ergebnis dieser Analyse falsch sein.

Gerichtsmediziner staunten nicht schlecht. Blutproben-Vergleiche bei Vaterschaftsklagen oder Schwerverbrechen führten häufig nur zu Gutachten, in denen der Analytiker höchstens von »vielleicht« oder »ist nicht auszuschließen, daß...« sprechen konnte. Jeffreys DNA-Fingerabdruck bot nun die Chance, dem Gericht Gewißheit darüber zu verschaffen, ob der vermutete Vater auch der tatsächliche ist, oder ob der beschuldigte, aber die Tat leugnende Angeklagte das Verbrechen begangen hat oder nicht. War der DNA-Abdruck des Beschuldigten mit dem aus den fremden Blutspuren beim Opfer identisch, so gab es einfach keine Zweifel mehr. Schon bald wurde Jeffreys Expertise in einigen spektakulären Mordfällen zum urteilsentscheidenden Zünglein an Justitias Waage. Das Verfahren ließ sich Jeffreys patentieren. Zwei Firmen nutzen derzeit das Verfahren kommerziell und bieten DNA-Analysen zum Stückpreis von circa 1000 DM an.

Doch damit ist die Erfolgsstory noch längst nicht zu Ende. Zumindest anfangs hatte Jeffreys Methode noch einen entscheidenden Nachteil: Häufig reichten etwa die am Tatort gefundenen Blutmengen nicht aus, um daraus ausreichend DNA für den Fingerabdruck zu gewinnen. Dann mußte sogar der molekularbiologische Sherlock Holmes passen. Doch US-amerikanische Wissenschaftler der Gen-Firma Cetus kamen mit einer weiteren molekularbiologischen Sensation den Gerichtsmedizinern zu Hilfe: Den Cetus-Wissenschaftlern gelang es 1988, mit einer Art »Verstärker-Technik«, die DNA aus nur einer einzigen Haarzelle zu analysieren. Die Technik – sie heißt abgekürzt *PCR-Technik* und wurde zuvor von anderen Wissenschaftlern in USA entwickelt – beruht auf einer Art molekularbiologischer Kettenreaktion. Das DNA-Molekül einer Zelle wird mit bestimmten Enzymen behandelt, die wie ein Kopierapparat funktionieren: Aus einer DNA-Kette werden zwei, daraus vier, sechzehn und immer weiter. Nach 30 oder 40 Kopierdurchläufen haben die Wissenschaftler ausreichende DNA-Mengen, um Jeffreys DNA-Fingerabdruck-Analyse anzuschließen.

Im Paket mit der PCR-Technik war der DNA-Fingerabdruck praktisch unschlagbar. Vor allem in USA und in Großbritannien kommen die Techniken bei Prozessen bislang zum Einsatz. In der Bundesrepublik gibt es bislang nur wenige Fälle, in denen ein DNA-Fingerabdruck vor Gericht zum Einsatz kam und nur einen einzigen Fall, in dem diese Analyse urteilsentscheidend war: 1989 sprach das Darmstädter Landgericht einen 27jährigen Mann frei, der sich wegen sexuellem Mißbrauchs von Kindern zu verantworten hatte. Zunächst hatten einige der zehn betroffenen Kinder den Mann auf Fotos als ihren Peiniger zu erkennen geglaubt. Das Gericht ordnete daraufhin eine DNA-Analyse an. Das Ergebnis: Der Fingerabdruck der DNA aus Blut- und Spermaproben, die von dem Täter stammten, war nicht mit demjenigen des Angeklagten identisch. Das Gericht sprach den Mann frei. Die Staatsanwaltschaft wird mit diesem Fall in Revision gehen, um vom Bundesgerichtshof höchstrichterlich klären zu lassen, ob der Einsatz dieser Methode vor Gericht zulässig ist.

Unklar ist nämlich, ob ein Gericht diesen Test einfach als Beweismittel anordnen darf. Zwar regelt die Strafprozeßordnung, daß einem Beschuldigten Blutproben entnommen werden dürfen. Nicht geregelt ist indes, welche Analysen damit angefertigt werden dürfen. Das ist nun beileibe nicht nur ein juristischer Streit. Kritiker befürchteten zunächst, daß dieser Test Persönlichkeitsmerkmale zum Vorschein bringen könnte, die anstelle der Entscheidung »Identität von Beschuldigtem und Täter: Ja/Nein« die Urteilsfindung beeinflussen könnten – vielleicht noch nicht jetzt, aber in Zukunft. Befürworter der DNA-Analyse vor Gericht haben jedoch ein plausibles Argument: Der Fingerabdruck wird nämlich von DNA-Abschnitten – sogenannten *Introns* – angefertigt, die nicht als Bauanleitung für Substanzen in unserem Körper dienen. Wissenschaftler sprechen daher auch von *nichtkodierenden DNA-Abschnitten*. Deshalb, so ihr Argument, kann der DNA-Fingerabdruck auch keine persönlichkeitsrelevanten Merkmale liefern. Er gibt uns lediglich eine Antwort auf die Frage: Stammt die Erbsubstanz zweier Proben von einer Person oder nicht?

Also zur Tagesordnung übergehen? Es kann sein, daß die Dinge doch nicht so einfach liegen. Werfen wir noch einmal einen Blick auf das dicke Buch unserer Erbanlagen: Mindestens 3 Milliarden Buchstaben enthält es. Untergliedert ist es in 23 Kapitel – die Chromosomen. Jedes Kapitel wiederum enthält im Schnitt über 4000 Absätze, eben die Gene. Doch der »Textumfang« aller Gene zusammengenommen, macht wahrscheinlich nicht mehr als 5% der 3 Milliarden Buchstaben aus. Der »Rest«, also bis zu 95%, enthält nichtkodierende Abschnitte. Es sieht momentan so aus, als enthielte das Buch unserer Erbinformation wesentlich mehr an unleserlicher Desinformation als an tatsächlich nützlicher Information. Amerikanische Molekularbiologen sprechen deshalb scherzhaft auch von *»junk DNA«*: Für sie ist dieser Teil der Erbsubstanz also Abfall. Doch kann man wirklich annehmen, daß die Natur, die sich sonst durch ausgesprochen energie- und stoffminimierte Lösungen auszeichnet, ausgerechnet in der Zentralbibliothek aller Lebewesen – in ihrem Erbgut – dem Schlendrian und der Verschwendungssucht freien Lauf läßt? Könnte es nicht sein, daß sich das, was heute für manche molekulargenetischer Müll ist, schon morgen als bedeutsam für unser Leben entpuppt?

Gerade weil gegenwärtig niemand diese Frage entscheiden kann, sollten wir zumindest nicht so überheblich sein zu glauben, wir wüßten bereits alles. Wissenschaft wird immer dann interessant, wenn sie Überraschungen zu Tage fördert. In diesem Bereich riecht es förmlich nach einer Überraschung.

Ludwig L. war 47 Jahre, als seine Firma, bei der er bislang als Chemiker tätig war, Konkurs anmeldete. Von heute auf morgen mußte er sich einen neuen Job suchen. Sein Freund, ein Personalberater und Kenner von Bewerbungsgepflogenheiten, erzählte ihm, daß die Firmen neben der beruflichen Qualifikation vor allem auf die Gesundheit ihrer Arbeitskräfte achten würden. Schließlich sei er ja auch nicht mehr der Jüngste, meinte der Personalberater. Herr L. überlegte sich daher, wie er seine glänzenden beruflichen Referenzen durch zusätzliche Informationen zu seiner Fitneß aufmöbeln konnte. Ein ärztliches Untersuchungszeugnis mußte her – das war klar. Schließlich fühlte er sich in Topform. Er war Nichtraucher, trank höchstens mal ein Bierchen, beim Lauftraining sah man ihn höchstens dann nicht, wenn es in Strömen regnete. Sein Hausarzt lobte ihn jedes Mal mit einem Stoßseufzer: »Ach wenn alle nur so gesund wären wie Sie, Herr L.«.

Aber Ludwig L. wollte noch einen Schritt weiter gehen. Er hatte von der Möglichkeit gelesen, Tests machen zu lassen, die etwa die Arteriosklerose-Anfälligkeit abklären können. Er fragte sich durch und landete schließlich in einer humangenetischen Beratungsstelle. Um nicht gleich auf Ablehnung zu stoßen, erzählte er der Ärztin gar nicht, wozu er diese Tests haben möchte. Er sagte lediglich, in seiner Familie seien solche Krankheiten verstärkt aufgetreten und nun wolle er einfach auf Nummer Sicher gehen. Schließlich könnte er im Falle eines Falles seinen Lebenswandel entsprechend einrichten, etwa mehr Sport treiben oder den Speiseplan seiner Gefährdung besser anpassen. Die beratende Ärztin ließ daraufhin die Tests machen. Bei der abschließenden Beratung erhielt Herr L. die Ergebnisse schwarz auf weiß: Kein Defekt im Fettstoff-Wechsel, keine Disposition für die Zuckerkrankheit und auch kein Gen-Defekt, wie er häufig bei Allergikern auftritt. »Prima«, dachte sich Ludwig L., »ich habe sozusagen eine genetisch reine Weste«. Wie zufällig lagen die Ergebnisbögen der Gen-Tests Herrn L.s Bewerbungsunterlagen bei. Angefordert hatte sie das Unternehmen, bei dem sich Herr L. bewarb, nicht. Aber jetzt waren sie ja nunmal auf dem Tisch.

Das – juristische – Problembewußtsein in diesem Bereich ist erst langsam gewachsen. 1985 legte die vom Bundesforschungs- und Justizministerium gemeinsam berufene Arbeitsgruppe »In vitro-Fertilisation, Genom-Analyse und Gentherapie« ihre Beurteilung vor. Unter der Leitung des ehemaligen Vorsitzenden des Bundesverfassungsgerichts in Karlsruhe Prof. Ernst Benda erkannte dieses Gremium zunächst »keinen gesetzgeberischen Handlungsbedarf« im Bereich der Genomanalyse von Arbeitnehmern. Einzige Einschränkung der Experten: Die Freiwilligkeit müsse garantiert sein.

Einen Schritt weiter ging dann die 1984 vom Deutschen Bundestag eingesetzte Enquete-Kommission »Chancen und Risiken der Gentechnik«. Auch dieses Gremium beschäftigte sich mit dem Thema der *Genomanalyse bei Arbeitnehmern und im Versicherungswesen*. Ein Kapitel im Abschlußbericht, den die Kommission Anfang 1987 vorlegte, ist dem Thema »Genomanalyse an Arbeitnehmern« gewidmet. Das Fazit der Experten: Eine gesetzliche Regelung dieses Bereiches ist dringend erforderlich. Der Gesetzgeber, so betonte der Bericht, müsse unbedingt verhindern, daß Arbeitnehmer oder Bewerber genetisch durchleuchtet würden. Einigkeit mit den Empfehlungen der Benda-Kommission gab es indes auch: Oberstes Prinzip, so die Kommission, sei die Freiwilligkeit solcher Analysen.

Doch auch eine Freiwilligkeitsgarantie schafft die Probleme nicht aus dem Weg: Natürlich kann man den Unternehmen verbieten, solche Tests bei Bewerbungen anzufordern. Doch wie verhindert der Gesetzgeber das Verhalten, das Ludwig L. praktiziert hat? Selbst wenn dem Unternehmen, bei dem sich der Chemiker beworben hat, verboten würde, solche unverlangt beigefügten Test-Unterlagen zu ihrer Personalentscheidung heranzuziehen, wer wollte dies kontrollieren?

Auch Ernst Benda sieht dieses Problem heute so. Der Staatsrechtler, der inzwischen selbst für eine gesetzliche Reglementierung der Genomanalyse plädiert, kritisiert die Untätigkeit des Gesetzgebers. Selbst das inzwischen verabschiedete Gen-Gesetz enthält keinerlei Regelungen für die Anwendung von Gen-Tests in der Arbeitsmedizin.

Dazu sieht Ernst Benda noch ein weiteres Problem, das mit gesetzlichen Freiwilligkeitsgarantien nicht aus der Welt zu schaffen ist: ein negativer Wandel in unserem *Umgang mit Behinderten*. Bisher, so argumentiert Benda, begreifen wir Behinderungen als Schicksal und deshalb als Aufruf zur Solidarität. Dies könnte sich in dem Maße ändern wie humangenetische Tests Erbkrankheiten diagnostizierbar machen. Eltern, so befürchtet Benda heute, die im Wissen um die diagnostischen Möglichkeiten behinderte Kinder zur Welt bringen, könnten in Zukunft als verantwortungslos gelten.

Diese Entwicklung läßt sich sicher nicht mit gesetzgeberischen Maßnahmen steuern. Deshalb fordert Ernst Benda ein modifiziertes Menschenbild, bei dem auch die Unzulänglichkeiten des Individuums zum »Wesen« des Menschen gehören – eine Überlegung, die es – wie wir gleich sehen werden – sehr schwer haben könnte, sich durchzusetzen.

Selbst die sinnvolle Forderung nach Freiwilligkeit solcher Tests könnte nämlich auf dem Altar der *Ökonomie im Gesundheitswesen* geopfert werden. Am 17. August 1989 titelte die täglich erscheinende Ärztezeitung »Die Neue Ärztliche«: »Raucher und Trinker sollen mehr für ihre Gesundheit bezahlen«. In dem Beitrag ging es um einen Vorschlag des baden-württembergischen FDP-Fraktions-Vorsitzenden Walter Döring zur Gesundheitsreform. Döring hatte eine neue Einkommensquelle für die Krankenkassen entdeckt. Dem FDP-Politiker sind nämlich alle die Versicherten ein Dorn im Auge, die durch ihren Lebenswandel erwiesenermaßen ihre Gesundheit aufs Spiel setzen und so die Krankenkassen Milliardenbeträge kosten. Raucher, Trinker und Übergewichtige, so Döring, verstießen gegen das Prinzip der Solidargemeinschaft, auf dem das öffentliche Gesundheitswesen basiere. Seine Botschaft an den unvernünftigen und kostenintensiven Krankenkassenkunden lautet: »Schon aus erzieherischen Gründen sollte er das zusätzliche Risiko mit eigenen Mitteln – durch zusätzliche Krankenkassenbeiträge etwa – tragen müssen. Das wirkt oft besser als viele Ermahnungen.«

Vorsichtigerweise hat der Freie Demokrat keinen Vorschlag dazu gemacht, wie er sich die Überprüfung der Kassenpatienten vorstellt, wer etwa kontrolliert, ob ein Patient im Nichtrauchertarif nicht doch heimlich zum Glimmstengel greift, oder ob der Patient im Normalgewichtigen-Sondertarif über die Weihnachtszeit etwas Speck angesetzt hat. Vielleicht wäre Döring bei einer Art »Gesundheitsblockwart« gelandet. Aber Dörings Vorschlag läßt sich noch weiterdenken: Rechtzeitige Tests ermöglichen Wissen über persönliche Risiken. Der als infarktgefährdet diagnostizierte Bürger kann durch seinen Lebenswandel einer zukünftigen Erkrankung entgegenwirken. Natürlich kann dieses Wissen für eine Person Anlaß sein, ihren Lebensstil zu ändern. Und natürlich wäre dies vernünftig. Aber: Was ist, wenn Gesundheits-Experten à la Döring die Leimrute aufstellen: mehr Tests = bessere Vorsorge = geringere Krankenkassen-Beiträge. Denn ökonomisch betrachtet dürfte sich diese Art von *Präventivmedizin* rechnen. Die Versicherer können eine Menge Tests bezahlen, bis sie die Kranken- und Rehabilitationskosten auch nur eines Infarkt-Patienten erreicht haben. Und die Rechnung ginge sogar selbst dann auf, wenn nur ein Teil der Risikoträger aufgrund der Testergebnisse von zusätzlich gefährdenden Gewohnheiten Abschied nehmen würden.

Die in diesem ökonomischen Sinn »lukrativsten« Kandidaten in diesem Test-Karussell sind nun gerade die *Erbkrankheiten*. Besonders die Gen-Defekte, die schwerste Behinderungen verursachen, erweisen sich als außerordentlich kostenintensiv. Nicht selten sterben die Erkrankten, ohne daß sie jemals gearbeitet haben. Ein Patient mit einem Duchenneschen Muskelschwund wird kaum älter als 20 Jahre und benötigt zunehmend intensivere Pflege – ein reiner Minus-Posten in der Bilanz eines nur ökonomisch denkenden Kassenverwalters oder Gesundheitspolitikers. Und dort, wo Erbkrankheiten diagnostizierbar sind, sind sie im Prinzip auch vermeidbar. Die Eltern müßten sich lediglich zur Abtreibung eines als erbkrank diagnostizierten Fetus entscheiden. Konsequenterweise müßte der FDP-Politiker dann auch von Eltern verlangen, alle verfügbaren Gen-Tests machen zu lassen. Andernfalls würden sie billigend in Kauf nehmen, ein erbkrankes Kind zur Welt zu bringen, für das die Gemeinschaft die Folgekosten zu tragen hätte. Es würde damit exakt das Szenario Wirklichkeit, das Ernst Benda befürchtet – zuerst das leise Tuscheln der Nachbarn über die Familie mit dem erbkranken Kind und später der offene Vorwurf: Das hätte sich doch wohl vermeiden lassen!

Erneut könnte jemand kritisch einwerfen: Dies alles sind doch keine Probleme, die für die Gentechnik spezifisch sind. Das ist richtig. Die konventionelle Trisomie 21-Diagnostik trägt zum Wandel des gesellschaftlichen Umgangs mit Behinderten genauso viel oder wenig bei wie der gentechnische CF-Test. Doch die Gentechnik verschärft die bisherige Entwicklung insofern, daß sie praktisch monatlich neue Testmöglichkeiten eröffnet. Dieser quantitative Aspekt schafft eine qualitativ neue Situation. Es macht einfach einen Unterschied, ob Mediziner nur einige wenige, und zudem noch extrem seltene Krankheiten diagnostizieren können, oder ob sich peu à peu die Möglichkeit eines fast vollständigen Gesundheitsprofils eröffnet. Was sich ändern wird, ist nicht nur unser Wissen über Krankheiten, sondern unsere Einstellung dazu. Das sehen auch nachdenkliche Fachleute so. Der in Berlin tätige Humangenetiker Jörg Schmidtke hat Anfang 1989 für die Evangelische Kirche in Bayern eine Expertise zu diesem Thema erstellt. Sein Fazit: »Unser Umgang mit Kranksein und Sterben reflektiert oft genug das Versagen sozialer Funktionen. Deshalb ist es zwar richtig, daß wir uns auf die Möglichkeit individueller Entscheidungen berufen, aber es ist ebenso beschämend, daß wir oft genug versuchen, Krankheit und Behinderung sozial auszugrenzen und in erster Linie nur ›technologische‹ Antworten bereithalten«.

Die Gentechnik – das soll dieses Kapitel zeigen – birgt nicht etwa nur im Falle ihres Mißlingens Gefahren. Die Entwicklung der Humangenetik in Richtung *Gen-Diagnostik* könnte vor allem dann negative Folgen haben, wenn sie erfolgreich ist. Diese Gefahren rühren nicht von gentechnisch veränderten und anschließend »wildgewordenen« Bakterien-Monstern her. Die Gefahren liegen weit außerhalb des Gen-Labors – sie stecken in unser aller Köpfen, nämlich in der Entscheidung darüber, wie wir persönlich und gesellschaftlich mit diesem neuen Wissen umgehen.

In den neunziger Jahre werden voraussichtlich die Weichen in dieser Frage gestellt. Denn es bahnt sich eine neue Situation an: Bislang haben Molekulargenetiker eher zufällig nach menschlichen Genen gesucht – mal ein Gen hier, mal ein Marker dort. Auf diese Weise konnten sie bislang etwa ein Prozent unseres Erbgutes entschlüsseln. Doch seit einigen Jahren konkretisieren sich die Pläne, das komplette Erbgut – unser Genom, wie die Wissenschaftler sagen – systematisch zu entschlüsseln. Alle drei großen Industrieregionen der Welt – Japan, die USA und Europa – feilen zur Zeit an Entwürfen zu einem gigantischen Vorhaben: dem *Genomprojekt.*

Auch wenn zur Zeit noch keiner der beteiligten Wissenschaftler genau weiß, wie sich dieses Vorhaben in die Tat umsetzen läßt, ist doch das Ziel klar formuliert: Alle drei Milliarden Buchstaben unserer genetischen Bibliothek sollen systematisch analysiert werden. Der Harvard-Professor Walter Gilbert, der für seine DNA-Entschlüsselungsmethode 1980 den Nobelpreis erhalten hat, ist in den USA ein prominenter Fürsprecher für das Genomprojekt. Mit einer eher mystifizierenden Formel hat er versucht, der Öffentlichkeit – vor allem aber der Politik und seinen wissenschaftlichen Kollegen – das »Apollo-Projekt der Biologie« schmackhaft zu machen: Er stilisierte das Genomprojekt zum »heiligen Gral der Biologie« – also zur Suche nach dem wundertätigen Stein oder Gefäß, von dem in der Artus- oder Parzival-Sage eine heilende Wirkung ausgeht. Gilberts Griff in die Mythologie kommt nicht von ungefähr: Befürworter wie er versprechen sich von der kompletten Entschlüsselung unseres Erbguts einen enormen Erkenntnisschub für die Medizin. Darin steckt durchaus Logik: Zuerst suchen wir die Gene, dann die molekulare Basis von Krankheiten und schließlich die Wege zu neuen Therapien. Ein wahrhaft nobles Ziel, aber zunächst auch ein sehr vages.

Schließlich hat die schlichte Gleichung »mehr Gene = mehr Heilung« mehr als nur eine Lösung. Hinzu kommt, daß die Anhänger des »biologischen Grals« bislang den Beweis schuldig geblieben sind, ob sie überhaupt richtig liegen. Zwar steckt durchaus Plausibilität in der Annahme, daß das Wissen um die genetischen Grundlagen verschiedener Krankheiten den Weg zu neuen Heilungsmöglichkeiten weist. Doch wieviele Therapien werden es hinterher tatsächlich sein, die via Genomprojekt möglich werden? Bei der Beantwortung dieser Frage hilft zur Zeit wirklich nur Mystik.

Die Auseinandersetzung um das Genomprojekt findet auf unterschiedlichen Argumentationsebenen statt. Es gibt wissenschaftliche Gründe, das Projekt sterben zu lassen, es gibt finanzielle und schließlich noch gesellschaftliche. Und es wird noch komplizierter. Selbst die Befürworter sind sich nicht darüber einig, was eigentlich erarbeitet werden soll. Es lohnt sich daher, sich einmal genauer anzuschauen, was sich alles hinter dem Begriff »Genomprojekt« verbirgt

Eine wichtige Aufgabe ist etwa die *Genomkartierung* – ein durchaus passender bildhafter Begriff. Für den Geographen liefert eine Landkarte ein Abbild von der Welt. Doch es gibt ganz unterschiedliche Karten, die wiederum unterschiedliche Abbilder von der Welt liefern. Je nach Maßstab enthält eine Karte unterschiedlich detaillierte Informationen – etwa nur den Verlauf großer Flüsse oder gar von kleinen Bächen. Je nach Interessenlage wiederum enthält eine Karte unterschiedliche Informationen – etwa die Ausdehnung verschiedener Sprach- oder Klimaräume, politische Grenzen, Berghöhen und Meerestiefen oder die Bevölkerungsdichte unterschiedlicher Länder. Ähnlich verhält es sich mit Gen-Karten. Auch sie können unterschiedlich detailliert gezeichnet werden und ganz unterschiedliche Informationen enthalten.

So gibt es beispielsweise Genkopplungskarten, im heutigen Wissenschafts-Neudeutsch als »linkage-maps« bezeichnet. Ihren Ursprung haben sie in den zwanziger Jahren, als der britische Genetiker Thomas Morgan herausfand, daß der relative Abstand zweier Gene auf einem Chromosom mit der Häufigkeit einhergeht, mit der beide Gene nach einer Kreuzung in der folgenden Generation auftauchen. Normalerweise werden nämlich alle Gene auf einem Chromosom gemeinsam vererbt. Deshalb bezeichnen Genetiker Chromosomen auch als *Kopplungsgruppen*. Doch dieses Prinzip gilt nicht uneingeschränkt. So passiert es während der Reifeteilung der Keimzellen, daß die paarweise auftretenden Chromosomen aufbrechen und über Kreuz wieder zusammenwachsen. Ein Kopplungsbruch oder »crossing over« hat stattgefunden. Morgan fand nun heraus, daß die Wahrscheinlichkeit für einen Kopplungsbruch zwischen zwei Genen um so größer ist, je weiter entfernt die beiden Gene voneinander entfernt liegen. Auf diese Weise konnte Morgan eine »relative« Gen-Karte erstellen. Er notierte sich lediglich bei seinen Kreuzungsversuchen mit der Fruchtfliege Drosophila, wie häufig zwei zuvor gekoppelte Gene in der Tochter-Generation getrennt auftraten. Auf diese Weise entstanden Karten, bei denen er sagen konnte: Gen A und Gen D liegen am weitesten voneinander entfernt. Gen B muß ganz nah auf Gen A folgen, während Gen C etwa auf der halben Strecke zwischen B und D lokalisiert ist. Das Problem dabei: Wie groß nun der absolute Abstand – also die Zahl der DNA-Bausteine – zwischen den einzelnen Genen ist, läßt sich mit Morgans relativer Kartierungsmethode nicht herausfinden. Ebenso wenig geben Genkopplungskarten Aufschluß darüber, was sich zwischen den bekannten Genen an weiterer genetischer Information befindet.

Etwas genauer sind da schon moderne »linkage maps«, wie sie von Molekularbiologen bereits vom Chromosom Nr. 21 angefertigt wurden. Hierzu benötigt man ein Werkzeug der Gentechniker, die *Restriktionsenzyme*. Sie schneiden das DNA-Molekül nur an ganz bestimmten Bausteinfolgen auf. Benutzt man nun Schneideenzyme, die nur an ganz selten auftretenden DNA-Folgen im Molekülstrang schneiden, so ist es möglich, ein Chromosom in vielleicht 50 Bruchstücke zu zerteilen. Als zweites benötigt man nun einen DNA-Abschnitt als Sonde. Von diesem Abschnitt muß man zumindest wissen, daß er irgendwo auf dem Chromosom auftaucht. Wo, das ist zunächst noch nicht bekannt. Diese Sonde wird radioaktiv markiert und mit den einzelnen Bruchstücken der Chromosomen zusammengebracht. An demjenigen Fragment, an dem auch der als Sonde verwendete Abschnitt auftritt, kommt es zur Bindung zwischen der Sonden-DNA und der chromosomalen DNA. Anschließend werden die radioaktiven DNA-Sonden wieder aus der Lösung ausgewaschen. Nun »klebt« die radioaktive Sonde nur noch an einem der 50 DNA-Fragmente. Dessen Radioaktivität läßt dann die Aussage zu: Das Gen, aus dessen Bausteinabfolge die Sonde gewonnen wurde, muß in diesem Bereich lokalisiert sein. Die Genauigkeit – sozusagen der Kartenmaßstab – dieser Art von »linkage maps« liegt bei etwa 500 000 Bausteinen oder Basenpaaren. Verglichen mit den uns gewohnten geographischen Karten ist es eine Landkarte, in der etwa ein Kontinent mit seinen unterschiedlichen Ländern sichtbar wird.

Zehnfach detaillierter ist dagegen eine echte *physikalische Gen-Karte*. Sie erlaubt eine Genauigkeit von etwa 50 000 Basenpaaren. Die physikalische Gen-Karte entspricht etwa einer Deutschland- oder Frankreich-Karte. Um so eine Karte zu erhalten, muß das gesamte Erbgut in DNA-Bruchstücke etwa dieser Länge zerschnitten werden. Auch hierfür gibt es geeignete Restriktions- oder Schneideenzyme. Diese Fragmente werden gentechnisch in sogenannte *Cosmide* eingefügt. Das sind ringförmige DNA-Moleküle, die aus Bakterienviren stammen. Der Vorteil: Hat der Molekularbiologe jedes chromosomale DNA-Fragment in ein Cosmid eingebaut, dann kann er die DNA beliebig vermehren. Ein Cosmid-Klon kopiert schließlich bei jeder Teilung auch das eingefügte DNA-Bruchstück aus dem menschlichen Genom mit. Es entsteht eine Gen-Bank vom menschlichen Erbgut. Jeder Cosmid-Klon wird anschließend mit Restriktionsenzymen aufgeschnitten und im elektrischen Feld werden die Bruchstücke getrennt. Auf ein Labor-Gel aufgetragen entsteht ein für diesen Klon spezifisches

Bandenmuster – ein genetischer Fingerabdruck, wie wir ihn bereits kennengelernt haben.

Das Problem dabei: Die Molekularbiologen haben nun ein viele Tausend Teile umfassendes Gen-Puzzle – nämlich die Bandenmuster der Cosmid-Klone – vorliegen, doch wie die einzelnen Puzzleteile zusammengehören, wissen sie nicht. Deshalb muß man Cosmid-Klone durch geeignete Wahl von unterschiedlichen Restriktionsenzymen so anlegen, daß sie überlappende DNA-Bruchstücke des menschlichen Genoms enthalten. Dann kann ein Computer mit einem bildverarbeitenden Analysegerät die Fingerabdrücke miteinander vergleichen. Überall dort, wo teilweise identische Bandenmuster auftreten, müssen die DNA-Bruchstücke überlappen. So läßt sich also Schritt für Schritt die Aufeinanderfolge der einzelnen Cosmide ermitteln. Gelingt es sogar, lückenlos – also über die gesamte Länge eines Chromosoms – überlappende Cosmid-Klone zu produzieren, dann erhält man schließlich eine vollständige physikalische Gen-Karte des Menschen.

Schließlich können die Wissenschaftler sogar Gen-Kopplungskarten und physikalische Karten mit einander verknüpfen. Dabei entstehen sogenannte »contigs«. Das sind in ihrer Aufeinanderfolge sortierte Cosmid-Klone, auf denen man zusätzlich noch die Lage der genetischen Marker aus den »linkage maps« herausgefunden hat. Solche »contigs-maps« sind – um im Bild zu bleiben – mit sehr detaillierten Straßenkarten vergleichbar. Und wie in der Geographie ist auch in der Genetik eine noch genauere Kartierung möglich. Dieser letzte Schritt ist dabei die Einzelanalyse der Bausteinabfolge – Wissenschaftler nennen dieses Verfahren *Sequenzierung*. DNA-Baustein für Baustein wird das DNA-Molekül entschlüsselt. Es entsteht sozusagen eine topographische Wanderkarte von unserem Erbgut, mit deren Hilfe sich jeder, der gelernt hat, solche Karten zu lesen, orientieren kann.

Hinter dem Begriff »Genomprojekt« verbergen sich nun unterschiedlich ehrgeizige Vorhaben: Einige Forscher wollen sich mit den relativ groben »linkage maps« zufrieden geben, andere streben dagegen eine detailreichere physikalische Genom-Karte an, und wieder andere wollen die komplette Sequenzierung des menschlichen Erbguts. Je nachdem variieren auch die veranschlagten Kosten zwischen einem zweistelligen Millionenbetrag für eine grobe Kartierung bis hin zu einem ein- bis zweistelligen Milliardenbetrag für die Totalsequenzierung.

Nun befürchten aber einige Wissenschaftler, daß die Politiker zwar zur Finanzierung dieses Mega-Projektes bereit sein könnten, dies jedoch nur auf Kosten anderer, vielleicht sogar wichtigerer Forschungsprojekte. Schließlich haben auch sie die Finanzierungsgepflogenheiten von Politikern genau studiert. Und sie wissen, daß sich Staatsmänner mit einem »Pyramidenbau« größere Chancen auf einen Platz in den Geschichtsbüchern ausrechnen, denn mit einem gleich teuren Programm zur Finanzierung vieler kleiner Sozialwohnungen. Ihre Sorge betrifft nicht nur das Geld allein. Die Konzentration der Finanzmittel auf ein biologisches Mega-Projekt, könnte sich sogar auf lange Sicht fortschrittshemmend für die Entwicklung der Biologie erweisen. Schließlich sind die Methoden der Kartierung und Sequenzierung in ihren Grundzügen erarbeitet. Die Sequenzanalysen in molekularbiologischen Labors sind heute bereits Routinearbeit, die entweder von Laboranten oder von Doktoranden erledigt wird. Das Genomprojekt ist daher eher ein technologisches denn ein wissenschaftliches Unternehmen, bei dem gedankliches Neuland beschritten wird. Kein Wunder, daß selbst so prominente US-amerikanische Molekularbiologen wie David Baltimore oder Robert Weinberg das Projekt negativ beurteilten. Ihre Kommentare reichten von »langweilig« bis »schwachsinnig«.

Doch auch unter den Befürwortern gibt es Kritik, und zwar an einer baldigen Realisierung des Genomprojektes. Ihr Argument: Lieber noch ein wenig warten, dann wird es billiger und geht schneller. Zumindest rückblikkend betrachtet stimmt dieses Argument. Die Sequenzierung von DNA-Bausteinen ist in den letzten Jahren immer schneller und damit billiger möglich geworden. Trotzdem ist diese Arbeit bis heute reinstes Handwerk. Erst in der letzten Zeit bemühen sich Wissenschaftler und Firmen, den Sequenzierungsprozeß zu automatisieren. Japaner, Amerikaner und Europäer verfügen jeweils über unterschiedliche Konzepte von DNA-Sequenzier-Automaten. Dennoch liegt der »Preis« für die Analyse eines Bausteins derzeit noch bei etwa einem US-Dollar. Dieser Preis, so prophezeien Molekularbiologen, könnte in den nächsten Jahren auf 1/10 absacken. Mit anderen Worten: Wer heute in eine schnellere und preiswertere Sequenzierungs-Technologie investiert, um erst in drei Jahren in das Sequenzierungsrennen zu gehen, könnte am Ende schneller und billiger seine Genom-Bibliothek entschlüsselt haben als die Konkurrenz, die bereits heute – aber in Handarbeit – zu Werke geht.

Kritik, zumindest jedoch eine Reihe von Fragezeichen, meldet eine Profession an, die mit dem Genomprojekt vor eine Sisyphusarbeit gestellt wird: die Computerfachleute. Denn eines ist klar: Derart riesige Datenmengen, wie sie eine Totalsequenzierung unweigerlich mit sich bringen wird, lassen sich nur noch mit Hochleistungs-Computern erfassen. Mehr noch: Damit eine solche DNA-Datenbank auch tatsächlich für Mediziner und Molekularbiologen nutzbar ist, werden völlig neue Programme benötigt. Graham Cameron, der Leiter der DNA-Datenbank vom Heidelberger Europäischen Molekularbiologischen Labor meint dazu: »Gegenwärtig würden wir in der Datenflut, die die Totalsequenzierung hervorrufen würde, hoffnungslos ertrinken.« Zusammen mit den Kollegen des US-amerikanischen Pendant GENBANK in Los Alamos denken die Heidelberger DNA-Bibliothekare derzeit über geeignete Software-Konzepte nach.

Grundsätzliche Kritik kommt vor allem aus den Reihen der Gentechnik-Kritiker. Sie fürchten den – genetisch – *gläsernen Menschen*. Dieses Argument ist – so meine ich – richtig und falsch zugleich. Ein Genomprojekt beschleunigt zwar den Erkenntniszuwachs über unsere genetische Grundlage. Aber die Tatsache, daß ein Genomprojekt in Angriff genommen wird, führt nicht zu prinizpiell neuen Gefahrenmomenten. Dieser Punkt wird deutlich, wenn wir die Frage stellen: Was wäre, wenn es kein Genomprojekt gäbe? Mit einem Radio Eriwan-Kalauer könnte man antworten: »Im Prinzip änderte sich nichts. Denn auch ohne Genomprojekt würden Wissenschaftler, die an bestimmten menschlichen Genen interessiert sind, weiterhin sequenzieren – nur eben nicht systematisch, sondern nur so weit, wie es für ihre gegenwärtige Forschung notwendig ist«. Damit stellt sich auch ohne Genomprojekt die Frage, wie wir zukünftig mit dem wachsenden Wissen über unsere genetischen Grundlagen umgehen.

Auch ein zweites Argument, das gegen das Genomprojekt vorgebracht wird, betrifft eher den Umgang mit dem neuen Wissen als die Frage wie und vor allem wie schnell wir es erlangen. Gemeint sind die ökonomischen Implikationen der Gen-Kartierung und -Sequenzierung. Natürlich interessieren sich Industrieunternehmen für das Genomprojekt: Computerfirmen sind am Verkauf von Hard- und Software interessiert, Laborausrüster am Verkauf von entsprechendem Gerät und Material, Roboter-Produzenten an der Entwicklung von Sequenzier-Automaten. Sie alle hoffen auf ein zusätzliches Geschäft. Darin liegt sicher keine Brisanz.

Noch eine weitere Gruppe ist an der menschlichen Gen-Bibliothek interessiert: die pharmazeutische Industrie. Wenn Walter Gilberts Beschwörung des »Heiligen Grals der Biologie« tatsächlich mehr als nur mystische Wirkung ausüben sollte, dann bedeutet das Wissen um unsere Gene den Schlüssel zu neuen Medikamenten. Mehr noch: Selbst mit den beim Genomprojekt »abfallenden« Gen-Tests wird sich vermutlich eine Menge Geld verdienen lassen. Eine Reihe der in den 70er und 80er Jahren gegründeten Gen-Firmen in den USA verlagern ihr Forschungsinteresse immer stärker auf die Entwicklung von Diagnostika. Diese Firmen mußten nämlich in der Vergangenheit erkennen, wie lange und kostspielig eine Medikamentenentwicklung tatsächlich ist. Im Vergleich dazu lassen sich Tests rascher entwickeln. Nur ein Beispiel: Bereits drei Monate nachdem ein Forscher-Team das CF-Gen kloniert hatte, lieferte die US-amerikanische Gen-Firma Collaborative Research einen entsprechenden Test für die *Cysti-*

sche Fibrose aus. Eine gentechnische Entwicklung von Medikamenten benötigt dagegen vom Zeitpunkt der Klonierung an gerechnet etwa zehn Jahre und kann leicht einen dreistelligen Millionenbetrag kosten.

Nun ist die Aussicht, daß Wirtschaftsunternehmen sozusagen im Schlepptau des Genomprojektes ihre Produkte entwickeln und damit auch Geld verdienen, zumindest für mich noch keine allzu apokalyptische Vorstellung. Dennoch enthalten die Fragen, wer das Genomprojekt bezahlt, wer die Arbeit macht und wie die daraus entstehenden Informationen genutzt werden, einige Brisanz. Die Geschichte des wissenschaftlichen Rennens um das CF-Gen liefert dafür ein Beispiel: Die bereits erwähnte Gen-Firma Collaborative Research stieß bei ihrer Suche nach einem CF-Test relativ schnell auf einen DNA-Marker, der zweifelsfrei ganz in der Nähe des CF-Gens liegen mußte. Damals wußte jedoch noch niemand, daß das CF-Gen auf dem 7. Chromosom liegt. Für die Firma wäre es relativ einfach gewesen, den Marker einem der 23 Chromosomen zuzuordnen. Doch die Publikation dieses Ergebnisses hätte den kleinen Vorsprung, den die Forscher von Collaborative hatten, mit einem Schlag zunichte gemacht. Alle wären im Rennen um das CF-Gen wieder gleichauf gewesen. Einige der beteiligten Forscher, die – auch Wissenschaftler tratschen gerne – davon Wind bekommen hatten, griffen darauf die Gen-Firma an, sie würde um des eigenen Vorteils willen wichtige Informationen der Forschergemeinschaft vorenthalten. Tatsächlich haben die Wissenschaftler von Collaborative Research ihren Beitrag über den CF-Marker auf dem 7. Chromosom erst am 29. 11. 1985 in der britischen Zeitschrift »Nature« veröffentlicht. Wie der Zufall so spielt: In derselben Ausgabe berichtete eine konkurrierende Forschergruppe ebenfalls von zwei CF-Markern. Böse Zungen – auch die gibt es unter Wissenschaftlern – behaupteten später, daß die Collaborative Research-Forscher ihren Beitrag nur deshalb schon aus der Schublade holten und an »Nature« schickten, weil sie sonst nicht die Priorität für dieses Ergebnis hätten reklamieren können.

Das Zurückhalten von Information ist kein prinzipiell neues Problem und schon gar keines, das ursächlich mit der Gentechnik im Zusammenhang steht. Dennoch wird diese Problematik verstärkt im Bereich der Molekularbiologie akut werden. Nirgendwo liegen die – zunächst »brotlose« – Grundlagenforschung und – ökonomisch bedeutsame – Anwendung näher beieinander als hier. Darüber sind sich offensichtlich auch die Befürworter des Genomprojektes im klaren. Der Nobelpreisträger James Watson, der als Projektleiter der US-amerikanischen Gesundheitsbehörden das zur Zeit größte Forschungsbudget für Genkartierungen verantwortet, ließ keinen Zweifel daran, daß es mit dem freien Austausch von Information vorbei ist, sobald das große Geld ins Spiel kommt. Im November 1989 beklagte er sich vor dem US-amerikanischen Senat: Die Japaner und Europäer, so sein Argument, sollten nicht von Kartierungsergebnissen profitieren dürfen, wenn sie sich nicht auch an den Kosten beteiligten. Auf die Frage, wie lange Watson denn bereit wäre, Forschungsergebnisse zurückzuhalten, antwortete er: »Vielleicht Jahre, sicherlich jedoch so lange, wie US-Pharmafirmen benötigen, um nützliche Ergebnisse in bare Münze umzusetzen«. Der mystische Schleier des biologischen Grals lüftet sich. Was darunter hervorkommt, schaut schon viel greifbarer aus: der alte amerikanische Traum von einem neuen Goldrausch.

Während die Amerikaner in gewohnt pragmatischer Manier ans Geldverdienen denken, verhaspeln sich die Europäer bei ihrer Genomprojekt-Planung im ideologischen Gewirr. Ausgerechnet unter dem Titel »Prädiktive Medizin« präsentierte Ende 1988 der Forschungs-Kommissar der

Maßgerechtigkeit

EG, der Italiener Filippo Maria Pandolfi, den *EG-Forschungsplan* in Sachen Genomprojekt. Etwa 35 Millionen DM sollten die 12 EG-Mitgliedsstaaten berappen, um den entsprechenden US-amerikanischen und japanischen Projekten paroli bieten zu können. In geradezu verblüffender Offenheit klärte das Pandolfi-Papier die EG-Parlamentarier über das Ziel des Programmes auf: »Zusammengefaßt zielt prädiktive Medizin darauf ab, Personen vor Krankheiten zu schützen, für die sie von der genetischen Struktur her äußerst anfällig sind, und gegebenenfalls die Weitergabe der genetischen Disponiertheit an die folgende Generation zu verhindern«. Das war den Euro-Parlamentariern schlicht zu viel, sie zeigten Pandolfi die gelbe Karte. Zum ersten Mal in der Geschichte der Gemeinschaft mußte die Brüsseler EG-Bürokratie ein Projekt auf Geheiß der Parlamentarier zurückziehen. Besonders stark war die Ablehnung in der deutschen Fraktion, und auch Forschungsminister Heinz Riesenhuber erklärte vor dem Deutschen Bundestag, das Programm verstärke die Tendenz, zwischen »lebenswertem« und »lebensunwertem« Leben zu unterscheiden. Etwa ein Jahr dauerte es, bis sich Pandolfi mit einer überarbeiteten Version des Euro-Genomprojektes wieder an die Öffentlichkeit traute. Inhaltlich ist in dem neuen Papier alles beim alten geblieben. Das Geld soll für erste Kartierungsprojekte ausgegeben werden. Außerdem soll die Europäische DNA-Datenbank so aufgerüstet werden, daß sie mit ihrem US-amerikanischen Pendant GENBANK schritthalten kann. Der anstößige Begriff »prädiktive Medizin« taucht in dem neuen Papier nur noch einmal auf. Sie gilt nun als ein Bereich, in dem »unerwünschte Entwicklungen ausgeschlossen werden müssen«.

Aus dem Labor frisch auf den Tisch

Der Programmierer Helmut Berg ist nicht gerade ein Musterexemplar der »neuen Männer, die das Land braucht«, so wie sie sich emanzipatorische Frauen wünschen. Mit dem Haushalt habe er nicht all zu viel »am Hut«, gesteht er freimütig. Doch den Pascha spielen, darf auch er nicht mehr. Seine Frau Margot, eine Gymnasiallehrerin für Französisch und Biologie, ist seit einem Jahr wieder im Beruf, seitdem auch Jens, der jüngere Bruder von Karin – so heißen die beiden Kinder des Ehepaars – in die Grundschule geht. Deshalb besorgt Familienvater Berg samstags den Einkauf, während seine Frau unterrichtet. Da die ganze Familie am Sonntag gerne etwas länger in den Federn bleibt, gibt es bei Bergs häufig einen opulenten Brunch – jene neudeutsche Mixtur aus traditionellem Marmeladetoast, modernerem Müsli und einem ausgewachsenen Mittagsmenü.

Dieses Wochenende gibt es sogar etwas besonderes zu feiern: Das Finanzamt hat dem Doppelverdiener-Ehepaar einen beachtlichen Betrag an Steuern zurückerstattet. Dieser unverhoffte Geldsegen, so überlegt sich Berg beim Rasieren, müsse sich beim sonntäglichen Brunch der Familie niederschlagen. Also sieht er sich beim Einkauf diesmal besonders intensiv in der Delikatessen-Abteilung des Kaufhauses um. Nach und nach füllt sich sein Einkaufswagen: An der Fischtheke empfiehlt sich ein frisch aufgeschnittener Räucherlachs im pastelligen Rosa. Die Größe des Fisches erstaunt Helmut Berg, der günstige Preis freut ihn. Doch daß er mit dem skandinavischen Edeltier auch ein Stück Gentechnik einpackt, wissen weder er noch der Verkäufer.

In der Wein- und Spirituosen-Abteilung lauert die nächste Versuchung: Eine unbekannte Champagnermarke lockt mit einem Probierstand. Die charmante Verkaufsrepräsentantin muß den Computerspezialisten und Gelegenheitsgourmet nicht lang überreden, ein Glas zu kosten. Hinter dem noch unbekannten Etikett, so klärt sie ihn auf, stehe einer der führenden französischen Champagner-Hersteller. Geschickt streut sie einen weltbekannten Doppelnamen ein, der bei ihrem »Opfer« nicht ohne Wirkung bleibt. Und dank moderner Kellereimethoden, so die Frau weiter, könne der Hersteller das begehrte Getränk dem Verbraucher günstiger einschenken – bei gleicher Qualität, versteht sich. Tatsächlich, das Preisetikett für das perlende »Große-Welt-Erlebnis« aus Reims unterscheidet sich nur unwesentlich von denjenigen auf Flaschen deutscher Provinienz. »Also dann Schampus statt Schaumwein«, denkt sich Berg und greift erfreut zu. Wieder ist dem Mann nicht bewußt, daß er bereits das zweite Lebensmittel durch den Laden schiebt, bei dem die Gentechniker ein wenig nachgeholfen haben. Vielmehr beschäftigt ihn der Gedanke, wie denn das bevorstehende Festessen würdig abzuschließen sei. Für den frankophilen Käseliebhaber gibt's da wenig Alternativen: Eine Käseplatte darf auch beim Brunch nicht fehlen. Helmut Berg steuert zielstrebig den Käsestand an. »Französische Spezialitäten – so frisch wie noch nie!« verspricht denn auch ein Transparent über der mit Trikoloren verzierten Auslage. Berg wähnt sich im Paradies: Ein Rohmilch-Camembert, ein Livarot, ein in Asche gewälzter Ziegenkäse und ein herzhafter Bergkäse aus Savoyen landen in seinem Einkaufswagen. Niemals wäre ihm dabei in den Sinn gekommen, daß sich auch hinter dem Werbeversprechen »So frisch wie noch nie!« wieder Gentechnik in seinen Waren verbirgt.

»So macht Einkaufen Spaß«, denkt sich Helmut Berg stattdessen, als er gerade das Regal mit den Frischeiern passiert. Seine Frau hat ihm »6 Eier« auf den Einkaufszettel geschrieben, obwohl er neuerdings kaum noch ein Ei verzehrt. Früher rangierte ein üppiges Schinken-Omelette unter seinen Favoriten beim Brunch. Doch kürzlich riet ihm der Arzt, Cholesterin zu meiden. Sein Blutfettspiegel, so der Mediziner, drohe in gefährliche Höhen zu steigen, wenn er sich weiter so ernähre. »Bereits mit einem Hühnerei am Tag«, mahnte er Berg, »liegen Sie über der für sie zuträglichen Cholesterinmenge, und der Schinkenspeck ist auch nicht ohne«. So wichtig war ihm das Schinken-Omelette nun auch wieder nicht. Deshalb mied Berg fortan Speisen, die ihre Existenz dem cholesterinreichen Eidotter oder tierischen Fetten verdanken. Ein Werbeplakat an den Eierkartons zieht jedoch Bergs Aufmerksamkeit an: »Cholesterin-reduzierte Hühnereier« steht in großen Lettern darauf zu lesen. Und das Kleingedruckte klärt auf: Die Züchtung einer neuen Hühnerrasse hätte es ermöglicht, dem gesundheitsbewußten Verbraucher endlich Eier anzubieten, die bei identischem Geschmackserlebnis nur noch ein Drittel an Cholesterin enthielten. Damit, so überlegt sich Helmut Berg, ließe sich zumindest hin und wieder ein Omelette realisieren. Er läd gleich eine Zehner-Packung in den Einkaufswagen.

Jetzt schnell noch den Rest besorgen: ein Glas Honig, ein Liter Milch, etwas fettarme Wurst und ein Kasten mit kalorienarmem Bier – schließlich achtet der Schreibtischarbeiter durchaus auf seine schlanke Linie – verschwinden in Bergs Einkaufskorb. An der Kasse bemerkt der Computerspezialist den neuen Laser-Scanner und denkt sich im Stillen: »Es ist schon erstaunlich, wie schnell neue Technologien in unseren Alltag einbrechen«. Doch verglichen mit der Revolution, die in den Waren steckt, die die Kassiererin über das Sichtfenster zieht, ist die High-Tech-Kasse bereits Schnee von gestern. Voller Stolz packt er seinen Einkauf ins Auto und fährt nach Hause. Inzwischen ist es Mittag geworden. Frau Berg und die beiden Kinder sind bereits aus der Schule zurück. Vor den Augen seiner staunenden Familie packt der Gourmet-Einkäufer seine Beute aus. Die beiden Kinder lassen sich wenig von Käse, Lachs oder Champagner beeindrucken. Sie stürzen sich zunächst auf die Milch. Karin, der aufmerksamen 11jährigen Tochter, fällt sofort das etwas andere Flaschenetikett auf: »Wißt ihr, was BST-behandelte Kühe sind?«, fragt sie neugierig in die Runde. »Keine Ahnung«, erwidert der Vater, während er in gekonnter Kellner-Manier seiner Frau Margot die Champagnerflasche präsentiert.

Die Mutter hat auf Karins Frage eine Antwort parat: »BST ist die Abkürzung für ein Tiermedikament. Davon habe ich neulich gelesen. Das gibt man den Kühen, damit sie mehr Milch produzieren. In dem Beitrag habe ich auch gelesen, daß es gentechnisch hergestellt wird.« Die Runde guckt betroffen. Tiermedikament? Gentechnik? »Das ist bestimmt unheimlich gefährlich«, behauptet der 8jährige Jens. »Wenn du das trinkst, dann wird aus dir ein Gen-Monster«, feixt er mit seiner Schwester – natürlich in der Hoffnung, daß sie den Appetit an der Milch verliert und er die Flasche allein austrinken kann. Frau Berg entdeckt ebenfalls einen interessanten Zusatz – diesmal auf der Champagner-Flasche: ›Ce produit peut contenir des levure recombinantes‹ liest sie in fehlerfreiem Französisch der Familie vor. »Da seht ihr, der Sekt, den Vater eingekauft hat, ist mit genmanipulierten Hefepilzen hergestellt«, übersetzt die Französisch-Lehrerin sogleich. Jetzt dämmert es Herrn Berg, was die schmucke Verkäuferin mit den modernen Kellereimethoden gemeint hat. Aus seinem Gesicht verschwindet der Stolz und macht dafür einem ungläubigen Staunen Platz. »Gentechnik – in unseren Lebensmitteln«, gibt er seinem Erstaunen Ausdruck, »das hätte ich nie im Leben vermutet«.

So wie Familie Berg dürften wahrscheinlich die meisten Bürger davon überrascht sein, wenn sie plötzlich auf ihren Lebensmitteln den mehr oder weniger verklausulierten Hinweis auf gentechnische Hilfe bei deren Produktion finden würden. Und um gleich einer Panik bei ängstlichen Lesern vorzubeugen: Gentechnisch erzeugte Lebensmittel gibt es in der Bundesrepublik zur Zeit nicht. Noch nicht, denn aus der Luft gegriffen ist die Einkaufsgeschichte von Helmut Berg nicht: Eine Reihe von Forscherteams in der ganzen Welt beschäftigen sich mit der Möglichkeit, per Genmanipulation Nutztiere zu erzeugen, die schneller wachsen, größer werden oder ein günstigereres Verhältnis von Eiweiß zu Fett aufweisen. Die Palette reicht von mageren Riesenschweinen bis hin zu schnellwachsenden Zuchtfischen. Französische Champagner-Hersteller lassen im Gen-Labor ihre Hefestämme verbessern, um die Flaschengärung – also die für Champagner charakteristische »Methode champagnoise« zu beschleunigen. Holländische und US-amerikanische Firmen bieten Käsereien ein gentechnisch erzeugtes Labferment an, mit dem die Milchmasse rascher und zuverlässiger zu Käse gerinnt. Brauereien experimentieren mit gentechnisch veränderten Hefen, um alkoholarmes, kalorienärmeres oder aromatischeres Bier zu produzieren. Und Honigfabrikanten werden in Zukunft sogenannte Koagulationsproteine – aus dem Gen-Labor – einsetzen, um den klebrigen Bienensaft sauber und schnell zu klären.

Die Zukunft findet bereits statt. So hat die britische Regierung im März 1990 der niederländischen Gen-Firma Gist Brocades erlaubt, eine gentechnisch veränderte Bäckerhefe in Großbritannien zu vertreiben. In der Schweiz ist das von derselben Firma gentechnisch hergestellte Labferment *Chymosin* als Lebensmittelzusatzstoff im Käse offiziell zugelassen. Allerdings zögern die schweizerischen Käsereien noch, das gentechnische Produkt tatsächlich einzusetzen. Schließlich beruht das Image von Emmentaler, Appenzeller oder Greyerzer nicht auf Hightech sondern auf Tradition. Momentan sind es eher die Ängste der Menschen, der politische Streit und die noch offenen Fragen der Risiken als der Ideenmangel der Molekularbiologen, die uns vor Gen-Produkten im Lebensmittelregal bewahren oder – je nach Standpunkt – sie uns vorenthalten.

Der Streit um die Möglichkeiten und Gefahren gentechnisch erzeugter Lebensmittel begann in der Flasche – genauer: in der *Milch*flasche. Seit einigen Jahren versuchen nämlich die vier US-amerikanischen Chemiefirmen Monsanto, Eli Lilly, Upjohn und Cyanamid das *Rinderwachstumshormon Somatotropin (BST)* als Leistungssteigerer in der Milchproduktion auf den Markt zu bringen. Dieses *Hormon* ist ein Protein, das Rinder in ihrem Körper selbst herstellen. Bei Jungtieren sorgt es für Muskelwachstum, bei laktierenden Milchkühen kurbelt die Substanz die Milchproduktion an. Diese Wirkung machte das Protein für die Firmen interessant: Die export-orientierte und hochtechnisierte US-Landwirtschaft, so dachten die Firmenstrategen, müßten über das Hormon im Kuhstall hoch erfreut sein. Ein Marktvolumen von etwa einer Milliarde US-Dollar errechneten sie für das noch nicht einmal entwickelte Produkt. Kein Wunder, daß sich die kalifornischen Spezialisten von der Firma Genentech für das Milliarden-Eiweiß interessierten. Ihre Voraussetzungen waren zudem besonders gut: Die Genentech-Forscher interessierten sich nämlich auch für das menschliche Pendant, das *humane Somatotropin*. Es wird bei bestimmten Formen von Zwergenwüchsigkeit als Medikament eingesetzt. Nun setzten sie sich daran, das entsprechende Rinder-Gen, also die Bauanleitung für das Protein, zu isolieren. Anschließend mußten die Forscher das Gen nur noch in das Erbgut einer Bakterienzelle einfügen, damit die massenhaft vermehrten – und gentechnisch veränderten – Bakterien das Rinderhormon herstellen. Wie dieser Vorgang im einzelnen abläuft, ist im Anhang genau beschrieben. Was jedoch für diese Geschichte wichtig ist: 1979 gelang den Genentech-Forschern der gentechnische Trick, das körpereigene Rinderwachstumshormon von Mikroorganismen herstellen zu lassen. Für die großen

Chemiefirmen war es damit möglich, die Substanz zwar nicht gerade billig aber zu passablen Preisen und in großen Mengen herzustellen.

Dabei noch ein Wort zu den »großen Mengen«: Körpereigene Proteine wirken – ähnlich wie alle Hormone – bereits in unvorstellbar kleinen Mengen. Wenn also eine Firma ein Protein auf gentechnischem Weg im Kilogramm-Maßstab herstellen kann, dann reicht dies meist schon aus, um den Weltmarkt damit zu bedienen. Ist in diesem Buch von großen Mengen die Rede, so darf man sich dabei nicht vollgeladene Eisenbahnwagons vorstellen. Von den meisten gentechnisch hergestellten Produkten ließe sich der weltweite Jahresbedarf bequem in einem PKW transportieren, bei gentechnischen »Massenprodukten« wäre allenfalls ein kleiner PKW-Anhänger nützlich. Da solche Produkte trotzdem ein Marktvolumen von dreistelligen Millionenbeträgen erreichen können, ist es kein Wunder, daß gentechnisch hergestellte Proteine den Kilopreis von Gold um Größenordnungen übersteigen können.

Doch zurück zum Rinderwachstumshormon. Nachdem die gentechnische Herstellung dieses Eiweißes möglich war, besorgten sich die Firmen Herstellungslizenzen und begannen Anfang der 80er Jahre damit, die neue Substanz im Kuhstall auszuprobieren. Die ersten Ergebnisse müssen wie Musik in den Ohren von kostenbewußten Milchproduzenten geklungen haben. Von Leistungssteigerungen um bis zu 40% war die Rede – und das bei nahezu gleich hohem Futtermitteleinsatz. Mit anderen Worten: Tiere, denen das Rinderwachstumshormon gespritzt wurde, hatten um mehr als ein Drittel prallere Euter als vergleichbare, aber unbehandelte Kühe, und das, obwohl beide Tiergruppen gleich viel an Grün- und Kraftfutter in sich hineingestopft hatten. Die neue Substanz aus dem Gen-Labor schien Milch aus dem Nichts zu zaubern. Eilig forcierten die beteiligten Firmen die Produktentwicklung.

Doch Widerstand formierte sich: Auf ihrem Weg nach Europa verwandelten sich die amerikanischen Erfolgsmeldungen in Horrorvisionen. Schließlich kämpften die Brüsseler Agro-Bürokraten gerade mit enormen Milchüberschüssen. Mit einer Quotierung, also einer Höchstmengenbegrenzung für alle Milcherzeuger, versuchten sie, den europäischen Milchsee trockenzulegen. Übrigens mit Erfolg: Zur Zeit jedenfalls gehören der Milchüberschuß – und damit gekoppelt der Butterberg – nicht mehr zu den drängendsten Problemen in der europäischen Landwirtschaft. Doch ein »Doping im Kuhstall« – so fürchtete man in Europa – könnte alle Bemühungen, die unverkaufbaren Überschüsse einzudämmen, torpedieren. Vor allem der Bauernverband und der bundesdeutsche Landwirtschaftsminister Ignaz Kiechle verurteilten das Rinderwachstumshormon als »unzeitgemäß« und »agrarpolitisch nicht wünschenswert«.

Kiechle, früher selbst als Milchbauer im Allgäu tätig, bekannte sogar, er sei »klar dagegen, nur aus Gründen der Leistungssteigerung in die Natur einzugreifen«. Dieses Argument hat zwar angesichts der hochtechnisierten Tierhaltung und einer Milchviehzüchtung, die heute bereits Hochleistungskühe mit mehr als 10 000 Liter Milch pro Jahr erzeugen kann, nicht gerade eine durchgängige Logik, doch dies ist in der Politik nicht immer so entscheidend. Viel wichtiger als die Logik der Argumente war der Beitrag der Sprachschöpfer für die politische Diskussion. Sie hatten für den Einsatz des Leistungssteigerers im Kuhstall eine griffige Formel gefunden: die Turbokuh.

Auch die Hersteller des Rinderwachstumshormons verlegten sich auf's Sprachschöpferische: Ihnen war das verräterische Anhängsel »*Hormon*« ein Dorn im Auge. Schließlich wußten sie, daß europäische Gaumen und Mägen just mehrere »Hormonskandale« hinter sich hatten. Also versuchten sie, ihren neuen Hoffnungsträger zumindest verbal aus dem Schußfeld der Hormondiskussion herauszuhalten. »BST« sollte fortan das lange und zudem verräterische Wort »Rinderwachstumshormon« ersetzen: Das Kürzel steht für *bovines*, also vom Rind stammendes Somatotropin. Zweifellos ein korrekter Begriff. Dennoch ist und bleibt auch BST ein Hormon, selbst wenn es als sogenanntes Peptidhormon nichts mit den – innerhalb der EG verbotenen – Steroidhormonen zu tun hat, die bei der Aufzucht von Ochsen und Kälbern illegal zum Einsatz kamen.

Doch abseits aller Sprachakrobatik verweist der »Fall BST« auf die viel wichtigere Problematik, nämlich auf die Frage: Was geschieht, wenn gentechnische Verfahren oder Produkte in der Lebensmittelbranche zum Einsatz kommen? Diese Frage läßt sich von verschiedenen Blickwinkeln aus betrachten. Da gibt es etwa branchenspezifische, verbraucherpolitische, gesundheitsrechtliche und – last not least – tierschützerische Aspekte. BST ist dabei in jeder Hinsicht als gentechnische »Premiere« in der Lebensmittelbranche ein wichtiger Testfall.

Die beiden Hohenheimer Agrarökonomen Prof. Jürgen Zeddies und Dr. Reiner Doluschitz haben 1988 versucht, auf den *branchenpolitischen Aspekt* dieser Frage eine Antwort zu geben. In aufwendigen Computerberechnungen haben sie den BST-Einsatz im Kuhstall einmal für unterschiedlich große Milchviehbetriebe durchgespielt. Da in der EG via Quotenregelung die produzierte Milchmenge festgeschrieben ist, erwogen sie erst gar nicht eine zunächst naheliegende Steigerung der Produktionsmenge. Vielmehr suchten sie nach Effekten bei der Produktivität, also dem Verhältnis von Aufwand zu Ertrag. Das Ergebnis ihrer Berechnungen sieht für den einzelnen Bauern zunächst günstig aus: Mit BST könnte ein Betrieb mit etwa 20 Milchkühen den Liter Milch um etwa 5 Pfennige billiger herstellen – pro Kuh ein zusätzlicher Gewinn von jährlich 230 DM. Doch einen gewaltigen Haken hat die Hohenheimer Rechnung noch: Da der BST-Verkaufspreis bislang nicht feststeht, haben die Hohenheimer Forscher den BST-Einsatz zum – zweifellos illusorischen – Nulltarif in ihre Rechnung einfließen lassen. Wieviel von den zusätzlichen 230 DM also an Produkt- und Tierarzt-Kosten wieder abgehen, weiß momentan niemand.

Von vornherein skeptischer sehen die beiden Agroökonomen den *gesamtwirtschaftlichen Effekt* des BST-Einsatzes für die Milchbranche: Ihre Berechnungen unterstützen die Sorge der Bauernlobby, der BST-Einsatz könne die Existenz gerade der kleinen und mittelgroßen Betriebe bedrohen. Der Grund hierfür: Der Einsatz des Gen-Produktes kommt besonders den technisierten Großbetrieben zugute. Im Familienbetrieb ist es müßig, eine eingesparte Arbeitsstunde für das Melken, mit einem Kostenvorteil von 15 DM zu veranschlagen. Außerdem, so haben inzwischen mehrere Milchforscher herausgefunden, ist das Plus bei der Milchproduktion nicht zum Nulltarif bei den Futtermitteln zu bekommen: BST-behandelte Kühe benötigen einen höheren Kraftfutteranteil bei ihrer Nahrung. Dafür geht der Grünfutteranteil zurück. Doch während besonders kleine Betriebe ihr Grünfutter selbst produzieren, müssen sie Kraftfutter für teures Geld hinzukaufen.

Rote Zahlen dank BST-Einsatz sehen die beiden Hohenheimer Wirtschaftswissenschaftler dann voraus, wenn die Verbraucher die Milch von »Turbokühen« nicht akzeptieren. Bereits ein gelinder Boykott, der die Nachfrage um nur wenige Prozente senkt, ließe die erhoffte Produktivitätssteigerung zur Milchmädchenrechnung gerinnen. Und der *Protest der Verbraucher* formiert sich: Im Herbst 1989 sammelten die Bonner »Verbraucher Initiative« zusammen mit einigen Bauerngruppen und dem Tierschutzbund über 70 000 Unterschriften gegen den BST-Einsatz. Die Verbraucher haben dabei in erster Linie ihre eigene Gesundheit im Auge. Ihr Argument: Niemand kann uns zur Zeit sagen, ob die Milch von BST-behandelten Kühen schädlich ist. Diese Befürchtung ist – allen gegenteiligen Beteuerungen der BST-Produzenten zum Trotz – nicht grundlos.

Die ersten Studien, die Anfang der 80er Jahre zum Thema Gesundheitsrisiko angefertigt wurden, bescheinigten der Milch von Turbokühen Bestnoten. Der Tenor der Untersuchungen: Kein Unterschied zu »normaler« Milch feststellbar. Die Faktenlage schien auf ihrer Seite zu stehen: BST wirkt in der Tat nur bei Rindern wachstums- und milchmengenfördernd. Es wirkt, wie die Wissenschaftler sagen, streng *artspezifisch*. Bei allen anderen Versuchstieren konnten sie keinerlei Wirkung entdecken. Außerdem, so argumentierten die Wissenschaftler weiter, kann BST beim Milchtrinker gar nicht wirken, denn wie alle Eiweiße, die wir mit unserer Nahrung aufnehmen, wird auch BST spätestens im Magen von den eiweißspaltenden Enzymen unserer Verdauungssäfte zerstört. Das Thema Gesundheitsrisiko schien vom Tisch.

Doch einige Forscher mißtrauten dem rasch ausgestellten Gesundheits-Persilschein für BST. Sie monierten etwa, daß alle Studien zum Thema Gesundheitsrisiko von den jeweiligen Hersteller-Firmen finanziert wurden. So machte sich etwa der US-amerikanische Umwelt- und Arbeitsmediziner Prof. Samuel Epstein von der University of Illinois in Chicago die Mühe, genau nachzuschauen: Er stieß auf insgesamt 22 Universitätsinstitute in Europa und USA, die sich mit dem Thema BST und Gesundheit beschäftigt hatten. Deren Arbeit war ausnahmslos von den BST-Herstellern finanziert. Auf lediglich einen einzigen – finanziell – unabhängigen Wissenschaftler stieß Epstein: den BST-Entdecker David Kronfeld in Philadelphia. Und ausgerechnet dieser Wissenschaftler beobachtete bereits in den 50er Jahren Stoffwechselwirkungen, die von den Zersetzungsprodukten des BST im menschlichen Körper auszugehen schienen. Diese BST-Bruchstücke, so entdeckte Kronfeld, verändern den Stickstoffhaushalt. Doch die BST-Forscher von Monsanto konterten im Herbst 1989 auf die wieder ausgegrabenen Kronfeld-Beobachtungen: Auf einer BST-Fachtagung in Frankreich erklärten sie, die BST-Bruchstücke hätten im Reagenzglas keine biologische Wirkung gezeigt. Das ist zwar beruhigend, aber keinesfalls ausreichend: Der Reagenzglas-Test simuliert nämlich nicht das komplexe Stoffwechselgeschehen im tierischen oder menschlichen Körper.

Für die EG-Gremien, die derzeit das »agrarpolitisch unerwünschte« BST auf ihrer Tagesordnung haben, ist der Streit um Risiko oder Harmlosigkeit von BST jedenfalls ein willkommener Anlaß, die *Zulassungsentscheidung* für BST hinauszuzögern. Sie signalisierten den Herstellern, daß sie weiterreichende Testergebnisse benötigen, um über eine Zulassung zu entscheiden. Der EG Agrarkommissar Ray McSharry malte für die exportorientierten US-Amerikaner sogar den Teufel an die Wand: Er argumentierte, daß man bei der Zulassungsentscheidung nicht nur – wie bisher – Produktqualität, Sicherheit und Wirksamkeit prüfen würde, sondern noch eine »vierte Hürde« aufstelle – nämlich die Frage, ob BST in die europäische Agrarlandschaft passe.

BST wäre übrigens nicht das erste Produkt, das an dieser Hürde scheitern könnte. Der Europäische Gerichtshof bestätigte etwa das Steroidhormon-Verbot der EG aufgrund Artikel 43 der Römischen Verträge. Dieser Artikel gibt den Landwirtschaftsministern die Handhabe, auch aus ökonomischen Gründen ein Produkt aus der EG zu verbannen. Die Richter argumentierten damals, daß der Einsatz von Steroidhormonen zurecht verboten wurde, da der zu erwartende Konsumenten-Widerstand gegen das hormongewürzte Fleisch zu schweren wirtschaftlichen Schäden hätte führen können. Sie hielten dieses Argument sogar dann für entscheidend, wenn wissenschaftlich zweifelsfrei feststehe, daß die Hormone keine gesundheitlichen Schäden verursachen.

Inzwischen versuchen die BST-Produzenten auf anderem Terrain Fuß zu fassen. Im Mai 1989 verkündete eine Pressemitteilung des Bundesverbandes für Tiergesundheit, dem Interessenszusammenschluß der Hersteller von Tierarzneimitteln: »Biotechnologie in der Milchproduktion«. Darin preist der Verband das von der FAO unterstützte Projekt »Operation Flood« an. Dieses Projekt soll die Milchproduktion in Drittweltländern ankurbeln. Zweifellos ein sinnvolles Ziel, wenn man bedenkt, daß Milch wertvolle Proteine enthält. Allerdings in manchen Ländern auch ein schwieriges Unterfangen, wenn man bedenkt, daß Milch in vielen asiatischen Ländern der Erde nicht als Nahrungsmittel akzeptiert wird, und daß in einigen Regionen sogar Unverträglichkeiten gegenüber dem Milchzucker Laktose bestehen.

Aber sei's drum. Nun helfen also auch die Hersteller von Tierarzneimitteln, den Drittweltländern bei der Milchproduktion auf die Sprünge – und zwar mit BST. Der US-amerikanische Chemie-Konzern Ely Lilly hat mit der indischen Behörde für die Entwicklung der Michwirtschaft (NDDB) einen Vertrag über die Lieferung von BST abgeschlossen. Damit sollen die 6 Millionen Landwirte, mit denen die NDDB zusammenarbeitet, bis zum Jahr 1995 die Milchproduktion um 40% auf 61 Millionen Tonnen ausdehnen.

Die bislang vorliegenden Versuche zum BST-Einsatz haben jedoch gezeigt, daß die Leistungssteigerung in der Milchproduktion nur bei intensivster Tierhaltung in Großbetrieben zu erzielen ist. In Kleinbetrieben erhöht der BST-Einsatz dagegen über die Produktkosten für das Medikament und die Kosten für zusätzliche Futtermittel den Kapitaleinsatz. Die indischen Kleinbauern, so verrät der Text ehrlicherweise, haben »meist nur zwei bis fünf Büffel oder Milchkühe im Stall«. Es ist wohl kaum sinnvoll, ihre ohnehin knappen finanziellen Mittel für Medikamente auszugeben, deren ökonomischer Nutzen in diesem Fall höchst zweifelhaft ist. Ich werde beim Lesen solcher »Hilfsaktionen« einfach nicht den Eindruck los, hier suchen Hersteller lediglich nach neuen Absatzmärkten für ihre Produkte.

Doch kommen wir zum letzten Aspekt, unter dem man den Einsatz von BST betrachten kann – den der *Tiergesundheit* und des *Tierschutzes*. Auch in dieser Hinsicht zeigte sich, daß das Mehr an Milchleistung durch

BST nicht umsonst zu haben ist. Erst mehrjährige Studien, wie sie gegen Ende der 80er Jahre abgeschlossen wurden, zeigten die Schattenseite des Turboeffektes bei den BST-behandelten Milchkühen: Die Kühe erkranken häufiger und müssen unter Umständen früher geschlachtet werden. Sie sind schneller »ausgebrannt«, wie Experten diesen Effekt hart, aber deutlich bezeichnen. So fanden beispielsweise Milchvieh-Forscher heraus, daß die Tiere an Fertilität verlieren. Sie bekommen weniger Kälber, der Abstand zwischen Geburt und erneuter Trächtigkeit kann sich nahezu verdoppeln. Damit dauert es wiederum länger, bis eine Kuh erneut Milch liefert. Diese Tatsache, die etwa in den zunächst genannten 40%-Steigerungsraten bei der Michleistung nicht berücksichtigt wurde, hat ihrerseits wirtschaftliche Konsequenzen: Über die gesamte Produktionszeit betrachtet fällt nämlich der »Turboeffekt« deutlich geringer aus. Die Experten haben sich mittlerweile auf etwa 8% Leistungssteigerung heruntergegutachtet.

Bei der Diskussion um BST ist eines auffallend: Keiner der angesprochenen Einwände gegen das gentechnisch erzeugte Rinderwachstumshormon richtet sich gegen seine Art der Herstellung. Dieser Punkt ist besonders wichtig, denn er gilt für viele gentechnisch hergestellte Produkte. Meine These lautet daher: Nicht schon die Gentechnik allein macht ein Produkt oder einen Prozeß gefährlich. Vielmehr verwenden einige Kritiker das Etikett ›Gentechnik‹ in der öffentlichen Diskussion dazu, ein unliebsames Produkt oder eine unerwünschte Entwicklung mit einem furchtauslösenden Begriff zu koppeln. Schauen wir es uns ganz konkret am Beispiel BST an:

- Das *Bauernsterben* und die zunehmend prekäre Lage bäuerlicher Kleinbetriebe ist nicht erst seit der BST-Diskussion ein drängendes Thema. BST könnte hier lediglich eine beschleunigende Wirkung haben, und die Tatsache, daß es gentechnisch hergestellt wird, spielt für das zugrundeliegende Problem gar keine Rolle. Ob also die bäuerlichen Familienbetriebe in Europa auch zukünftig ihren Platz in der Landwirtschaft haben sollen, oder ob der Trend zur Industrialisierung der Nahrungsproduktion fortgeführt wird – das werden die zuständigen Landwirtschaftsminister mit ihrer Strukturpolitik entscheiden und nicht mit ihrer Entscheidung für oder gegen BST.
- Die *Verbrauchergesundheit* steht nicht erst seit den Möglichkeiten der Gen-Klonierung auf dem Spiel: Krebserregende, vom Geschlechtshormon Östrogen abgeleitete, künstliche Steroidhormone lassen sich chemisch synthetisieren. Die eventuellen Risiken, die mit BST verknüpft sein können, beruhen nicht auf der Tatsache seiner gentechnischen Herstellung, sondern auf der Gefahr, daß

der Eiweißstoff als ganzes oder in Bruchstücken auch im menschlichen Körper wirksam sein könnte.

- Die geforderte *Kennzeichnungspflicht* – nun auch für gentechnisch hergestellte Lebensmittel – ist für viele Bereiche eine sinnvolle Forderung. Jede Form der Bearbeitung von Nahrungs- zu Lebensmitteln sollte dem Verbraucher auf dem Etikett nachvollziehbar mitgeteilt werden.
- Der Trend, die *Leistungsfähigkeit von Nutztieren* auf die Spitze zu treiben, ohne dabei die Tiergesundheit und die artgerechte Haltung zu berücksichtigen, ist bereits heute ein Merkmal der Landwirtschaft und Tierzucht – und zwar lange bevor es die Möglichkeiten zur Genmanipulation gab. Die erbarmunglose Ausbeutung der Kreatur jetzt der Gentechnik anzulasten, grenzt an Heuchelei. Gentechnische Produkte wie BST setzten lediglich fort, was mit traditionellen Technologien längst gang und gäbe ist. Nicht nur in der Diskussion um BST sollte sich die Gesellschaft etwas gründlicher überlegen, wie sie mit Nutztieren umgeht, beziehungsweise die Züchter und Halter damit umgehen läßt.

Ein Blanco-Scheck also für die Gentechnik in der Lebensmittelbranche? Dieser Meinung bin ich keineswegs. Im Gegenteil. Die Möglichkeiten, die diese neue Technologie dem Nahrungsmittelsektor beschert, sind viel zu wichtig und manchmal viel zu gefährlich, als daß man zur Tagesordnung übergehen könnte. Nur, so glaube ich, wären die Diskussionen ehrlicher, wenn wir präziser auseinanderhalten würden, welche Gefahrenmomente tatsächlich von der Gentechnik ausgehen und welche ihr nur bequemlichkeitshalber angelastet werden. Setzen wir also mit dieser Überlegung unsere Rundreise zu den Lebensmitteln der Zukunft fort.

Es gibt noch einen radikaleren Weg, zu Milchkühen mit Turbo-Leistung zu kommen. Wissenschaftler nennen dies die Züchtung *transgener Tiere*. Das sind Tiere, bei deren Gen-Ausstattung die Molekularbiologen ein gewichtiges Wörtchen mitgeredet haben. Es ist nämlich möglich, isolierte Gene – sie liegen in flüssiger Form vor – direkt in Tier-Embryonen einzuspritzen. Der Vorteil dieser Form von Gentechnik: Die Tiere, die das zusätzliche Gen in ihr eigenes Erbgut eingebaut haben, vererben es auch auf die folgende Generation weiter. Der Gentechniker muß also nur einmal das Gen mit der gewünschten Eigenschaft in einen Embryo injizieren, und fortan ist diese Eigenschaft bei allen Nachfahren dieses Individuums vorhanden.

Zum ersten Mal gelang es 1982, ein transgenes Tier zu erzeugen. US-amerikanische Molekularbiologen injizierten menschliche Wachstumshormon-Gene in Maus-Embryonen. Ein Teil der so behandelten Embryonen überlebte diese Injektion, und ein kleiner Prozentsatz der geborenen Mäuse wuchs zu doppelter Größe heran. Diese Tiere hatten das menschliche Gen in ihr eigenes Erbgut eingebaut. Erstaunlicher noch: Dieses artfremde Menschengen funktionierte offensichtlich in den Mäusen. Das von dem menschlichen Gen kodierte Wachstumshormon bewirkte in den Tieren einen sichtbaren Wachstumsschub. In rascher Folge gelang es einer Reihe von Teams, weitere transgene Tiere – etwa Schweine, Schafe und Ratten – zu erzeugen. Diese Ergebnisse sind in doppelter Hinsicht bedeutsam: Zum einen demonstrieren sie einen wesentlichen Unterschied der gentechnischen gegenüber der traditionellen Tierzucht. Via Gentechnik ist es nämlich möglich, *artfremde Gene* in das Erbgut einer Tierart einzubauen. Dies ist mit traditioneller Tierzüchtung praktisch nicht möglich. Fortpflanzungsbarrieren verhindern, daß das Erbgut zweier Tierarten miteinander vermischt werden kann. Einzige Ausnahmen sind dabei Bastarde wie etwa das Maultier. Es ist eine Kreuzung zwischen Pferd und Esel. Doch zur Zucht lassen sich Bastarde nicht heranziehen. Sie sind völlig steril. Mittels Gentechnik können Nutztiere dagegen mit menschlichen, artfremden tierischen, ja sogar pflanzlichen und bakteriellen Genen ausgestattet werden. Dieses Verfahren könnte nicht nur wegen seines praktischen Nutzen für den Tierzüchter bedeutsam sein. Es bietet auch den wirtschaftlichen Vorteil, daß sich transgene Tiere – zur Zeit jedoch nur in den USA – patentrechtlich schützen lassen. Die damit verbundenen Probleme werden in dem Kapitel über gentechnisch veränderte Pflanzen erörtert.

Der zweite bedeutsame Aspekt betrifft die oben aufgeworfene Frage der Sicherheit von BST in der Kuhmilch. Ein wichtiges Argument, das für die Unschädlichkeit von BST herangezogen wird, ist seine *artspezifische* Wirkung. Trotzdem – dies zeigen die transgenen Mäuse oder Schweine, denen menschliche Wachstumshormongene in ihr Erbgut eingebaut wurden, wirkt das »menschliche« Wachstums-Gen »tierisch« gut. Völlig artspezifisch scheinen Wachstumshormone also doch nicht zu wirken. Dies sollte zur Vorsicht mahnen.

Doch zurück zur transgenen Turbokuh. Rinder verfügen ja bereits über ein Rinderwachstumshormon-Gen. Dennoch könnten Gentechniker einen leistungssteigernden Effekt erzielen. So wissen wir heute, daß alle Gene im Erbgut eines Organismus sorgfältig kontrolliert werden. Wie dies im einzelnen geschieht, ist gegenwärtig die »heißeste« Fragestellung in der molekularen Genetik. Noch stehen die Wissenschaftler am Anfang, doch immerhin kennen sie bereits einige der genetischen Steuerelemente. So sind Gene wie auch das Rinderwachstumshormon-Gen nicht einfach »nackt« in das Erbgut integriert. Ihnen vorgeschaltet sind Steuerelemente, sogenannte *Promotoren*. Solche Steuerelemente wirken wie Lichtschalter: Ein Gen kann mit ihnen an- oder ausgeknipst werden. Außerdem gibt es Verstärker-Elemente, die dafür sorgen, daß das dahinterliegende Gen tausendfach aktiver ist als normal – sie sind sozusagen der genetische Turbolader im Erbgut.

Denkbar ist es nun, die Milchleistung einer Kuh zu erhöhen, indem man in die genetische Kontrolle der BST-Produktion eingreift. Vielleicht funktioniert es, wenn die Forscher den genetischen Lichtschalter so verändern, daß er ständig eingeschaltet bleibt. Vielleicht ist es erfolgreicher, dem BST-Gen auf gentechnischem Weg ein Verstärker-Element vorzuschalten, das die BST-Produktion ankurbelt. Es gibt sicherlich noch mehrere andere Möglichkeiten. Ihnen allen gemeinsam wäre der Effekt: Statt mühselig jedem Tier das gentechnisch hergestellte BST zu injizieren, züchtet man einmal eine transgene Milchkuh, die übernormal hohe BST-Spiegel erreicht und auf diese Weise mehr Milch erzeugt. Mittels traditioneller Tierzucht könnte man anschließend diese »Turbo-Eigenschaft« auf viele Milchkühe übertragen.

Zwar gibt es keine transgenen Turbokühe, aber bei Zuchtfischen funktioniert der transgene Turbo-Effekt schon sehr gut: Fremde Wachstumshormon-Gene verhelfen inzwischen Karpfen, Forellen und Lachsen zu schnellerem, manchmal sogar stärkerem Wachstum. Da liegt die bange Frage nahe: Kommt nach dem transgenen Tier der genmanipulierte Mensch? Denn technisch anwendbar ist dieses Verfahren auch beim Menschen. In der Medizin wird sein Einsatz sogar für bestimmte Krankheiten erwogen. Deshalb werden wir uns mit diesem brisanten Thema Gentherapie im Kapitel »Haute Couture der Pillendreher« beschäftigen.

Doch setzen wir unseren Ausflug zu den Lebensmitteln der Zukunft weiter fort. Was liegt da näher, nach der Milch sich dem *Käse* zuzuwenden. Etwa 50 Milliarden Liter Milch werden jährlich in der Europäischen Gemeinschaft in Käse verwandelt. Der uralte Prozeß der Käseherstellung setzt dabei von je her auf die biotechnologische Hilfe von Mikroorganismen: Milchsäurebakterien, die ohnehin in der Milch leben, verwandeln die weiße Flüssigkeit in eine strukturierte und hocharomatische, meist gelbliche Masse. Bei der Käseherstellung gilt dabei auch die alte Lebensweisheit, daß viele Köche den Brei verderben. Abgewandelt auf die Biotechnologie bedeutet das: Viele unterschiedliche Mikroorganismen verderben den Brei, in diesem Fall die Milch. Und zwar dann, wenn sich neben den hilfreichen *Milchsäurebakterien* andere, unliebsame Mikroorganismen aus der Milch in den Käserei-Bottichen breit machen. Bei den teilweise gigantischen Rohstoff-Mengen, die für Massenprodukte wie Gouda, Cheddar oder Schweizer Käse auf einen Schlag eingesetzt werden, können diese mikrobiellen Störtrupps enorme wirtschaftliche Schäden verursachen.

Milch enthält nämlich natürlicherweise nicht nur Milchsäurebakterien, sondern einen ganzen Mikrokosmos unterschiedlichster Kleinstlebewesen. Schließlich ist Milch keine sterile Flüssigkeit. Deshalb gehen heute die meisten Käsereien dazu über, »saubere« Milch in der Produktion einzusetzen. Das bedeutet nun nicht, daß den Milchtrinkern »verdreckte« Milch eingeschenkt wird. Vorausgesetzt, daß weder der Milchbauer, der Milchtransporteur noch die Molkereien geschlampt haben, ist die normale Trinkmilch selbstverständlich völlig unbedenklich. Zudem kontrollieren Molkereien regelmäßig die *Keimzahl* in der Trinkmilch. Aber bei der Käseherstellung kommt nur Milch zum Einsatz, die nach zusätzlichen Pasteurisierungs- und Sterilisations-Schritten möglichst wenig Keime enthält. Damit wiederum ist die Milch zur Käseherstellung völlig ungeeignet. Schließlich fehlen ihr jetzt auch die biotechnologisch hilfreichen Milchsäurebakterien. Deshalb fügen die Käsemacher dieser »gereinigten« Milch speziell gezüchtete und hochgereinigte Kulturen von Milchsäurebakterien hinzu. Dadurch verkleinern sie das Risiko, daß die Milchbrühe »kippt«, also die unerwünschten Mikroorganismen die Oberhand gewinnen.

Gentechnik könnte diese Gefahr minimieren: Mit Hilfe sogenannter Gen-Sonden wird es bald möglich sein, schädliche Mikroorganismen in kürzester Zeit zu entdecken. Bislang ist der Nachweis von Mikroorganismen eine aufwendige und manchmal wochenlange Laborarbeit. Würden die Käsemacher sie anwenden, so hätten sie das Ergebnis erst, wenn die Milch schon längst zu Käse geronnen ist – oder die Produktions-Charge eben verdorben ist. Gentechnische Test könnten schon nach wenigen Minuten ein zuverlässiges Ergebnis liefern. Bereits zum breiten Einsatz kommen solche *Gen-Sonden* im Bereich der Humangenetik. Hier dienen sie zum Auffinden von Gen-Defekten im menschlichen Erbgut.

Der Vorteil von *Gen-Sonden* ist ihr »Spürhund-Effekt«: Zielsicher suchen sie nach den Mikroorganismen, die im Käse Schaden anrichten. Um genau zu sein, muß es heißen: Gen-Sonden suchen nach charakteristischen Erbgut-Abschnitten von mikrobiellen Käse-Schädlingen. Eine radioaktive Markierung oder – besser noch – ein Farbstoff, der mit den Gen-Sonden gekoppelt wird, zeigt dabei die Anwesenheit der verräterischen Gene und damit der Mikroorganismen an. Besonders wünschenswert wäre etwa eine Gen-Sonde, die *Listeria-Bakterien* auf Weichkäsearten entdeckt. Diese hochtoxischen Mikroorganismen haben in den vergangen Jahren einigen Käseliebhabern das Leben gekostet. Japanische Wissenschaftler haben kürzlich eine Gen-Sonde für Salmonellen entwickelt. Empfindliche Lebensmittel – etwa Kartoffelsalat – oder Speisen, die in Großküchen zubereitet werden, können in Zukunft damit vor dem Verzehr auf die Anwesenheit der krankmachenden Bakterien untersucht werden. Da von diesen Tests keinerlei Gefahr – weder für den Verbraucher noch für den Anwender – ausgeht, sind sie ein Beispiel dafür, wie Gentechnik unser Leben ein Stück sicherer machen kann.

Das Labferment *Chymosin*, das in jeder Käserei unersetzlich ist, haben wir schon kennengelernt. Es sorgt dafür, daß die Milch gerinnt und so Festigkeit gewinnt. Bislang wurde dieses natürliche Eiweiß aus Kälbermägen isoliert. Der Nachteil: Ganz rein läßt sich der Eiweißstoff aus seiner natürlichen Quelle nicht isolieren. Andere und vor allem unerwünschte Enzyme können den für eine bestimmte Käsespezialität charakteristischen Geschmack oder Festigkeitsgrad erheblich verändern. Gentechnisch hergestelltes Chymosin läßt sich dagegen wesentlich reiner produzieren. Für Käsereien dürfte damit ein weiterer Unsicherheitsfaktor bei der Produktion entfallen.

Inzwischen reizt die Gentechniker indes ein noch höher gestecktes Ziel bei der Käseproduktion: der Designer-Käse. Dem traditionellen Gourmet dürfte es wahrscheinlich schon beim Lesen dieses Wortes den Magen herumdrehen. Doch wer etwa aus Gesundheitsgründen statt Doppelrahm- höchstens Hüttenkäse auf sein Frühstücksbrötchen streichen darf, wird vielleicht in Zukunft angenehm überrascht werden. In den letzten Jahren haben die Käsespezialisten unter den Molekularbiologen das Erbgut der für die Käseherstellung unentbehrlichen Milchsäurebakterien genauer untersucht. Dabei stießen sie vor allem auch auf die Gene, die für den Produktionsprozeß und den typischen Käsegeschmack verantwortlich sind. Diese Gene enthalten nämlich die Bauanleitung für bestimmte Enzyme. Und diese Enzyme setzen wiederum die in der Milch enthaltenen Substanzen so um, daß daraus eine aromatische verfestigte Masse entsteht.

Denkbar ist es nun, den handelsüblichen *Starterkulturen* für die Käseherstellung zusätzliche Gene einzufügen. Gene, die von ganz speziellen Schimmelpilzen oder Bakterien stammen, die etwa für den typischen Roquefort- oder Cheddar-Geschmack verantwortlich zeichnen. Dies ist inzwischen keine Science fiction mehr: Das US-amerikanische Unternehmen Genencor stieß beispielsweise auf ein fettspaltendes Enzym, das für den strengen Cheddar-Geschmack sorgt. Via Gentechnik könnte man nun daran gehen, ganz gezielt Starterkulturen zu konzipieren, die völlig neue Geschmacksrichtungen im Käse hervorrufen.

Ein weiterer Angriffspunkt für Designer-Käse könnte sein hoher *Fettgehalt* sein – einige Weichkäsesorten bestehen zu 60% daraus. Dieser Fettanteil ist zu hoch für Menschen, die ohnehin schon mit zu hohen und damit gefährlichen Blutfettwerten zu kämpfen haben. Die Gentechnik könnte hier Abhilfe schaffen. Denkbar sind etwa Starterkulturen, die über

Enzyme verfügen, mit denen sie das gefährliche Cholesterin in chemisch modifizierte und daher ungefährlichere Fettmoleküle umformen. Ein anderer Weg wäre es, genmanipulierte Mikroorganismen für die Starter-Kulturen zu benutzen, die den Anteil der »gefährlichen« gesättigten *Fettsäuren* zugunsten der weniger gefährlichen ungesättigten Fettsäuren verschieben können. Ein erster – allerdings noch nicht gentechnischer – Schritt in diese Richtung ist die Züchtung von Sonnenblumen, deren Samenkerne ähnlich viel ungesättigte Fettsäuren enthalten wie Oliven- oder Distelöl.

Doch nicht nur der Tradition verpflichteten Gourmets dürfte es beim Gedanken an derartige Käsekreationen aus dem Gen-Labor mulmig werden. Auch unter Sicherheitsaspekten ist der Designer-Käse ein umstrittenes Projekt. Anders als etwa der BST-Einsatz in der Milch oder der Chymosin-Einsatz im Käse geht das Projekt Designer-Käse einen ganzen Schritt weiter: Mit ihm würden wir nicht nur gentechnisch hergestellte, aber tote Materie verzehren, sondern gentechnisch veränderte, und vor allem *lebendige* Mikroorganismen. Für manche sicherlich eine beklemmende Vorstellung.

Dennoch sollte man nicht gleich in Panik geraten: Zum einen verzehren wir mit unseren Lebensmitteln seit je her eine Vielzahl unterschiedlicher Bakterien und Hefen. Ob im Bier, Wein, Joghurt, Käse oder Sauerkraut – immer sind Mikroorganismen mit dabei. Ihre pure Anwesenheit sollte daher noch kein Grund zum Fasten sein. Andererseits fürchten wir natürlich Mikroorganismen als Krankheitserreger. Und das zurecht. Pilz- und Bakteriengifte gehören zu den wirksamsten Killern in der Natur. Daher sollte man schon genau hinschauen, welche Mikroorganismen sich in unserer Nahrung tummeln und welche dies besser nicht tun sollten.

Jede gentechnische Veränderung eines Mikroorganismus, der in Lebensmitteln verwendet wird, sollte daher peinlichst genau unter die Lupe genommen werden. In den USA entwickelt die dafür zuständige Behörde – die FDA (Food and Drug Administration) – zur Zeit Richtlinien für den Einsatz gentechnisch veränderter Mikroorganismen in Lebensmitteln. Ihr Ausgangspunkt dafür sind die sogenannten GRAS-Organismen. Diese Abkürzung steht für »Generally Recognized As Safe«, also Lebewesen, die sich im oft jahrtausendelangen Gebrauch als für den Menschen ungefährlich erwiesen haben.

Die Gretchenfrage ist nun: Ist es denkbar, daß eine Gen-Übertragung auf einen GRAS-Organismus den gentechnisch entstandenen Organismus plötzlich und unerwartet gefährlich machen kann, obwohl weder Gen noch GRAS-Organismus für sich genommen eine Gefahr darstellten? Viele Wissenschaftler verneinen heute diese Frage, doch endgültig ist diese Frage nicht geklärt. Genau genommen läßt sich eine Frage dieses Typs auch wissenschaftlich nicht exakt beantworten. Mittels Experimenten läßt sich zwar zeigen, daß von einem Organismus X die Gefahr Y ausgeht oder nicht. Doch kein Experiment läßt Aussagen von dem Typ zu, wie er hier gefordert ist, nämlich: Vom Organismus X geht *keine* Gefahr aus. Hinter dem kleinen Wörtchen »keine« verbirgt sich schließlich eine mathematisch nicht faßbare Zahl sowohl bekannter wie auch unbekannter Gefahren.

Doch beenden wir an dieser Stelle diesen eher wissenschaftsthero-retischen Exkurs. Denn es gibt auch greifbare Gefahrenquellen, die es auszuschalten gilt, bevor wir uns auf genmanipulierte Mikroorganismen in Lebensmitteln einlassen sollten. Diese Gefahren beruhen auf dem *Herstellungsprozeß* solcher genmanipulierter Mikroorganismen. Das Verfahren, mit dem Molekularbiologen etwa einer Bakterienzelle das Gen für ein Enzym in das Erbgut hineinschmuggeln, ist im Anhang ausführlich beschrieben. Für die folgende Überlegung ist nur dieser Punkt wichtig: Damit Gentechniker die Bakterienzellen, bei denen die Genübertragung tatsächlich stattgefunden hat, wiederfinden können, müssen sie zusätzlich ein Markierungsgen mitübertragen. Ein beliebter *Gen-Marker* ist etwa die Bauanleitung für ein Enzym, das den Träger dieses Gens tolerant gegenüber bestimmten Antibiotika macht. Es wird also nicht nur das Gen mit der gewünschten Eigenschaft X übertragen, sondern gleichzeitig das Toleranz-Gen für ein Antibiotikum. Das Aufspüren der genmanipulierten Zellen – Molekularbiologen nennen diesen Schritt *Selektion* – ist dann ein Kinderspiel: Die Forscher müssen lediglich in die Kulturschalen, in denen ihre Bakterien wachsen, das betreffende Antibiotikum hinzufügen. Dann können nur noch die genmanipulierten Bakterienzellen überleben. Alle Zellen, die nicht über das zusätzliche Gen X verfügen, haben auch nicht das Toleranz-Gen für das Antibiotikum – sie sterben ab.

Ein guter Trick – zumindest so lange, wie niemand solche gegen Antibiotika gefeiten Mikroorganismen mit seiner Nahrung aufnimmt. Die Gefahr bestünde nämlich dann, daß die Eigenschaft der *Antibiotika-Resistenz* von diesen Mikroorganismen etwa auf Krankheitserreger, die schon im Körper vorhanden sind oder später eindringen, übertragen würde. Diese Gefahr ist durchaus real. Das Gen, das nämlich einem Bakterium Antibiotika-Resistenz verleiht, liegt nicht auf seinem Chromosom. Stattdessen ist es in den sogenannten *Plasmiden* zu finden. Dies sind kleine Ringe in der Bakterienzelle, die aus der Erbsubstanz DNA bestehen.

Diese Plasmidringe sind nun ausgesprochen reiselustig. Bakterien können ihre Plasmidringe nämlich untereinander austauschen – und zwar sogar über Artgrenzen hinweg. Auf diesem Trick beruht übrigens ihre enorm schnelle Anpassungsfähigkeit. Bestimmte, für das Überleben wichtige Eigenschaften, die von Plasmid-Genen gesteuert werden, können sich innerhalb weniger Bakterien-Generationen in einer Bakterienkultur ausbreiten. Doch was für die Bakterien ein evolutionär äußerst vorteilhafter Kunstgriff ist, könnte im Falle der Antibiotika-Resistenz für den Menschen verheerende Wirkung haben. Die Bekämpfung bakterieller Krankheiten mittels Antibiotika könnte sich dann als äußerst schwierig erweisen.

Deshalb suchen Wissenschaftler nach anderen Gen-Markern, mit denen sie zwar ebenso leicht ihre genmanipulierten Bakterienzellen wiederfinden, ohne daß sie sich dabei auf das gefährliche Spiel mit der Antibiotika-Resistenz einlassen müssen. Die Biotechnologin Prof. Susan Harlander von der Univeristy of Minnesota hat so einen Marker gefunden. Sie entdeckte in Milchsäurebakterien einen Stoff, der zwar ebenfalls auf einige Bakterien giftig wirkt, der jedoch dem Produzenten keinen Schutz vor Antibiotika verleiht, wie sie in der Therapie zum Einsatz kommen. Dieser Stoff, er heißt *Nisin*, ist übrigens in den USA kürzlich als Lebensmittelzusatzstoff zugelassen worden. Wissenschaftler wie Susan Harlander haben nämlich herausgefunden, daß Nisin beispielsweise Listeria-Bakterien abtöten kann. Damit ist diese Substanz auch schon ohne Gentechnik ein nützlicher Schutz- oder *Konservierungsstoff*. Käsesorten, die mit Hilfe von nisinproduzierenden Milchsäurebakterien hergestellt wurden, können keine gefährlichen Listerien mehr enthalten. Jetzt arbeitet Susan Harlander an einer Gentransfer-Methode, bei der sie statt dem üblichen Antibiotika-Toleranz-Gen das Nisin-Gen als Selektions-Marker einsetzt. Gelingt ihr dieser abgewandelte Auslesetrick, dann wäre eine wichtige Gefahrenquelle gebannt, die bislang den Einsatz genmanipulierter Mikroorganismen in Lebensmitteln verhindert hat. Zusätzlicher Nebeneffekt des Nisin-Markers: Molkerei-Produkte, die mit nisinproduzierenden Mikroorganismen hergestellt werden, verfügen damit über einen natürlichen Konservierungsstoff, der das Produkt vor schädlichen Organismen schützt.

Wein- und Champagnerkellereien sowie Bierbrauereien sind ebenfalls Betätigungsfelder, auf denen die Gentechnik versucht, Fuß zu fassen. Damit bemächtigt sich diese moderne Technologie eines der ältesten Gewerbe der Welt. Denn wahrscheinlich haben es Menschen schon in der Bronzezeit gelernt, pflanzliche Stärke und Zucker mit Hilfe von Mikroorganismen in Alkohol zu verwandeln. Die Züchtung von Hunderten unterschiedlicher Hefestämme hat dabei aus dem zunächst zufälligen Prozeß eine streng kontrollierte biotechnologische Produktion werden lassen. Schließlich soll ein Altbier immer wie ein Alt und ein Weizenbier immer wie ein Weizenbier schmecken. Mehr noch: Liebhaber einer bestimmten Biersorte wollen nicht mit jedem neuen Kasten eine geschmackliche Innovation erleben. Diese

Qualitäts- und Geschmacks-Konstanz läßt sich nur mit ganz definierten und speziell herangezüchteten *Hefe*kulturen erreichen. Dennoch: Auch diese in jahrzehntelanger Arbeit herangezüchteten Spezialhefen können nicht alles – zumindest nicht alles optimal.

Hier nun schlägt die Stunde der Gentechniker: durch gezielte Veränderung von Brauerei-Hefestämmen können sie Kulturen erzeugen, die völlig neue Biersorten entstehen lassen, oder mit denen sich bisherige Biersorten preiswerter und schneller produzieren lassen. So ist allen bisher bekannten Brauhefen ein Manko gemeinsam: Ihnen fehlt die Fähigkeit, den ersten Schritt des Stärkeabbaus zu bewerkstelligen. Dafür benötigt der Brauereimeister keimende Gerste. Die angekeimten Gerstenkörner produzieren nämlich das dafür notwendige Enzym *Amylase*. Erst dieses Enzym macht den Gerstensaft für Hefezellen bekömmlich. Verschiedenen Biotechnologie-Firmen und Brauereien in Dänemark und England ist es nun gelungen, das Amylase-Gen aus den keimenden Gerstenkörnern auf Bierhefe-Stämme zu übertragen. Damit ließe sich ein zeitaufwendiger und teurer Schritt bei der Bierfermentation überspringen. Doch noch ist nirgendwo auf der Welt eine derart genmanipulierte Hefe zur Bierproduktion zugelassen worden.

Sogar mit dem Bier-Geschmack beschäftigen sich Gentechniker. So fällt als unerwünschtes Nebenprodukt bei der Bierfermentation der Stoff *Diacetyl* an. Er verleiht dem Bier einen unangenehmen Nebengeschmack. Erst nach einer drei bis fünf Wochen dauernden zweiten Fermentation läßt sich der Diacetyl-Anteil auf ein tolerables Maß reduzieren. Ein aus Bakterien stammendes Enzym – es trägt den zungenbrecherischen Namen *Alpha-Acetolactatdecarboxylase* – kann jedoch Diacetyl sehr rasch in ein geschmacksneutrales Abbauprodukt verwandeln. Japanischen Wissenschaftlern ist es 1988 gelungen, das Gen für das Bakterien-Enzym in eine Brauhefe einzubauen. In Fermentations-Experimenten mit dieser genmanipulierten Brauhefe konnten die Japaner zeigen, daß der Diacetyl-Anteil bereits nach der ersten Fermentation deutlich vermindert war. Zumindest ihnen hat dieses »genmanipulierte« Bier genauso gut geschmeckt wie der traditionelle Gerstensaft.

Ebenso wie die Bierbrauer vertrauen auch die Kellermeister von Weingütern auf Hefestämme mit ganz definierten Eigenschaften. Der weltgrößte Produzent solcher Weinhefen ist die kanadische Firma L'Allemand aus Montreal. In den Labors dieser Firma arbeiten seit einiger Zeit auch Gentechniker. Im Dezember 1989 meldete sich diese Gruppe zu Wort: Sie hatten einen Weinhefe-Stamm so verändert, daß er zukünftig ein großes Problem der Weinkellereien lösen könnte. Zum Ärger der Wein-Experten haften nämlich auf den reifen Trauben sogenannte »Killer-Hefen«. Sie können nicht nur ihrem Namen alle Ehre machen und die teuren Starter-Kulturen zerstören. Sie können dem Wein zusätzlich noch einen unerwünschten Beigeschmack verleihen. Millionen von Litern verdorbenen Weines gehen auf ihr Konto. Die L'Allemand-Gentechniker präsentierten nun einen Weinhefe-Stamm, den sie gegen die Killer-Hefen immun gemacht hatten. In Frankreich versucht das kanadische Unternehmen derzeit, eine Genehmigung zu erhalten, um die »killerresistente« Weinhefe im rauhen Kellerei-Betrieb zu testen.

Nicht einmal vor der perlenden Krone alkoholischer Getränke machen die Gentechniker halt: Das renommierte Champagner-Haus Moët-Hennessy tat sich vor einiger Zeit mit der Genfirma Transgène zusammen. Die Gentechniker aus Straßburg sollen die Champagner-Produktion auf Trab bringen: gentechnisch veränderte Hefestämme sollen die für den Champagner typische Flaschengärung in einem Fünftel der Zeit bewerkstelligen. Der schnellreifende Champagner, so hofft der Hersteller, soll die Lagerkosten verringern und so die Produktivität erhöhen. Was für die Milch die Turbokuh ist für den Champagner die Turbohefe.

Da hat doch wieder jemand herummanipuliert!

Safari an die Abwehrfront

Der Urlaubskatalog, den Helmut G. während der Mittagspause im Büro durchblätterte, erzeugte bei dem Versicherungsangestellten Fernweh. Das türkisblaue Meer, der palmengesäumte schneeweiße Sandstrand und das schmucke Ferienhotel auf den Katalogfotos verfehlten ihre Wirkung nicht. Auf der gegenüberliegenden Seite lockte das Foto einer Löwengruppe, die im Schatten einer Schirmakazie döste, während einen Steinwurf entfernt eine Touristengruppe im Jeep die Raubkatzen-Siesta verfolgte. »Ostafrika – Das wär mal ein aufregender Urlaub«, dachte sich Helmut G., während er im Geiste bereits am Strand einen Drink aus einer ausgehöhlten Kokosnuß schlürfte und auf Safari-Pirsch Löwen auflauerte. Selbst die Preise dieser Angebote verdarben Helmut G. nicht den Geschmack auf Exotik und Abenteuer. »Ist nicht teurer als unser letzter Trip nach Teneriffa«, rechnete er rasch zusammen. Für ihn war der Fall klar – diesmal nach Kenia.

Voller Enthusiasmus versuchte er abends seiner Frau das neue Reiseziel schmackhaft zu machen. Er wußte um ihre Vorliebe fürs süße Strandleben. Die Postkarten-Idylle vom 12 km langen »Coconut-Beach« nebst »Blue Lagoon-Hotel« rang seiner Frau ein »Nicht übel, Helmut« ab. Nur von der 5tägigen Safari mußte er sie noch überzeugen. Helmut K. setzte auf das »Davon-habe-ich-immer-geträumt-Argument«. Da der Katalogtext den Safari-Teilnehmern auch ein »romantisches Barbecue am Lagerfeuer« und »komfortable Safari-Lodges« mit »atemberaubenden Blick auf die unvergeßlichen afrikanischen Sonnenuntergänge« versprach, zeigte sich Frau G. kompromißbereit.

Die Urlaubs-Entscheidung der beiden schien schon festzustehen, als Frau G.s Blick auf einen kleingedruckten Hinweis fiel:

> »Wir weisen Ostafrika-Reisende darauf hin, daß in diesen Länder eine Malaria-Prophylaxe empfehlenswert ist. Dies gilt besonders für Reisende, die Safari-Bausteine gebucht haben. Auskünfte erteilen Hausärzte, Gesundheitsämter sowie Tropeninstitute«.

Der dezente Hinweis entlockte Frau G. ein entsetztes »Ihhh – da fahre ich aber ganz bestimmt nicht hin«. Sie erzählte ihrem Mann von den Erlebnissen der Nachbarsfamilie. Die hatte letztes Jahr eine Studienreise – Programm »Zauber der Anden« – nach Peru unternommen. Schon wochenlang vorher, wußte Frau G. zu berichten, mußten alle diese »scheußlichen Tabletten« schlucken, von denen es allen ziemlich übel wurde – die Malaria-Prophylaxe, die ihnen der Arzt dringend empfohlen hatte. Und während der Reise, nachdem »Montezumas Rache« bei der Nachbarsfamilie zugeschlagen hatte, war sich keiner mehr sicher, ob die Malaria-Vorbeugung überhaupt noch wirksam war. »Kurzum, ein Horrortrip«, befand Frau G.

Trotzdem wollte ihr Mann den Gedanken an eine Afrika-Reise noch nicht völlig aufgeben. Er ging, wie der Katalogtext vorgeschlagen hatte, zu dem nahegelegenen Tropeninstitut der Universität. Die Ärztin dort hatte gute Nachrichten: »Zumindest für uns reiche Europäer«, so klärte sie Helmut G. auf, »ist ein effektiver und praktisch nebenwirkungsfreier Schutz vor Malaria möglich. Lassen Sie sich gegen diese Tropenkrankheit einfach impfen. Nur zwei Injektionen, und schon können Sie das Thema Malaria vergessen«. Helmut G.s Gesicht hellte sich auf: »Und die Tabletten, von denen es einigen offenbar übel wird?«, fragte er vorsichtig. »Völlig überholt, seitdem dieser gentechnische Malaria-Impfstoff auf dem Markt ist, impfen wir nur noch. Und bisher hat es noch jeder vertragen. Nur manche, die fallen schon um, wenn sie die Spritze sehen«, scherzte die Ärztin.

Die Impfmöglichkeit überzeugte sogar Frau G. Die beiden Sonnen- und Abenteuerhungrigen ließen sich also gegen Malaria impfen. Zwei Monate später verbrachten sie »die schönsten Wochen des Jahres« am Teutonengrill in Kenia. Und selbst die Löwen im Safari-Park wußten, was sie den europäischen Devisenbringern schuldig waren. Artig gähnte das Löwenmännchen unter der Schirmakazie in Helmut G.s Kamera. »Das Barbecue mitten in der Wildnis«, wußte Frau G. später zu berichten, »war echt romantisch«. »Nur diese lästigen Mosquitos« trübten ein wenig die Freude am »atemberaubenden Sunset«. Doch eine Gefahr seien die Mücken wenigstens nicht, klärten die G.s beim Diaabend ihre Freunde auf – jetzt, wo es doch diesen gentechnischen Impfstoff gäbe.

Ganz so, wie in dieser Geschichte geschildert, ist es nun doch nicht. Der gentechnische Malaria-Impfstoff ist noch Zukunftsmusik – allerdings eine, an der Wissenschaftler in aller Welt fleißig »komponieren«. *Malaria* – und vor allem ein Schutz gegen diese oft tödlich verlaufende *Tropenkrankheit* – sind dabei ein Problem, das seit den 70er Jahren an Brisanz vehement zugenommen hat. Dabei geht es gar nicht so sehr um die – letztlich vermeidbaren – Urlaubsbesuche kapitalkräftiger Touristen. Etwa 1,4 Milliarden Menschen, so eine Schätzung der Weltgesundheitsorganisation (WHO) in Genf, leben in malariagefährdeten Gebieten, 200 bis 400 Millionen erkranken jährlich, mindestens 1,5 Million Menschen sterben Jahr für Jahr an dieser parasitären Erkrankung.

Die Ausrottung der Anophelesmücke, der Überträgerin des einzelligen Malariaerregers, hatte die WHO noch in den 50er Jahren auf ihre Fahnen geschrieben. Millionen Tonnen an DDT und anderen chemischen

Insektenvernichtern kamen in den malariagefährdeten Ländern des Tropengürtels zum Einsatz. Die Mücken verschwanden, die Malariafälle gingen zurück. Einzelne Länder – Sri Lanka zum Beispiel – vermeldeten triumphierend den Erfolg des Ausrottungs-Feldzuges. Zu früh, wie sich herausstellen sollte. Heute sterben auch in Sri Lanka mehr Menschen an Malaria als je zuvor. Die ausgerottet geglaubten Mücken kamen aus dem Chemie-Feldzug sogar gestärkt zurück. Allerorts finden Wissenschaftler inzwischen Anopheles-Stämme, denen selbst wirkungsvollere Insektizide als DDT nichts mehr anhaben können. Die chemische Waffe gegen die stechlustigen Malaria-Überträger ist stumpf geworden. Und vielen der armen Tropenländer fehlt zudem das Geld, den Kampf gegen die allgegenwärtigen Plagegeister aufzunehmen.

Es kommt noch schlimmer: Auch die Malaria-Erreger selbst, die einzelligen Blutparasiten mit dem Namen *Plasmodium* betreiben seit vielen Jahren biologische Hochrüstung. Der weitverbreitete Einsatz vorbeugender Medikamente wie Chloroquin oder Pyrimethamin und Sulfadoxin hat resistente Plasmodien-Stämme entstehen lassen, die sich trotz der Medikamente im Blut des Menschen entwickeln können. Selbst gegen das erst vor wenigen Jahren entwickelte Mefloquin gibt es erste *Resistenzen*. Die Folgen sind für viele Länder im malariagefährdeten Tropengürtel verheerend. Für die Forscher wird der Kampf gegen die Malaria zum Wettlauf gegen die Zeit: Immer kürzer werden die Zeiträume, in denen ein neu entwickeltes Insektizid oder Medikament den Siegeszug der Mücken und der Malaria zumindest verlangsamen kann. Von einem Stopp oder gar einem Rückzug der Malaria wagen WHO-Vertreter nur noch in Form eines ethischen Konjunktivs zu reden.

Kein Wunder, daß in dieser Situation Hoffnungen Konjunktur haben: »Neue Hoffnung auf Malaria-Impfstoff« – so oder ähnlich lauten die meisten Zeitungs-Überschriften, die ich in meinem Archiv zu diesem Thema gefunden habe. Seitdem Forscher über gentechnische Impfstoffe nachdenken – und das sind nunmehr etwa 15 Jahre – taucht auch immer wieder die Utopie eines Malaria-Impfstoffes auf. Mindestens eine handvoll erstklassiger Forscherteams arbeiten heute mit finanzieller und logistischer Hilfe mehrerer Pharmakonzerne und Militärbehörden an Impfstoff-Projekten zur Bekämpfung der Malaria. Auch die WHO, die in der Vergangenheit das Heil in der chemischen Keule suchte, favorisiert heute die Impfstoff-Strategie als die »effektivste und preiswerteste Gesundheitsprophylaxe«. Kein Wunder, wenn man bedenkt, daß in vielen afrikanischen Ländern das Gesundheits-Budget pro Einwohner bei einem US-Dollar liegt. Selbst die bisher verfügbaren Medikamente sind für die bettelarmen Drittweltländer des Tropengürtels meist nicht bezahlbar.

Die Basis aller Hoffnung, daß ein Impfschutz gegen Malaria möglich ist, beruht auf einer lang zurückliegenden Beobachtung: Schon vor vielen Jahren entdeckten Immunologen, daß einige Menschen, die eine Malaria durchgemacht haben, für eine gewisse Zeit vor der Krankheit gefeit sind. Sie erkranken nicht erneut, obwohl sie ständig von plasmodienverseuchten Anopheles-Mücken gestochen werden. Ihr Körper bildet *Abwehrstoffe*, die einen neuerlichen Ausbruch der Erreger verhindern. Seit geraumer Zeit kennen die Forscher sogar diese Abwehrstoffe im Blut von ehemaligen Malaria-Patienten. Es sind *Antikörper*, die bestimmte Entwicklungsformen der Plasmodien erkennen und diese unschädlich machen. Forscher nennen dieses Phänomen der selbsterworbenen Abwehrkraft *natürliche Immunität*.

Diese Fähigkeit des Körpers, sich gegen Erreger zu schützen, mit denen sich das Immunsystem bereits auseinandersetzen mußte, nutzen Impfstoff-Forscher seit nunmehr fast 200 Jahren aus. 1796 nämlich gelang es dem englischen Arzt Edward Jenner, Kinder, die er mit Kuhpocken-Erreger infizierte, gegen Pocken zu schützen. Dies war die Geburtsstunde der Impfstoff-Forschung. Jenner hatte damals keine Ahnung, auf welchen biologischen Vorgängen die verblüffende Schutzwirkung beruhte. Erst sehr viel später lernten die Forscher, daß bestimmte Blutzellen, die sogenannten B-*Lymphozyten*, gegen den Erreger gerichtete Antikörper herstellen. Sie entdeckten weiterhin, daß diese B-Lymphozyten als sogenannte *Gedächtniszellen* so lange im Körper zirkulieren, bis sie erneut auf den Erreger stoßen, den sie erkennen können. Erst dann werden sie aktiv, teilen sich und machen sich – zusammen mit anderen Abwehrzellen, die sie ebenfalls aktivieren – in großer Zahl über die Erreger her. Jenner hatte Glück: Die Gedächtniszellen, die eine geimpfte Person nach einer Kuhpocken-Infektion bildet, stürzen sich auch auf die gefährlichen, nahe verwandten Pocken-Erreger.

Für einen gefahrlosen Impfstoff ist es allerdings wichtig, daß er *abgeschwächte Erreger* enthält. Sonst würde man mit der Impfung eine ernsthafte Infektion riskieren. Auch dabei hatte Jenner Glück. Gestützt auf eigene Beobachtungen nahm er an, daß der Kuhpocken-Erreger nicht annähernd so gefährlich ist wie seine nahen Verwandten – die Pocken-Viren. Eine richtige Vermutung, wie wir heute wissen. Der Kuhpocken-Erreger, das Vaccinia-Virus, hat den Impfstoff-Forschern den bislang spektakulärsten Erfolg beschert: 1979 erklärte die WHO die Pocken für ausgerottet. Ein weltweites Impfprogramm mit dem Vaccinia-Virus machten diesen – übrigens bis heute bestehenden – »Weltrekord« möglich. Pocken-Erreger gibt es inzwischen nur noch in Speziallabors, wo sie Wissenschaftler unter den höchsten Sicherheitsvorkehrungen zu Forschungszwecken aufbewahren.

Impfungen gehören zu den wichtigsten medizinischen Errungenschaften, mit denen sich jeder vor einer Reihe von *Infektionskrankheiten* schützen kann. Obwohl es durchaus unterschiedliche Impfstoff-Konzepte gibt, ist die alte Jennersche Impfstrategie, mit abgeschwächten Erregern einen Impfschutz aufzubauen, die am weitesten verbreitete und erfolgreichste geblieben. Egal, ob wir uns gegen Grippe, Kinderlähmung oder Röteln impfen lassen, immer sind es abgeschwächte, nicht vermehrungsfähige Erreger, die dem Immunsystem unseres Körpers gleichsam als Feindbild dienen. Die Körperabwehr produziert anhand dieser Feindbild-Vorlage B-Lymphozyten, deren Antikörper den Erreger erkennen können. Diese Zellen zirkulieren fortan als Gedächtniszellen im Blut. Stoßen sie bei einer richtigen Infektion erneut auf »ihren« Erreger, so aktivieren sie binnen kürzester Zeit die gesamte Abwehr-Maschinerie des Körpers. Eine wohl organisierte Armee unterschiedlicher Abwehrzellen und -stoffe bekämpft den Erreger, bevor er sich im Körper ausbreiten kann.

So nützlich Impfungen sein können, ganz ungefährlich sind sie nicht, besonders wenn der Impfstoff abgeschwächte Erreger enthält. Bis in die jüngste Vergangenheit kam es immer wieder zu Zwischenfällen. Menschen erkrankten nach einer Impfung just an der Krankheit, vor der sie der Impfstoff schützen sollte. Entweder waren zuvor nicht erkannte Abwehrschwächen der Geimpften dafür verantwortlich, oder aber der Impfstoff selber enthielt – trotz sorgfältigster Produktion – vermehrungsfähige und voll wirksame Erreger. Solche *Impfschäden* rief die Gentechniker auf den Plan. Ihr neu erlerntes Handwerk, so vermuteten sie, könnte dazu beitragen, vorhandene Impfstoffe sicherer zu machen, ja vielleicht sogar neue Impfstoffe zu entwickeln, die sich mit konventioneller Technologie nicht herstellen lassen.

Daß ihre Überlegung richtig ist, zeigt das Beispiel des Impfstoffes gegen die *Gelbsucht*. Hervorgerufen wird diese Krankheit durch *Hepatitis*-Viren. Es gibt mehrere Hepatitis-Virustypen, die jeweils unterschiedliche Krankheitsbilder erzeugen. Besonders gefürchtet ist etwa das Hepatitis B-Virus. Es verursacht nicht nur schwerwiegende Leberschäden, es kann sogar – bei einem chronischen Verlauf der Krankheit – zum *Leberkrebs* führen. Erst seit 1982 gibt es in der Bundesrepublik Deutschland einen zugelassenen Impfstoff gegen Hepatitis B. Gewonnen wird er aus dem Blut chronisch infizierter Personen. Leider lassen sich nämlich die Hepatitis B-Viren nicht im Labor züchten. Die Impfstoff-Produzenten müssen also das »Rohmaterial« für den Impfstoff aus dem Blut der Erkrankten isolieren. Eine sehr gefährliche Arbeit für das Laborpersonal, das ständig mit infektiösem Blut umgehen muß. Immer wieder kam es – trotz aller Sorgfalt – zu Hepatitis-B-Infektionen unter den Laborarbeitern.

Doch auch für die Geimpften ist dieser Hepatitis B-Impfstoff nicht ungefährlich. Zwar wird jede einzelne Impfstoff-Charge überprüft, bevor sie die Produktion verläßt. Vor allem müssen die Impfstoff-Hersteller sicherstellen, daß jede Impfdosis ausschließlich inaktivierte Viren enthält. Trotz sorgfältigster Prüfung kam es in der Vergangenheit immer wieder zu Hepatitis B-Infektionen unter geimpften Personen. Und last not least: Ein derart aufwendig produzierter Impfstoff hat seinen Preis. Bis zu 200 DM kostete bislang eine Dosis. Um einen wirksamen Schutz zu erreichen, sind mehrere Impfungen nacheinander notwendig, alle fünf Jahre eine Auffrischung. Der hohe Preis und das nicht vernachläßigbare Impfrisiko führten dazu, daß in der Regel nur sogenannte »Risikopersonen« geimpft wurden. So tragen etwa nierenkranke Dialyse-Patienten, die häufig Bluttransfusionen erhalten, ein erhöhtes Risiko, Labor-und Klinikpersonal sowie Ärzte, aber auch heroinabhängige Drogensüchtige, Prostituierte und AIDS-Patienten erkranken überdurchschnittlich häufig an Hepatitis B.

Sie alle mußten in der Vergangenheit auf den konventionellen Impfstoff zurückgreifen. 1986 bekam dieser Impfstoff indes gentechnische Konkurrenz: Im Juli dieses Jahres erhielt die US-amerikanische Pharmafirma Merck, Sharp & Dohme für einen gentechnisch erzeugten Hepatitis B-Impfstoff in den USA die Zulassung. In der Bundesrepublik Deutschland ist dieser Impfstoff einen Monat später zugelassen worden. Nur wenig später zog die Konkurrenz nach: Inzwischen bietet auch der US-Pharmaproduzent Smith Kline einen gentechnisch erzeugten Hepatitis B-Impfstoff an.

Die manchmal vollmundigen Firmenversprechen sind bei diesen Produkten durchaus angemessen: Der *gentechnische Impfstoff* ist nicht nur sicherer, er ist inzwischen auch preiswerter als das konventionelle Produkt. Die Impfstoff-Preise sind in den letzten Jahren – Konkurrenz belebt auch in der Gentechnik das Geschäft – drastisch gesunken. Inzwischen arbeiten die beteiligten Firmen an der Optimierung der gentechnischen Impfstoff-Produktion. Fleißigere Produktionsstämme und ergiebigere Reinigungs-Verfahren ließen die Produktkosten noch einmal sinken. Experten halten inzwischen sogar einen Preis von einem US-Dollar pro Dosis für langfristig möglich. Damit könnte das Produkt endlich auch dort zum Einsatz kommen, wo Hepatitis B-Erkrankungen besonders häufig sind – im Tropengürtel von Ostasien und Afrika tragen etwa zehn Prozent aller Menschen das gefährliche Virus in sich. Diese Länder konnten sich bislang Massenimpfungen schon des Preises wegen nicht leisten. Rutscht der Dosis-Preis indes auf die Ein-Dollar-Grenze, so wäre mit Hilfe der WHO ein internationales Hepatitis B-Impfprojekt finanzierbar. Käme eine solche Impfkampagne zustande, so hätten die Befürworter der Gentechnik tatsächlich ein erstes überzeugendes Beispiel dafür geliefert, daß diese Technologie auch den unterentwickelten Drittweltländern nützen kann. Doch der Beweis steht noch aus.

Um zu verstehen, weshalb der gentechnische Impfstoff sicherer ist als der aus Blut gewonnene, ist es nötig, noch etwas detaillierter die biologischen Vorgänge zu verfolgen, die bei einer Impfung ablaufen. Entscheidend für den *Aufbau eines Impfschutzes* ist nämlich gar nicht der vollständige Erreger. Das Immunsystem erkennt ein Virus oder ein Bakterium vor allem an der Struktur seiner Hülle. Diese Hülle ist nicht etwa glatt und unauffällig. Jeder Erreger verfügt über für ihn spezifische *Oberflächen-Moleküle*. Sie sind gewissermaßen die Erkennungszeichen, die die Antikörper der Abwehr wahrnehmen, um Freund und Feind voneinander zu unterscheiden. Diese Oberflächen-Moleküle sind nun nichts anderes als Eiweiße oder Proteine. Wie für jedes andere Protein auch enthält das Erbgut der Erreger die Bauanleitungen oder Gene für solche Oberflächenproteine. Die meisten anderen Proteine, die der Erreger bildet, spielen indes für die Abwehr keine oder nur eine untergeordnete Rolle (wie so häufig in der Biologie gibt es Ausnahmen von dieser Regel).

Die grundlegende Idee eines gentechnischen Impfstoffes ist nun folgende: Für den Aufbau eines Impfschutzes ist nicht die Anwesenheit des kompletten Erregers erforderlich. Erregerspezifische B-Lymphozyten und Antikörper müßten schon dann entstehen, wenn dem Immunsystem lediglich die Oberflächenproteine präsentiert werden. Mit anderen Worten: Der gentechnische Impfstoff muß keine vollständigen – und vielleicht trotz ihrer Inaktivierung gefährlichen – Krankheitserreger enthalten. Er muß dem Immunsystem vielmehr nur die Erkennungszeichen des Erregers präsentieren, die alleine noch keine Krankheit hervorrufen können.

Mit dieser Idee im Kopf machten sich die Gentechniker beispielsweise daran, die Oberflächenproteine des Hepatitis B-Virus und das dazugehörige Gen zu isolieren. Im Prinzip eine gentechnische Routinearbeit: Das Gen für die Oberflächenproteine wird aus dem Erbgut des Hepatitis B-Virus herausgeschnitten und in das Erbgut von Mikroorganismen wie Bakterien oder Hefen wieder eingebaut. Diese genmanipulierten Mikroorganismen lassen sich massenhaft vermehren und produzieren dabei auch das Oberflächenprotein des Erregers. Diese Proteine werden zum Schluß gereinigt und können nun als Impfstoff eingesetzt werden. Der Vorteil: Kein Umgang mit infektiösem Blut, um die gefährlichen Hepatitis B-Viren zu isolieren. Keine Infektionsgefahr für das Laborpersonal. Und keine Infektionsgefahr mehr für die geimpften Personen. In ihren Körper gelangen schließlich nur noch die sorgfältig gereinigten, gentechnisch erzeugten Oberflächenproteine von

Hepatitis B. Alles das, was das Virus gefährlich macht, taucht in der Produktion und anschließend im Impfstoff gar nicht mehr auf.

Zahlreiche konventionelle Impfstoffe werden in Zukunft durch solche gentechnischen Protein-Impfstoffe ersetzt werden. So arbeiten Forscher beispielsweise an gentechnischen Impfstoffen gegen *Polio* (Kinderlähmung) und *Grippe*. Doch das ist erst die eine Hälfte der guten Nachricht. Ausnahmsweise gibt es diesmal sogar noch eine zweite, ebenso vielversprechende Hälfte: Mit Hilfe der Gentechnik, so die ehrgeizigen Pläne der Forscher und Firmen, könnte es gar gelingen, Impfstoffe gegen Erreger zu entwikkeln, für die mit konventioneller Technik bislang keine oder zumindest keine gut wirksamen Impfstoffe verfügbar waren. Die Projekt-Liste in diesem Bereich umfaßt Erreger, die jährlich viele Millionen Tote als Blutzoll fordern: *Malaria*, *Lepra*, *Bilharziose*, *AIDS*.

Wäre die gentechnische Impfstoff-Produktion wirklich so einfach, wie ich sie am Beispiel des Hepatitis B-Virus geschildert habe, dann herrschte heute in den gentechnischen Impfstoff-Labors Langeweile. Das Gegenteil ist der Fall. Zahlreiche Schwierigkeiten verhindern den allzu raschen Fortschritt in der Entwicklung derartiger Impfstoffe und machen den beteiligten Wissenschaftlern das Leben schwer. Die Wahrheit ist daher: Trotz immenser Anstrengungen haben die Gentechniker den Durchbruch in der Impfstoff-Forschung noch nicht geschafft. Der New Yorker Lepra-Impfstoff-Experte Prof. Barry Bloom vom dortigen Albert Einstein College of Medicine hat den Status Quo der gentechnischen Impfstoff-Entwickler im August 1989 so beschrieben: »Die einfachen Projekte haben wir alle schon gemacht – etwa die Impfstoffe gegen Tollwut und Hepatitis. Jetzt wenden wir uns den kniffeligen Themen zu – mal sehen, wie gut wir wirklich sind.«

Die unüberhörbare Skepsis, die Barry Bloom im letzten Satz anklingen läßt, ist durchaus berechtigt. Trotz der bereits zuvor angesprochenen »Hoffnungs-Artikel«, die die gentechnische Impfstoff-Forschung wie ein Leitmotiv begleiten, gilt es unter den Experten keineswegs als ausgemacht, daß etwa ein Malaria- oder ein AIDS-Impfstoff via Gentechnik überhaupt möglich ist. Es lohnt sich, die unterschiedlichen Schwierigkeiten, die es zu überwinden gilt, sich an diesen beiden Beispielen zu vergegenwärtigen.

Anders als bei viralen oder bakteriell verursachten Infektionskrankheiten haben es die Malaria-Impfstoff-Forscher nicht mit einem Ziel, sondern mit drei denkbaren Zielen zu tun. Die Plasmodien-Einzeller haben nämlich eine ausgeklügelte Entwicklungsbiologie. Im Laufe ihres Lebens – vom Insekten-Stechrüssel über den menschlichen Blutkreislauf in die Leber, dann erneut ins Blut und schließlich zurück in die Speicheldrüsen der Anopheles-Mücken – durchläuft der Parasit mehrere Stadien, in denen er wie ein Verwandlungskünstler immer wieder in eine neue Haut schlüpft. Bis heute herrscht Uneinigkeit darüber, gegen welche der zahlreichen Stadien ein Malaria-Impfschutz am wirkungsvollsten ist. Derzeit sind die Malaria-Impfstoff-Entwickler in drei Fraktionen zersplittert:

Einige Forscher setzen auf den sogenannten *Sporozoiten*-Impfstoff. Sporozoiten sind das Entwicklungsstadium, das die Plasmodien-Erreger in den Speicheldrüsen infizierter Anophelesmücken einnehmen. Als Sporozoiten gelangt der Malaria-Erreger mit einem Mückenstich in die menschliche Blutbahn. Von dort aus muß es den Sporozoiten gelingen, sich im Lebergewebe festzusetzen und sich dort zu vermehren. Diesen ersten Infektionsschritt zu verhindern, ist das Ziel des Sporozoiten-Impfstoffes. Bereits vor einigen Jahren ist es etwa dem Wissenschaftler-Ehepaar Ruth und Victor Nussenzweig von der New York University gelungen, Sporozoiten-Oberflächenproteine zu isolieren. Doch das Projekt gilt als riskant: Der Impfstoff müßte, um wirksam zu sein, ganze Arbeit leisten: Entkommt auch nur ein einziger Sporozoit der Immunabwehr, dann kann er sich in der Leber festsetzen und sich unbeschadet von den Attacken der Immunabwehr vermehren. Die Malaria-Erreger schlüpfen dort in eine neue Haut, und die Infektion nimmt ihren Lauf. Selbst ein Impfstoff, der 99,99% aller Sporozoiten lahmlegen könnte, hätte 0% Wirkung.

Zweiter Angriffspunkt der Malaria-Impfstoff-Forscher ist das sexuelle Entwicklungsstadium des Erregers – die *Gametozyten*. Sie leben in den roten Blutzellen des Menschen. Gelänge es, einen wirksamen Gametozyten-Impfstoff zu entwickeln, dann könnte man den Entwicklungszyklus des Malaria-Erregers wirksam unterbrechen. Fehlen die Gametozyten, dann können sich die Stechmücken bei der Blutmahlzeit eines an Malaria erkrankten Menschens nicht mehr infizieren. Der Teufelskreis zwischen Insekt – als Zwischenwirt – und Mensch – als Hauptwirt – wäre unterbrochen. Doch für denjenigen, der bereits von Malaria-Sporozoiten infiziert ist, böte der Gametozyten-Impfstoff keinen Schutz vor der lebensgefährlichen Krankheit. Die heftigen Fieberschübe, die für eine Malaria typisch sind, werden nämlich von einem früheren Entwicklungsstadium der Plasmodien – den sogenannten Merozoiten – ausgelöst. Weil ein Gametozyten-Impfstoff zwar insgesamt den Lebenszyklus von Malaria-Erregern und damit ihre Verbreitung wirksam unterbrechen könnte, ohne jedoch das geimpfte Individuum selbst vor der Krankheit zu schützen, haben Forscher ihn auch als »philantropischen Impfstoff« bezeichnet.

Die dritte Gruppe von Forschern setzt auf den sogenannten *Merozoiten*-Impfstoff. Er würde die Entwicklung der Blutstadien des Erregers blockieren, die für das eigentliche Krankheitsbild verantwortlich sind. Anders als der »selbstlose« Gametozyten-Impfstoff würde der Merozoiten-Impfstoff daher auch den Geimpften vor dem Ausbruch einer Krankheit schützen.

An Ideen, ja sogar an chemisch synthetisierten oder gentechnisch gewonnenen Oberflächenproteinen der diversen Plasmodien-Stadien fehlt es nicht. Doch der Teufel steckt im Detail. So ließ sich etwa in ersten Versuchen mit einem Sporozoiten-Impfstoff an Menschen – es handelte sich um freiwillige Versuchspersonen – nur eine schwach schützende Wirkung belegen. Über die Gründe dafür können die Forscher nur spekulieren.

So lernten Forscher in den letzten Jahrzehnten etwa eine Menge über die biologischen Tricks, mit denen Erreger versuchen, der Körperabwehr zu entgehen. Ein weitverbreiteter Trick ist etwa die enorme *Wandlungsfähigkeit der Oberflächenproteine* von Erregern. Weltmeister in dieser Disziplin scheinen die grippeverursachenden Influenza-Viren zu sein. Sie ändern das Aussehen ihrer Oberfläche so rasch, daß die Impfstoff-Forscher bislang immer einen Schritt hinter der neuesten Virus-Kreation hinterherhinken. Plasmodien verfügen ebenfalls über derartige Verwandlungskünste. Selbst die Oberflächenproteine eines Erreger-Stadiums können sich so stark wandeln, daß sie von den Gedächtniszellen und ihren Antikörpern nicht mehr als »Feind« wahrgenommen werden.

Ein weiterer Trick ist die »molekulare Tarnkappe«. Einige Erreger verstehen sich hervorragend auf molekulares Blendwerk. Sie tarnen einfach ihre verräterischen Oberflächenproteine so, daß das Immunsystem sie nicht mehr erkennen kann. Als »Tarnkappen« verwenden sie dabei Moleküle oder Molekülbestandteile, die beispielsweise körpereigenen Stoffen ähneln oder aufgrund ihrer besonderen Struktur von Antikörpern nicht wahrgenommen werden können. Sie werden vom Immunsystem nicht als fremd erkannt und daher auch nicht attackiert. Ein weiteres Problem liegt in der gentechnischen Produktion der für den Impfstoff notwendigen Oberflächenproteine. In den meisten Fällen stellen genmanipulierte Mikroorganismen nicht exakte Kopien der Erreger-Proteine her. Die Unterschiede sind häufig nur minimal. Doch unterscheiden sich die natürlichen Oberflächenproteine von den gentechnisch hergestellten gerade in dem Bereich, den die Antikörper erkennen, dann läuft der Impfschutz ins Leere.

Hinzu kommt, daß nicht alle vom menschlichen Immunsystem produzierten *Antikörper* schützende Wirkung haben. So kann es beispielsweise vorkommen, daß eine geimpfte Person zwar aufgrund des Impfstoffes Antikörper und entsprechende Gedächtniszellen bildet, die etwa in der Zellkultur im Labor geeignet sind, den Erreger zu erkennen. Infiziert sich indes diese Person mit einem Erreger, so kann er sich dennoch im Körper –

von der Immunabwehr unbehelligt – nach Belieben ausbreiten. (Leser von Fachzeitschriften müssen in diesem Punkt sehr hellhörig sein: Viele Erfolgsmeldungen nach dem Strickmuster »Es gelang uns, eine Antikörperantwort auszulösen...« verklausulieren eigentlich nur die Enttäuschung darüber, daß es sich leider nicht um schützende Antikörper gehandelt hat.)

Eine noch sehr junge Erkenntnis könnte unsere Vorstellung über das tatsächliche Geschehen im Körper, der sich gegen einen Krankheitserreger wehren muß, sogar revolutionieren. In der Vergangenheit richteten die Immunologen ihr Hauptaugenmerk bei der Abwehr auf Antikörper. Doch in den letzten Jahren entdeckten die Forscher, daß diese Abwehrstoffe lediglich eine Säule des körpereigenen Abwehrsystems darstellen. Eine mindestens ebenso wichtige, wenn nicht sogar entscheidenende Rolle bei der Abwehr kommen den spezifischen Abwehrzellen zu. Ähnlich wie Antikörper stürzen auch sie sich nur auf jeweils einen Erregertyp. Doch im Unterschied zu den Antikörpern können diese Zellen den Erregern den Garaus machen. Sie töten erkannte Erreger nach einem Zellkontakt ab. Diese Eigenschaft trug ihnen den Namen »zytotoxische *Killerzellen*« ein. Viele Immunologen vermuten heute, daß die Impfstoff-Forscher vielleicht zu einseitig nur das Antikörper-Geschehen im Auge hatten, während die entscheidende Schlacht von ganz anderen Elementen des Immunsystems geführt wird. Vielleicht, so meinen viele Immunologen heute, rühren die Enttäuschungen darüber, daß ein Impfstoff zwar die Bildung erregerspezifischer Antikörper hervorrufen kann, aber trotzdem wirkungslos bleibt, daher, daß es dem Impfstoff nicht gelungen ist, die zelluläre Säule des Immunsystems anzusprechen.

Und schließlich kommt es bei der Impfstoff-Entwicklung sogar auf die »Verpackung« an. Was jedem Pralinen-Hersteller als Binsenweisheit erscheint, mußten Impfstoff-Forscher erst mühsam erkennen. So, wie nur eine aufwendige Geschenkpackung den Pralinenliebhaber zum Kauf lockt, rufen auch nur auffällig *präsentierte* Erreger-Proteine eine Immun-Antwort im Körper des Geimpften hervor. Die verhältnismäßig kleinen Oberflächen-Proteine wirken nur sehr schwach *immunogen*. Das bedeutet, es gelingt ihnen nur in Einzelfällen, die Bildung von Gedächtniszellen und Antikörpern hervorzurufen. Es macht also doch einen Unterschied, ob das Immunsystem lediglich die »nackten« Erreger-Proteine oder gleich den kompletten Erreger angeboten bekommt.

Dieses Problem, Erreger-Proteine wirkungsvoll zu präsentieren, entstand nicht erst mit der Entwicklung von gentechnischen Impfstoffen. Auch der konventionell hergestellte Tetanus-Impfstoff braucht einen auffälligen Präsentierteller, um wirken zu können. Impfstoff-Forscher nennen

Zusatzstoffe, die Präsentierteller-Funktion haben, *Adjuvantien*. Sie spielten bislang eher eine bescheidene Rolle in der Impfstoff-Entwicklung. Mit dem Trend zum gentechnischen Mini-Impfstoff, der lediglich kleine Erreger-Bruchstücke enthält, kommt ihnen heute jedoch besondere Wichtigkeit zu. So schlagen sich derzeit alle Malaria-Impfstoff-Entwickler mit der Suche nach geeigneten Adjuvantien herum.

Die Erkenntnis, wie wichtig die richtige Präsentationsform für die Wirksamkeit eines Impfstoffes ist, führte übrigens zu einer neuen – ebenfalls gentechnischen – Impfstrategie. Warum den Umweg über einen Produktions-Mikroorganismus gehen, den man hinterher mühsam abtrennen muß, wenn man die isolierten Gene für die Erreger-Proteine gleich in einen bestehenden Impf-Erreger einbauen kann? Anfang der 80er Jahre müssen sich die beiden US-Impfstoff-Forscher Enzo Paoletti und Bernhard Moss diese Frage gestellt haben. Als versierte Molekularbiologen beließen sie es nicht beim Nachdenken, sondern packten diese Frage auch experimentell an. Statt Bakterien oder Hefezellen, in die sie impfstoffrelevante Erreger-Gene einbauten, bemühten sie das »Schlachtroß« der Impfstoff-Forscher: das Vaccinia- oder Kuhpockenvirus. Dabei stellten sie fest, daß sich dieser Impforganismus hervorragend eignet, fremde Oberflächenproteine von anderen Erregern auf seiner eigenen Hülle zu präsentieren, wenn man ihm zuvor die entsprechende Erbinformation einschmuggeln konnte.

Eine Reihe von Forschern und Firmen erkannten den Vorteil dieser Strategie sofort: Paoletti und Moss konnten nicht nur auf gentechnischem Weg Oberflächen-Proteine herstellen. Ihr genmanipulierter Produktionsorganismus war gleichzeitig ein seit fast 200 Jahren erprobter und hochwirksamer Präsentierteller für solche Proteine. Die Forscher der Straßburger Genfirma Transgène hatten offenbar die Arbeiten ihrer US-amerikanischen Kollegen mit besonderem Interesse gelesen. Transgène-Wissenschaftler arbeiteten nämlich seit Jahren an einem gentechnischen Tollwut-Impfstoff. Die Arbeiten kamen zunächst gut voran. Zuerst isolierten die Forscher die wichtigen Oberflächenproteine, dann suchten sie nach den dazugehörigen Genen, übertrugen diese Gene auf Bakterien- und Hefezellen, die auch wie gewünscht die Erreger-Proteine herstellten. Doch die alles entscheidenden Tierversuche waren ein totaler Fehlschlag: Nicht ein einziges Tier konnten die Franzosen mit den gereinigten Oberflächenproteinen vor einer Tollwut-Infektion schützen.

Daraufhin bauten sie die Tollwut-Gene in das Erbgut von Vaccinia-Viren ein und impften die Tiere mit diesen genmanipulierten Viren. Das Ergebnis war frapant: Bereits eine einmalige Impfung schützte die Versuchstiere fortan vor Tollwut. 1987 fand in Belgien ein erster *Freilandtest* innerhalb eines militärischen Sperrgebietes mit diesen genmanipulierten Vaccinia-Viren als *Tollwut-Impfstoff* statt – übrigens eines der ersten europäischen Experimente, bei dem genmanipulierte Mikroorganismen in die Umwelt entlassen wurden. 1989 setzte Transgène die Versuche an der französisch-luxemburgischen Grenze in einem bewohnten Gebiet fort. Der Versuch – von den Behörden genehmigt – stieß auf heftigen Widerstand von Kritikern in ganz Europa wie den USA.

Es gibt zwar derzeit keine konkreten Hinweise darauf, daß die genmanipulierten Vaccinia-Viren irgendeine zusätzliche Gefährdung im Vergleich zu denen als Impfstoff eingesetzten »normalen« Kuhpockenviren mit sich bringen. Doch die naßforsche Art, mit der sich eine andere Forschergruppe, die ebenfalls an einem gentechnischen Tollwut-Impfstoffprojekt gearbeitet hatte, über die vorhandenen Bedenken der Bevölkerung gegenüber der Freisetzung genmanipulierter Mikroorganismen hinweggesetzt hat, fügte der Branche schweren Schaden zu.

Der Fall im Detail: Im Juli 1986 testeten Wissenschaftler des US-amerikanischen Wistar Institute auf dem argentinischen Versuchsgut der Panamerikanischen Gesundheitsorganisation PAHO in Azul bei Buenos Aires ebenfalls einen Vaccinia/Tollwut-Impfstoff an 20 Kühen. Der Grund für die weite Reise des gentechnischen Impfstoffes: In Argentinien gab es zu dieser Zeit keine gesetzlichen Regelungen, die die Freisetzung genmanipulierter Mikroorganismen begrenzten. Als die Behörden von diesem Versuch Wind bekommen hatten, war er bereits abgeschlossen, die Tiere längst geschlachtet.

Doch der Streit ging nun erst richtig los. Die argentinische Regierung behauptete, von dem Versuchsvorhaben nicht informiert worden zu sein. Daher wendete sie sich 1988 mit einem schweren Vorwurf an das US-amerikanische Forschungsinstitut. Ein argentinischer Arzt hatte nämlich zuvor bei 10 Arbeitern, die auf dem Versuchsgut mit den Kühen oder der Milch der geimpften Kühe in Kontakt gekommen waren, Antikörper gegen Kuhpocken und Tollwutviren entdeckt. Ein bislang einmaliges Ergebnis übrigens: Bei keinem Versuch mit gentechnisch hergestelltem Tollwut-Impfstoff haben Forscher zuvor oder danach eine derartige Übertragung beobachtet.

Nun ist auch dieser Befund von Antikörpern bei den zehn Arbeitern – wenn er denn stimmt – für sich genommen noch nicht alarmierend. Darüber hinaus konnten die Ärzte bei keinem der zehn Arbeiter bislang Gesundheitsprobleme erkennen, die mit der Impfaktion in Verbindung stehen könnten. Insofern ist also – hoffentlich – kein Schaden entstanden. Trotzdem ist das Vorgehen des Wistar Institute und der PAHO skandalös:

Das gentechnische »Entwicklungsland« Argentinien wurde als Testgelände für Versuche mißbraucht, die den Forschern im eigenen Land aufgrund der hohen gesetzlichen Hürden zu heikel waren. Ein genauer Blick auf die Versuchsprotokolle läßt sogar noch eine schlimmere Deutung zu: Die geimpften Tiere wurden absichtlich mit nicht geimpften Kontrolltieren in einem Stall gehalten. Erklärter Versuchszweck war die Frage, ob sich die genmanipulierten Viren später auch bei den nicht geimpften Tieren wiederfinden lassen.

Nun gab es aber auch die Anweisung an die Melker, die Tiere dreimal täglich von Hand zu melken – und dies obwohl Melkmaschinen verfügbar waren. Keiner der Arbeiter wurde zudem über Art und Zweck der Versuche aufgeklärt. Man kann derzeit nur darüber spekulieren, ob die Forscher nicht auch die Menschen, die an diesem Versuch beteiligt waren, als Versuchskaninchen mißbraucht hatten. Selbstverständlich weist das Wistar Institute solche Vorwürfe zurück.

Inzwischen ist auch ohne greifbaren Schaden sehr viel Porzellan zerschlagen. Argentinien, bekannt für seine Rinderzucht, könnte von einem wirksamen Tollwut-Impfstoff sehr wohl profitieren. Doch es ist nun kaum denkbar, daß irgendeine Firma nach diesen Geschehnissen noch eine Versuchsgenehmigung in diesem Land erhält. Hinzu kommt der Schaden, den die Gen-Forscher im eigenen Land ebenso wie in allen anderen Ländern, in denen Gentechnik betrieben wird, angerichtet haben. Ihr Vorgehen bestätigt die schlimmsten Vermutungen der Kritiker, daß sich Forscher oder Firmen um des raschen Fortkommens willen der notwendigen Diskussion nicht stellen. Fakten schaffen, anstatt zu diskutieren und zu überzeugen – zweifellos kein Stil, der Vertrauen oder gar Akzeptanz schafft.

Um Akzeptanz für die weithin umstrittene Gentechnik in der Bevölkerung zu erlangen, führen Genforscher denn auch gerne ein anderes Projekt ins Diskussionsfeld – den *AIDS-Impfstoff*. Das Problem ist in der Tat immens. Man muß inzwischen kein Jammertal-Prophet sein, um die Tragweite dieser ansteckenden Krankheit zu erkennen. Zwar steht die Medizin – übrigens auch ohne Hilfe der Gentechnik – nicht mit leeren Händen da. Viele Begleiterscheinungen der AIDS-Erkrankung lassen sich mit Arzneimitteln behandeln. Die Krankheit selbst läßt sich mit konventionellen Medikamenten – etwa das weithin eingesetzte AZT – hinauszögern, wenn auch nicht heilen. Neue – diesmal auch gentechnische – Therapieansätze lassen auf bessere Medikamente hoffen. Doch ob es jemals möglich sein wird, die AIDS-Erreger mittels Arzneimittel zu besiegen, ist fraglich.

Deshalb verfolgte die internationale AIDS-Forschung von Anfang an auch die zweite denkbare Strategie – eine Schutzimpfung gegen AIDS.

Das Argument der Genforscher: Wenn überhaupt, dann ist ein AIDS-Impfstoff nur auf gentechnischem Wege möglich. Dieses Argument hat viel für sich, auch wenn neuerdings Zweifel an seiner Richtigkeit aufgekommen sind. Die Besonderheit der AIDS-Erreger, so meinen viele Forscher, verbietet wahrscheinlich den Einsatz von abgeschwächten AIDS-Erregern als Impfstoff. Allerdings experimentiert beispielsweise das renommierte Salk Institute im kalifornischen La Jolla mit abgetöteten HI-Viren, den AIDS-Erregern. Der Impfstoff-Forscher Jonas Salk hat dort HIV-infizierten Freiwilligen diesen Impfstoff in der Hoffnung verabreicht, er könne das geschwächte Immunsystem der Infizierten gegen die eigentlichen Erreger aktivieren. Die Ergebnisse liegen noch nicht vor. Ein Tierversuch mit Makaken und einem Impfstoff aus abgetöteten SI-Viren – sie verursachen eine Art AIDS bei den Affen – brachte im Dezember 1989 hingegen bereits ein positives Ergebnis: Ein Teil der geimpften Affen erkrankten trotz mehrfacher SIV-Infektion nicht.

Für die Gentechnik spricht jedoch ein wichtiges Argument. Selbst wenn ein herkömmlicher Impfstoff mit abgetöteten Erregern möglich sein sollte, dann bliebe dasselbe Problem wie beim konventionellen Hepatitis B-Impfstoff: HI-Viren lassen sich nur in menschlichem Blut anzüchten, eine traditionelle Impfstoff-Produktion würde die Laborarbeiter dem Risiko einer tödlichen Infektion aussetzen. Dieses Risiko läßt sich durch einen äußerst sorgfältigen Umgang zwar begrenzen doch nicht vollständig bannen. Das zeigen mehrere Fälle, bei denen sich Laborarbeiter während ihrer Arbeit mit HI-Viren infizierten.

Allerdings gibt es auch gute Gründe, die gegen einen gentechnischen AIDS-Impfstoff sprechen. Im Februar 1990 stieß ein Virologen-Team um Robin Weiss vom Londoner Institut of Cancer Research und von der Royal Free Hospital School of Medicine auf ein verblüffendes Ergebnis: Die Forscher konnten unerwarteterweise menschliche Bindegewebszellen mit HI-Viren infizieren. Normalerweise können HI-Viren in diese Zellen nicht eindringen. Diesen Zellen fehlt nämlich die Eintrittspforte, die HI-Viren benötigen, um die Zellmembran zu überwinden. Diese Eintrittspforte ist ein Molekül auf der Zelloberfläche. Es heißt CD_4.

HI-Viren, das war bislang bekannt, können T-Lymphozyten, Makrophagen, Monozyten und einige Nervenzellen befallen. Sie alle tragen CD_4-Moleküle auf ihrer Oberfläche. Doch nun waren in Robin Weiss' Labor plötzlich Zellen HIV-infiziert, die diese Moleküle nicht auf ihrer Oberfläche trugen. Die Analyse dieses Phänomens führte die Forscher auf eine beängstigende Spur: Sie hatten die Bindegewebszellen zunächst mit einem anderen Virus infiziert. Dieses Virus heißt *Cytomegalovirus,* oder abgekürzt CMV.

CMV ist nicht sehr wählerisch bei der Auswahl seiner Opfer. Es befällt nahezu jeden Zelltyp – so auch Bindegewebszellen. Die Infektion führte in den Körperzellen zu einer raschen Vermehrung von Rezeptoren an der Zelloberfläche, an denen Antikörper festmachen können. Dies ist ein Teil der Abwehrstrategie einer infizierten Zelle: sie lockt Antikörper an, diese wiederum aktivieren andere Elemente des Immunsystems. Doch in dem Londoner Experiment brachten die Antikörper-Rezeptoren den CMV-infizierten Bindegewebszellen Unglück. HI-Viren können nämlich auch diesen Antikörper-Rezeptor als Eintrittspforte verwenden. Mit anderen Worten: Die CMV-Infektion und die damit aktivierte Abwehr machte die Bindegewebszellen erst für die HIV-Attacke empfindlich.

Auch in Makrophagen und Monozyten – sie werden heute als Hauptreservoir von HIV im Körper angesehen – können die Viren, wenn sie mit Antikörpern verbunden sind, über Antikörper-Rezeptoren eindringen. Die Lektion, die aus diesen Befunden zu lernen ist, könnte den Impfstoff-Forschern schlaflose Nächte bereiten: Offensichtlich gibt es nicht nur »gute« Antikörper, also solche, die den Körper vor einer Infektion schützen. Manche Antikörper ermöglichen es diesen Viren offenbar, in Körperzellen einzudringen. Solche Antikörper werden als *verstärkende Antikörper* bezeichnet.

Robin Weiss und seine Kollegen warnten deshalb auch die AIDS-Impfstoff-Forscher in dem Bericht über ihre Arbeit in der britischen Wissenschaftszeitschrift »Nature«: »Die bisherigen Fehlschläge in der Entwicklung von geeigneten AIDS-Impfstoffen könnten auf die Bildung solcher verstärkenden Antikörper zurückzuführen sein. Diejenigen Protein-Fragmente des Virus, die in der Lage sind, solche verstärkenden Antikörper hervorzurufen, müssen erkannt werden und dürfen keinesfalls in einem AIDS-Impfstoff enthalten sein.«

Mittlerweile gibt es eine unüberschaubare Zahl von AIDS-Impfstoff-Projekten. Es gab – wie erwähnt – bereits erste Versuche an Menschen. Der erste und spektakulärste fand bereits 1986 statt: Der französische Arzt Daniel Zagury hatte in Zaire zunächst sich und später eine kleine Zahl von Freiwilligen mit einem gentechnisch hergestellten Experimental-Impfstoff behandelt. Es handelte sich übrigens um einen Vaccinia-Impfstoff, der via Genmanipulation Oberflächenproteine von HI-Viren auf seiner eigenen Virus-Hülle präsentierte. Zagurys Ziel war es, herauszufinden, ob dieser Impfstoff nicht nur die Bildung von Antikörpern hervorruft, die gegen HI-Viren gerichtet sind. Ihn interessierte die zelluläre Seite der Immunreaktion auf den AIDS-Impfstoff. Sein wissenschaftlicher Bericht, veröffentlicht im März

1987 in der Wissenschaftszeitschrift »Nature«, war von vorsichtigem Optimismus geprägt. Die Wissenschaftler konnten Antikörper und Immunzellen nachweisen, die verschiedene HI-Virusstämme erkannten.

Dennoch, bislang gelten sämtliche Versuche mit AIDS-Experimental-Impfstoffen, die entweder an Menschen oder Schimpansen ausprobiert wurden, als Fehlschlag. Von keinem Impfstoff kann man bislang annehmen, daß er ein Individuum schützt, welches mit HI-Viren in Kontakt kommt. Im Falle von Schimpansen-Versuchen haben Wissenschaftler diesen letzten und entscheidenden Prüfschritt – die Infektion des geimpften Affen mit HI-Viren – bereits gewagt. Bislang allerdings erfolglos. Bei Versuchen mit menschlichen Freiwilligen wird man daher zur Zeit tunlichst darauf verzichten. Auch Daniel Zagury hat sich – glücklicherweise – bislang nicht mit HI-Viren infiziert. Er tut gut daran – ein Platz unter den wissenschaftlichen Märtyrern wäre ihm wohl ziemlich sicher.

Die Gründe für das bisherige Versagen der überwiegend gentechnischen AIDS-Impfstoffe liegt nicht in der ungenügenden Kompetenz der Gentechniker. Das Produzieren von Oberflächen-Proteinen des HI-Virus gelingt ihnen ganz ausgezeichnet. Der Grund dürfte vielmehr in der Raffinesse des Erregers selbst liegen – und in unserem fragmentarischen Wissen über das immunologische Geschehen. Je mehr Wissenschaftler über die Biologie des AIDS-Erregers lernen, desto ehrfürchtiger sprechen sie über dieses unglaublich kleine, nur aus wenigen Bestandteilen zusammengesetzte Virus. Es scheint, als haben HI-Viren nicht nur eigene Methoden entwikkelt, um der Immunabwehr zu entwischen, sondern zudem noch weitere Tricks von anderen Krankheitserregern »abgeguckt«, um sie in ihr eigenes Repertoire aufzunehmen.

Nicht nur, daß sie ihre Oberflächenproteine ebenso rasch wie Influenza-Viren wandeln können, sie können sogar innerhalb weniger Monate ihre »Vorliebe« für den Zelltyp ändern, den sie sich als Opfer aussuchen und infizieren. AIDS-Forscher gehen sogar davon aus, daß sich die HI-Viren im Körper eines Infizierten individuell an die Gegebenheiten im Blut des Betroffenen anpassen können. Je länger nämlich die ursprüngliche Infektion zurückliegt, desto besser lassen sich im Labor diese Viren mit Hilfe von Blut des Patienten anzüchten. Die Virus-Bombe macht sich offensichtlich erst im Körper des Infizierten selbständig »scharf«.

Ein spezielles Problem für die AIDS-Impfstoff-Entwicklung liegt ebenfalls in der Natur des HI-Virus begründet. Nur ein Bruchteil der im Körper vorhandenen Viren schwimmt frei im Blut. Die allermeisten, wenn nicht sogar alle Viren haben sich vor der Immunabwehr verschanzt. Sie sind in menschliche Körperzellen eingedrungen und fristen dort ihr Leben. Mehr noch: Sie haben ihr eigenes Erbgut in das zelluläre Erbgut des Menschens eingeklinkt. Von dort aus sind sie praktisch nicht mehr zu verdrängen. Wie soll aber die Immunabwehr einen Feind bekämpfen, der zunächst gar nicht körperlich anwesend ist, sondern seine zerstörerischen Angriffsaktionen lediglich als schlummerndes genetisches Programm vorbereitet? Die AIDS-Impfstoff-Forscher stehen da vor einem vergleichbaren Problem wie die Computer-Spezialisten, die Virus-Programme entdecken und unschädlich machen müssen, ohne den Computer oder seine Programme selbst zu zerstören.

Kein Wunder, daß die Wissenschaftler hin- und hergerissen sind, wenn es darum geht, die Chancen abzuschätzen, ob überhaupt jemals ein AIDS-Impfstoff verfügbar sein wird. Von Entwicklungszeiträumen redet heute niemand mehr. Der für seine hemdsärmelige Art bekannte US-amerikanische AIDS-Forscher Robert Gallo antwortete einmal auf einer Pressekonferenz einem Kollegen, der – nach Gallos Einschätzung – allzu »pessimistisch« fragte: »Ja glauben Sie denn wirklich, daß ich an einem Impfstoff arbeiten würde, wenn ich nicht davon überzeugt wäre, daß ein Erfolg möglich ist?« Die Gentechnik könnte mit einem AIDS-Impfstoff ein großes Versprechen einlösen.

Ein letzter Aspekt des AIDS-Impfstoffes soll nicht unerwähnt bleiben – auch wenn er im strengen Sinne nichts mit Gentechnik zu tun hat: Die Frage nämlich, wie ein potentieller Impfstoff gegen HI-Viren getestet werden sollte. Daniel Zagury hat mit seinem frühen Versuch die Diskussionen darüber entfacht. Spätestens seit seinem mutigen Vorgehen ist es jedem klar geworden, in welches Dilemma Forscher, Firmen und letztenendes die Gesellschaft gestürzt werden, wenn tatsächlich einmal ein erfolgversprechender Impfstoff-Kandidat verfügbar wäre. Der Test muß schließlich aus zwei Teilen bestehen: Zunächst müssen *Versuchspersonen* mit dem neuen Impfstoff behandelt werden. Nun können die Forscher klären, ob das Immunsystem überhaupt anspricht und ob der Impfstoff verträglich ist.

Nur die immunologische Gretchenfrage »Ist der Impfstoff auch wirksam?« läßt sich noch nicht beantworten. Sie läßt sich nur klären, wenn die Versuchspersonen mit dem Krankheitserreger in Kontakt kommen. Das ist bei allen Impfstoffen notwendig, und bei solchen gegen gefährliche Erreger besonders heikel. So müssen etwa sämtliche Malaria-Impfstoff-Kandidaten an Versuchspersonen getestet werden, die sich – freiwillig! – mit Malaria infizieren lassen. Für den Fall aller Fälle, dann nämlich, wenn der Impfstoff versagen sollte, stehen probate Malaria-Heilmittel zur Verfügung. Doch was wäre, wenn ein AIDS-Impfstoff-Kandidat im Menschenversuch »durchfallen« würde? Was wäre, wenn er nur einem Teil der Geimpften

Immunität gegenüber AIDS verleihen könnte? Heilmittel gibt es zur Zeit schließlich nicht.

Nun besteht unter den Forschern Einigkeit darüber, daß es unethisch wäre, eine Versuchsperson absichtlich mit HI-Viren zu infizieren. Also bleibt nichts anderes übrig, als auf den »natürlichen Lauf der Dinge« zu warten. Mit anderen Worten: Die Forscher müssen darauf hoffen, daß sich einige der Versuchspersonen »von sich aus« infizieren. Aus dem Vergleich der Erkrankungsrate einer geimpften mit einer nicht geimpften Gruppe ließe sich dann die (Un-)Wirksamkeit statistisch ermitteln. Das Ganze kommt meiner Meinung nach einem ethischen Eiertanz gleich: Selbstverständlich müssen die Forscher ihre Versuchspersonen ausführlich über die Infektionsrisiken und ihre Vermeidung informieren. Andererseits sollten sie – im Interesse eines raschen Nachweises der Wirksamkeit – auf möglichst viele HIV-Infektionen hoffen. Wird da nicht von allen Beteiligten etwas zuviel verlangt?

Und wenn wir schon bei den ethischen Dilemmata der AIDS-Forschung sind, hier noch ein zweites, für das allerdings die Gentechnik einen Ausweg anzubieten scheint: Das derzeit einzige Tier, das sich mit HI-Viren infizieren läßt und Krankheitssymptome entwickelt, ist der Schimpanse – nicht nur eine uns sehr nahe stehende Art und ein »Sympathieträger«, sondern gleichzeitig eine extrem bedrohte Tierart. Weltweit stehen in speziell dafür eingerichteten Zuchtstationen – sogenannten Primatenzentren – etwa 500 Tiere für die biomedizinische Forschung zur Verfügung. In freier Wildbahn dürften nur wenig mehr Tiere leben. Es ist heute schon abzusehen, daß 500 Tiere, selbst wenn sie alle als Versuchstiere in AIDS-Projekten eingesetzt würden, nicht ausreichen werden. Angesichts der langwierigen und schwierigen Nachzucht würde es Jahrzehnte dauern, die Bestände zu verdoppeln oder gar zu verdreifachen. Primatologen, wie die berühmte Schimpansenforscherin Jane Goodall, haben mit Recht darauf hingewiesen, daß auch das hehre Ziel der AIDS-Medikamenten- und -Impfstoff-Entwicklung nicht dazu herhalten dürfe, die bedrohten Wildbestände zu plündern.

Genforscher von der kalifornischen Stanford University gingen einen anderen Weg. Sie erzeugten auf gentechnischem Weg Mäuse, die keine funktionalen Abwehrzellen bilden können. Wissenschaftler nennen solche Tiere SCID-Mäuse. SCID steht als Abkürzung für die englische Bezeichnung *severe combined immune deficiency*, was soviel wie »schwerer, mehrfacher Immundefekt« heißt. Diese Tiere sind eigentlich todkrank. Jeder noch so harmlose Krankheitserreger würde sie dahinraffen. Deshalb werden sie in speziell abgeschotteten Käfigen mit gefilterter Atemluft gehalten.

In solche SCID-Mäuse pflanzten die Stanford-Forscher um Irving Weissman menschliche Blutbildungszellen ein. Da diese Zellen Vorläufer der Immunzellen sind, konnten die Forscher zumindest einen Teil des menschlichen Immunsystems in den SCID-Mäuse rekonstruieren. Inzwischen gelang es ihnen sogar, die SCID-Mäuse mit menschlichem Immunsystem mit HIV zu infizieren. Diese erst 1989 entwickelte Technik kann die AIDS-Forscher einen wichtigen Schritt nach vorne bringen: Die »menschliche« SCID-Maus könnte sich zu dem Tiermodell entwickeln, das die AIDS-Forschung so dringend benötigt. Bewährt sich das SCID-Maus-Modell in der AIDS-Forschung, so hätte die Gentechnik zumindest schon einmal den Schimpansen einen großen Dienst erwiesen.

Das perfekte Immunsystem

Die Revolution der grünen Gene

Waltraut M. hatte Generationen von Schülern im Biologie-Unterricht die Mendelschen Regeln erkärt. Die passionierte Pädagogin vertraute dabei nicht nur auf Kreide und Schulbücher. Stattdessen verlegte sie den Genetik-Unterricht in den Schulgarten. Mit Argusaugen wachte sie dort über ein sorgfältig unterteiltes Beet mit unterschiedlichen Erbsenpflanzen. Die Staubgefäße der Blüten hatte sie sorgfältig bei allen Blüten entfernt, und außerdem stülpte sie kleine Plastiktüten über die Blüten. Nichts, absolut nichts dürfe man bei diesen Versuchen dem Zufall überlassen, sagte sie immer. Selbst den sonst allmächtigen Hausmeister wies sie einmal in seine Schranken, als er sich an einem Frühlingstag mit Gartengeräten und Ordnungsliebe bewaffnet, ihrem »Experimentierfeld« näherte. Die forsche Art, mit der die Biologie-Lehrerin ihr Beet verteidigte, trug ihr bei den Schülern den durchaus anerkennend gemeinten Spitznamen »Erbsen-Walli« ein.

Trotz ihrer resoluten Art war Frau M. bei den Schülern beliebt. Schließlich verstand sie es, ihnen die als kompliziert und langweilig verschriene Materie »Genetik« anschaulich zu vermitteln. Draußen im Schulgarten bei Frau M.s Erbsen ging so manchem ein Licht auf, der zuvor angesichts der Schemazeichnungen im Biologiebuch verzweifelte: Tatsächlich, wenn man Erbsen, die kantige Samen produzierten mit solchen die runde Samen hervorbrachten, kreuzte, dann entstanden daraus zunächt nur Pflanzen, die runde Samen bildeten. Erst, wenn man diese Pflanzen wieder untereinander kreuzte, traten – wie durch ein Wunder – wieder runde und kantige Samen bei den Nachkommen auf. Und was die Schüler am meisten beeindruckte: Frau M. konnte nicht nur voraussagen, ob die Pflanzen runde oder kantige Samen haben werden. Sie wußte auch im voraus, wieviel Prozent der Pflanzen das eine und das andere Merkmal aufweisen werden.

Frau M. genoß die anerkennenden Blicke der Schüler, die im Schulgarten mit »Erbsenzählen« beschäftigt waren und feststellen mußten, daß die Voraussage ihrer Lehrerin wieder einmal ziemlich genau stimmte. Natürlich begnügte sich Frau M. nicht mit diesem Triumph, sondern zeigte den Schülern im Klassenzimmer an der Tafel, daß ihre Voraussagen auf einfachen mathematischen Regeln beruhten – den Mendelschen Regeln. Danach konnte die Lehrerin ihren Schülern auch zeigen, wie man mit diesem Wissen, Pflanzen gezielt züchten kann, die bestimmte Eigenschaften aufweisen. Anhand einer Diaserie erläuterte sie, wie Spezialisten aus zwei Kartoffelsorten eine neue und bessere Sorte züchten.

Die Bilder waren beeindruckend: Die eine Sorte, Frau M. nannte sie die »Wildsorte«, bildete nur winzige, schrumpelige Kartoffelknollen. Die zweite Sorte hingegen brachte dicke Erdäpfel hervor. Doch gleich im nächsten Dia sah die dicke Knolle vermatscht und unansehnlich aus. Frau M. erklärte, daß es sich dabei um dieselbe Sorte handelte, die aber von einem Bodenpilz befallen war, der Kartoffelfäule verursacht. Auf den nächsten Bildern sahen die Schüler Gewächshäuser mit Kartoffelbeeten, die genauso aussahen wie Erbsen-Wallis Beet im Schulgarten. Die Kartoffelblüten waren mit Papiertüten abgedeckt und jede einzelne Parzelle war sorgfältig von den benachbarten abgetrennt. Davor standen große Schilder, auf denen eigenartige Zahlen- und Buchstaben-Kombinationen vermerkt waren.

Frau M. erklärte den Schülern mit Hilfe dieser Bilder, wie es die Pflanzenzüchter schafften, aus den beiden anfangs gezeigten Kartoffelsorten eine neue zu züchten. Eine, die zwar ebenfalls schöne dicke Knollen hervorbrachte, der dieser Bodenpilz aber nichts mehr anhaben konnte. Die unscheinbaren Mini-Knollen, die von der wilden Kartoffelsorte stammten, so erläuterte die Lehrerin, waren nämlich gegen den Bodenpilz gefeit. Es sah so aus, als würden die Pilze diese Winzlinge mit Nichtachtung strafen. Aber Frau M. wußte es besser: Sie erzählte den Schülern, daß die Wildkartoffel ein Gen besitzt, das den Träger gegen Pilzbefall schützt – ein Resistenzgen. »Und diese genetische Eigenschaft«, so fuhr sie fort, »läßt sich genauso durch Kreuzung auf andere Kartoffelsorten übertragen wie die Gene für die Samenform der Erbsenpflanzen im Schulgarten«. Zehn Jahre, so schloß Frau M. den Diavortrag ab, habe es gedauert, bis die Pflanzenzüchter endlich eine Kartoffelsorte in der Hand hatten, die den Vorteil dicker Knollen mit dem der Pilzresistenz verband.

Einen Schüler beeindruckte Frau M.s Genetik-Unterricht so sehr, daß er später nicht nur beschloß, Biologie zu studieren. Er spezialisierte sich sogar auf Pflanzengenetik. Allerdings nicht mehr auf diese eher altmodische Genetik (Biologen nennen sie vornehmer »Klassische Genetik«), die Frau M. ihren Schülern so anschaulich nahebrachte. Er ging in ein molekularbiologisches Labor, in dem man nicht mehr über Jahre hinweg auf Versuchsfeldern oder in Gewächshäusern Pflanzen miteinander kreuzte. Stattdessen isolierten er und seine Kollegen im Labor einzelne Pflanzengene und übertrugen sie auf Zellen anderer Pflanzen. Diese Zellen bewahrten die Forscher in kleinen Plastikschälchen auf, die sie sorgsam beschrifteten und für einige Wochen in eine der teuren Klimakammern stellten. Und wenn sie mit ihrem Versuch Glück hatten, dann wuchsen daraus vollständige Pflanzen, die tatsächlich die neue Eigenschaft aufwiesen, die die Wissenschaftler ihnen zuvor in Form von fremden Genen eingeschmuggelt hatten.

Der Zufall wollte es, das just dieser ehemalige Schüler, in Frau M.s Stadt einen Vortrag an der Volkshochschule über »Gentechnik in der Pflan-

zenzüchtung« hielt. Mittlerweile war aus ihm ein vielversprechender Forscher geworden. Frau M. war inzwischen pensioniert, und da sie Zeit hatte, wollte sie das interessante Thema natürlich nicht verpassen. Sie staunte nicht schlecht, als der junge Wissenschaftler seinen Vortrag mit den Worten begann: »Ich hatte eine Biologielehrerin, die uns...« Der Mann erzählte vom Schulgarten, von der Erbsenzählerei und wie man daraus die Mendelschen Regeln ableiten kann, er schilderte die Sache mit den Kartoffeln und den Bodenpilzen und wie man früher Pflanzenzüchtung betrieben hat.

Doch dann fuhr er fort: »Das, was in der Vergangenheit mindestens acht oder zehn Jahre Zeit gekostet hat, erledigen wir mit gentechnischen Methoden heute in wenigen Monaten.« Und der junge Mann hatte noch mehr auf Lager. Er berichtete davon, daß Gentechniker sich daran machen würden, vor allem die als Nahrungspflanzen wichtigen Getreidesorten gentechnisch zu verbessern. Höhere Erträge, wertvollere Inhaltsstoffe, Schädlingsresistenzen und Klimafestigkeit seien die Ziele: »Damit ist es möglich, in Zukunft häufiger auf die Giftspritze zu verzichten. Ja sogar der immense Einsatz von Künstdüngern, der derzeit unser Grundwasser unter anderem mit Nitraten belastet, könnte mit gentechnischer Pflanzenzucht zurückgedrängt werden. Dann nämlich, wenn es gelingt, Pflanzen zu konstruieren, die selbst auf extrem nährstoffarmen Böden wachsen, weil sie aus der Luft ihren eigenen Stickstoff-Dünger gewinnen«, fuhr der Vortragende fort.

Natürlich konnte es sich Frau M. im Anschluß des Vortrages nicht verkneifen, den jungen Mann anzusprechen. »Vor zehn Jahren«, so begann sie, »standen Sie mit offenem Mund vor meinem Erbsenbeet. Heute bin ich aus dem Staunen nicht mehr herausgekommen.« Natürlich zogen die beiden daraufhin ins nahegelegene Café, um sich noch weiter zu unterhalten.

Was der Wissenschaftler ihr dort noch alles über Gentechnik erzählte, war nicht minder interessant. Doch zwischen Kaffee und Kuchen zeichnete er ein ganz anderes Bild. Er beschrieb seiner ehemaligen Lehrerin gentechnische Versuche, bei denen die Wissenschaftler Nutzpflanzen gegen Unkrautvernichter resistent machen. Versuche, von denen er nicht überzeugt war, daß sie den Einsatz dieser problematischen Giftstoffe in Zukunft verringern könnten. Und er fügte hinzu: »Zwar verzichten wir an unserem Institut bewußt auf solche Versuche. Aber mein Chef zum Beispiel ist an einer ausländischen Gen-Firma beteiligt, die im Auftrag für einen Chemiekonzern Nutzpflanzen gentechnisch gegen ein Unkrautvernichtungsmittel dieses Konzerns wappnet.«

Er erzählte von den Bemühungen solcher Firmen, für ihre gentechnisch erzeugten Pflanzen Patentschutz zu erhalten, und davon, wie dies die Arbeit der Pflanzenzüchter beeinträchtige. Er berichtete von einem interna-

tionalen Kongreß, den er neulich besucht hatte, auf dem die Kollegen aus Indien, Peru und Mexiko ihren europäischen und US-amerikanischen Kollegen vorgeworfen hatten, sie würden nach den kolonialistischen Ausbeutungen der Vergangenheit nun noch die »genetischen Rohstoff-Quellen« dieser Länder ohne Entgelt anzapfen. Schließlich wußte er gar von Forschern und Firmen, die die gesetzlichen Regelungen in ihrem Land mißachtet hatten, und unerlaubter Weise gentechnisch veränderte Pflanzen unter freiem Himmel anstatt in gesicherten Gewächshäusern wachsen ließen.

»Nun weiß ich gar nicht mehr, was ich von der Gentechnik in der Pflanzenzüchtung halten soll«, antwortete Waltraut M. nach einer Pause. »Eben noch haben Sie im Vortrag eindringlich ihren Zuhörern klar gemacht, daß die ständig wachsende Weltbevölkerung nur mit Hilfe der Gentechnik eine Chance hat, satt zu werden. Und jetzt erzählen Sie mir, wie doppelbödig Ihr Chef mit der Gentechnik umgeht, daß die armen Länder vielleicht wieder einmal mehr als Verlierer dastehen, und daß einige Ihrer Kollegen sich offensichtlich wenig um Gesetze kümmern. Finden Sie das nicht ein wenig schizophren?« Dem jungen Mann fiel daraufhin auch nichts besseres ein, als mit den Achseln zu zucken. »Ich kann eigentlich nicht mehr tun, als darauf hinzuwirken, daß die positiven Effekte meiner Arbeit überwiegen. Was letztlich daraus politisch oder wirtschaftlich gemacht wird, kann ich jedoch nicht beeinflussen.«

Unzählige Gespräche dieser Art habe ich in den letzten Jahren mit »grünen«, also Pflanzen-Gentechnologen geführt. Zerrissenheit, in seltenen Fällen gar Zynismus, ist bei ihnen durchaus an der Tagesordnung. Einerseits erscheinen ihnen die Zukunfts-Chancen dieser neuen Art der *Züchtungsforschung* als zu gewichtig, um die Finger davon zu lassen. Andererseits fehlt ihnen – glücklicherweise – die Blauäugigkeit anzunehmen, daß etwa das Welthungerproblem gerade in ihrem Labor unter ihren Händen gelöst werden wird.

»Aber ich bin Wissenschaftler und nicht Politiker. Deshalb werde ich den Teil des Problems bearbeiten, für den ich kompetent bin«. So sagte es mir vor einiger Zeit Ingo Potrykus. Der Molekularbiologe leitet an der Eidgenössischen Technischen Hochschule in Zürich das Zentrum Mikrobiologie. Seit vielen Jahren arbeitet er mit gentechnischen Methoden an der Verbesserung von *Getreidepflanzen*. Weizen, Gerste, Mais oder Reis gehören alle zur selben Gruppe von Pflanzen. Botaniker ordnen sie der Familie der Gräser zu. An allen Grasarten – Fachleute bezeichnen sie als *einkeimblättrige Pflanzen* – haben sich die Gentechniker bislang die Zähne ausgebissen. Mit dem für Pflanzen-Gentechnologen üblichen Gen-Taxi, dem Agrobacterium tumefaciens kommt man nämlich einkeimblättrigen Pflanzen nicht so recht bei. Der Grund: Diese Bakterien können Grasarten nicht infizieren, also auch keine fremden Gene einschmuggeln. Das klappt zwar mittels anderer Gentransfer-Methoden bei einzelnen Pflanzenzellen, denen man zuvor die Zellwand entfernt hat. Doch solche sogenannten *Protoplasten* von Grasarten wuchsen bislang nicht wieder zu vollständigen Pflanzen heran.

Ingo Potrykus ist ein ruhiger, introvertierter Typ. Besucher versucht er erst gar nicht mit feurigen Reden vom Nutzen der »grünen« Gentechnik zu überzeugen. Statt dessen zeigt er mit dem Bleistift auf eine Grafik mit zwei Kurven. Eine Kurve steigt zunächst sanft an, schnellt dann aber im weiteren Verlauf fast senkrecht nach oben. Sie zeigt das *Bevölkerungswachstum* auf der Erde vom Beginn unserer Zeitrechnung bis heute an. Die zweite Kurve steigt zwar auch stetig an, doch sie verläuft lang nicht so steil wie die Wachstumskurve der Weltbevölkerung. Diese Kurve gibt die *globale Nahrungsmittelproduktion* über die Jahre wieder. »Und, was soll ich machen?«, fragt der Molekularbiologe Ingo Potrykus, »etwa Däumchendrehen?«.

Deshalb arbeitet Ingo Potrykus mit seinen Mitarbeitern daran, Getreidearten gentechnisch zu verändern. Als Universitätsforscher geht es ihnen zunächst zwar um Grundlagenforschung, um die Entwicklung neuer Forschungsmethoden. Doch die beiden Kurven haben alle im Hinterkopf. Und ich kann nichts Schlimmes dabei finden. Die zehn Milliarden Menschen, die diesen Erdball bis zum Jahr 2000 wahrscheinlich bevölkern, werden selbst dann nicht satt werden, wenn die heute verfügbare Nahrungsmenge tatsächlich gerecht verteilt werden würde. Und zudem ist es höchst fraglich, ob die heute übliche intensive Form der Landwirtschaft auch in Zukunft fortgesetzt werden kann. Bodenverschlechterungen und Erosionen, Klimaverschiebungen und Grundwasserverschmutzungen durch Agrochemikalien verlangen dingend nach umweltschonenderen Methoden der Nahrungsmittelproduktion. Bei der Suche nach solchen Methoden von vornherein auf Gentechnik zu verzichten ist meines Erachtens genauso unethisch, wie mit Hilfe der Gentechnik den Trend zur Umweltzerstörung durch die Landwirtschaft zu beschleunigen.

Wieder einmal kann es nicht darum gehen, eine neue Technologie in den Himmel zu loben oder sie zu verdammen. Wieder einmal wird es nötig sein, die gesellschaftliche Diskussion darüber zu führen, wo Gentechnik in der Pflanzenzüchtung die Probleme dieser Welt lindern hilft, und unter welchen Bedingungen sie dazu überhaupt in der Lage ist. Schauen wir uns daher das Forschungsfeld genauer an.

Vor sieben Jahren (1983) ist es Wissenschaftlern zum ersten Mal gelungen, ein fremdes Gen in einer genmanipulierten Pflanze aktiv werden zu lassen. Inzwischen gelingt die Genmanipulation bei 26 Pflanzenarten. Darunter befinden sich reine »Experimentier-Arten« wie das unscheinbar blühende Kraut Arabidopsis, das Pflanzengenetiker wegen seines relativ kleinen und daher überschaubaren Genoms schätzen. Aber auch Nutzpflanzen wie Kartoffeln, Salat, Soja und Raps konnten gentechnisch verändert werden. Weitgehend Fehlanzeige mußten die Gentechniker allerdings bei Getreidearten – also den Brotpflanzen der Erde – vermelden. Doch die Forschung ist in Bewegung gekommen.

Seit etwa einem Jahr ist es mehreren Forschergruppen gelungen, aus Getreide-Protoplasten wieder vollständige Pflanzen zu regenerieren. Es ist sicher kein Zufall, daß es sich dabei überwiegend um Gruppen von Gen-Firmen gehandelt hat. So berichteten im Juli 1989 in der Fachzeitschrift »Biotechnology« zwei Gruppen unabhängig voneinander, daß ihnen die *Protoplasten-Regeneration* bei Mais gelungen sei: Die Gruppe von Raymond Shillito arbeitet für die Ciba-Geigy Corporation im Research Triangle Park in North Carolina. Die Gruppe um Laudenir Prioli steht bei der Gen-Firma DNA Plant Technology in Cinnaminson, New Jersey in Lohn und Brot.

Beiden Gruppen gelang, woran andere bislang scheiterten: Sie konnten aus den einzelligen, zellwandlosen Mais-Protoplasten nicht nur vollständige Maispflänzchen ziehen. Diese neuen Pflanzen waren sogar fortpflanzungsfähig. »Damit ist zumindest in der Theorie der Weg zur Genmanipulation von Getreide frei«, kommentierte die Molekularbiologin Carol Rhodes diese Ergebnisse in derselben Zeitschrift. Auch sie arbeitet für ein Unternehmen, die Sandoz Crop Protection Corporation im kalifornischen Palo Alto. Carol Rhodes publizierte bereits ein Jahr zuvor ein gelungenes Regenerations-Experiment von Mais-Protoplasten. Allerdings erzeugte ihre Gruppe damals lediglich sterile Mais-Pflanzen.

Es mag verwundern, daß ausgerechnet Namen aus der Chemie-Branche wie Sandoz oder Ciba Geigy plötzlich statt an Agrochemikalien an den Pflanzen selbst Interesse finden. Doch die Verbindung ist rasch hergestellt: Weltweit haben Chemie-Unternehmen in der Vergangenheit guten Appetit in Sachen *Saatgut* entwickelt: Die deutsche Hoechst AG, die Basler Unternehmen Sandoz und Ciba Geigy, der französische Konzern Rhône-Poulenc und der US-amerikanische Agrochemikalien-Multi Monsanto haben in den letzten zehn Jahren Saatgut-Firmen fast wie Briefmarken aufgekauft.

Der Grund: Bereits bevor die erste genmanipulierte Nutzpflanze auf dem Markt sein wird, zeichnet sich ab, daß der Verkauf von Saatgut in Zukunft zu den Wachstumsbranchen zählen wird. Während alte Nutzpflanzensorten von Saison zu Saison immer wieder einsetzbar waren, müssen

Landwirte heute das Saatgut von Hochleistungs-Getreidesorten jedes Jahr neu kaufen. Diese sogenannten *Hybrid-Sorten* büßen nämlich bereits im zweiten Jahr enorm an Ertrag ein. Der Bauer verliert also den Hochertragsvorteil, wenn er – wie bislang üblich – einen Teil der Kornernte zur Aussaat im nächsten Jahr aufbewahren würde. Mittlerweile erreicht das US-amerikanische Saatgutgeschäft Umsätze von 3,5 Milliarden US-Dollar. Via Gentechnik, so hoffen die Saatgut-Produzenten, ließe sich der Anteil an Hybrid-Sorten noch weiter erhöhen.

Das Interesse der Chemie-Firmen an Saatgut und Gentechnik rührt indes noch anderweitig her. Selbst dem ignorantesten Chemie-Manager ist inzwischen bewußt, daß der intensive Einsatz von Unkrautvernichtern sowie Pilz-, Insekten- und Nematoden-Giften, mit dem diese Konzerne bislang ihre Umsätze machen, nicht bis in alle Ewigkeit fortgesetzt werden kann. Womit also in 20 Jahren Geld verdienen? Die Antwort auf diese Frage lautet schlicht: mit Gentechnik. Denn genmanipulierte Pflanzen führen nicht nur zu neuen Produkten, sondern auch zu marktstrategisch besser geschützten Produkten. Die Art ihrer Entstehung – sie gelten als menschliche Erfindung – ermöglicht es den Produzenten, *Patentschutz* für ihre Kreationen zu erwerben. Dieser Schutz wiederum sichert den Herstellern die *Verwertungsrechte* ihrer Erfindungen.

Bislang gab es für Pflanzen nur in Ausnahmefällen Patentschutz. In der Bundesrepublik Deutschland sind beispielsweise eine Kamille-Sorte und die »Tomoffel« – eine Kreuzung aus Tomate und Kartoffel – patentrechtlich geschützt. Doch allen landwirtschaftlich nutzbaren Pflanzen blieb dieser Schutz bislang versagt. Die *klassischen Züchtungsverfahren* galten nämlich als »natürliche Methoden« und damit nicht als patentfähig. Die Begründung: Das Kreuzen zweier Pflanzensorten stellt zum einen keine Erfindung im eigentlichen Sinne dar. Schließlich handelt es sich dabei um einen biologischen Vorgang, der in der Natur auch ohne Einwirken des Menschen passiert. Zum andern ist das Ergebnis dieser Kreuzung ein Zufallsprodukt. Eine Kreuzung zweier Ausgangs-Sorten zu einer neuen, besseren Sorte läßt sich nicht ohne weiteres von einem anderen Fachmann mit gleichem Ergebnis wiederholen. Die Natur spielt nämlich beim Zusammenwürfeln des Erbguts zweier Pflanzenindividuen ein genetisches Lotterie-Spiel, das jedes Mal zu einem anderen Ergebnis – der Tochterpflanze – führt. Die Wiederholbarkeit eines Verfahrens mit vergleichbarem Ausgang ist jedoch eine notwendige Voraussetzung für eine Patenterteilung.

Um dennoch Pflanzenzüchtern einen gewissen ökonomischen Schutz für ihre Arbeit zu bieten, haben sich die Staaten weltweit darauf verständigt, für eine neue Nutzpflanzensorte eine Art »abgespeckten« Patentschutz, den sogenannten *Sortenschutz* zu erteilen. Via Sortenschutz kann ein Züchter jeden anderen davon ausschließen, seine Sorte aus dem Saatgut nachzuzüchten und auf eigene Rechnung zu verkaufen. Doch im Unterschied zum Patentschutz darf ein Züchter ohne Lizenzabkommen die geschützte Sorte eines Konkurrenten als Ausgangsmaterial für weitere Verbesserungen heranziehen. Gelingt es ihm etwa, durch erneute Kreuzungen den Ertrag weiter in die Höhe zu schrauben, so kann er seinerseits für die entstandene Höchstleistungs-Sorte Sortenschutz beantragen. Der Grund dafür ist plausibel: Niemand kann ein Interesse daran haben, die Züchtungsanstrengungen der Saatgut-Produzenten durch zu rigiden Schutz zu behindern. Das jedoch könnte durch einen Patentanspruch für eine bestimmte Pflanzensorte geschehen.

Mit dem Einzug der Gentechnik in die Pflanzenzüchtung hat sich die rechtliche Situation grundlegend geändert. Gentechnische Verfahren gelten sehr wohl als »erfinderisch« im Patentrecht. Und das Ergebnis, die genmanipulierte Pflanze, läßt sich viel exakter beschreiben, als das Ergebnis jahrelanger Züchtungslotterie. Schließlich können die Wissenschaftler bis auf die einzelnen Bausteine im Erbgut genau sagen, was sie an der »neukonstruierten« Pflanze verändert haben. Die Folge: In vielen Ländern der Welt – einschließlich der Bundesrepublik Deutschland – erteilten die Patentämter für genmanipulierte Pflanzen Patentschutz.

Vor allem die noch unabhängigen Pflanzenzüchter, die häufig nur kleine oder mittelständische Betriebe unterhalten, laufen gegen diese Entwicklung Sturm. Sie befürchten, auf lange Sicht aus dem Geschäft gedrängt zu werden. So kam es beispielsweise in Schweden im Dezember 1989 zu einer ungewöhnlichen Koalition. Saatgut-Produzenten und Umweltschutzgruppen opponierten gemeinsam gegen eines der ersten gentechnischen Pflanzen-Patente, das das Europäische Patentamt in München im März 1989 der US-amerikanischen Firma Lubrizol Corp. erteilte.

Das Unternehmen hatte sich eine gentechnische Methode patentieren lassen, mit der sich der Anteil an Speicherproteinen bei Luzernen und anderen Futterpflanzen erhöhen läßt. Die schwedische Opponentengruppe unter der Leitung der Jugendorganisation der Zentrumspartei legte gegen das Lubrizol-Patent Widerspruch ein. Ihre Begründung: Der Patentanspruch umfaßt nicht nur das gentechnische Verfahren, sondern schließt auch die genmanipulierten Pflanzen selbst mit ein. Die Beschwerdekammer des Europäischen Patentamtes wird nun klären müssen, ob nach dem Europäischen Patentübereinkommen von 1977 die Patentierung von Pflanzen möglich ist oder nicht. Eine Entscheidung dieser Grundsatzfrage ist allerdings für dieses Jahr noch nicht zu erwarten.

Die Befürchtung der kleinen, unabhängigen Pflanzenzüchter, daß ihnen dank der modernen Züchtungsmethoden der Wind ins Gesicht blasen wird, dürfte allerdings selbst dann zutreffen, wenn genmanipulierte Sorten in Zukunft lediglich Sortenschutz genießen sollten. Während das klassische Geschäft der Züchter vor allem Erfahrung und den berühmten »grünen Daumen« erforderte, setzen alle modernen gen- und biotechnologischen Züchtungsverfahren einen hohen Kapitalbedarf und viel mikro- und molekularbiologisches Wissen voraus. Schon allein deswegen dürfte sich über kurz oder lang die Branchenstruktur der Saatgut-Hersteller massiv in Richtung forschungsintensiver Großbetrieb verschieben.

Den Trend zu kapitalintensiver Hochtechnologie und die Patent-Diskussion in der Pflanzenzüchtung verfolgen indes noch andere argwöhnisch: Die Vertreter der tropischen und subtropischen Länder. Aus diesen Ländern stammen nämlich die allermeisten *Wildformen* der Nutzpflanzen, die wir auf der Welt anbauen.

In den zwanziger Jahren dieses Jahrhunderts formulierte der russische Pflanzenzüchter und Genetiker Nikolai Iwanowitsch Wawilow eine Theorie, nach der es auf der Welt nur wenige »Entstehungszentren der Kulturpflanzen« gibt. Wawilow, ein manischer Pflanzensammler, erkannte während seiner 180 Exkursionen, daß die Wildformen unserer heutigen Kulturpflanzen aus 11 geographisch engumgrenzten »Inseln der Mannigfaltigkeit« stammen. Sie liegen im subtropischen Hügelland Äthiopiens und Afghanistans, in China, Indien, den südamerikanischen Andenstaaten, in Mittelamerika und einigen mediterranen Ländern. Bis heute sind diese Gebiete – sie heißen ihrem »Entdecker« zu Ehren *Wawilow-Zentren* – das Ziel von Pflanzenzüchtern, die die *genetische Vielfalt* dieser Regionen zur Verbesserung von Kultursorten nutzen möchten.

Wawilows Erkenntnis, daß unsere Kulturpflanzen aus geographisch eng umgrenzten Regionen stammen, führte unter anderem zu Beginn der 60er Jahre zum Aufbau spezialisierter *Pflanzenzucht-Zentren*, die sich mit der Weiterentwicklung der jeweils regionalen Pflanzenarten beschäftigen. Die beiden bekanntesten Institute sind das auf Reiszüchtung spezialisierte International Rice Research Institute (IRRI) auf den Philippinen und das auf Mais, Weizen und Gerste spezialisierte Centro Internacional de Mejoramiento de Maiz y Trigo (CIMMYT) in Mexiko. Von diesem Zentrum aus sorgte der sogenannte »Superweizen« weltweit mit seinen hohen Erträgen für die »grüne Revolution«.

Finanziert werden diese Institute von der Consultative Group on International Agricultural Research (CGIAR), einem Zusammenschluß 20 verschiedener Staaten (darunter auch die Bundesrepublik Deutschland und die Schweiz), der UNO, der Welternährungsorganisation FAO, der Ford und der Rockefeller Foundation, der Weltbank und des OPEC Special Funds. Als Non-Profit-Organisationen sollen diese Institute ein Gegengewicht zur kommerziell orientierten Pflanzenzucht bilden und in den *Ländern der dritten Welt* mit Ausbildungsprogrammen und eigenen Züchtungen das Know how ebenso wie das Saatgut verbessern helfen.

Je stärker indes gen- und biotechnologische Techniken in der Pflanzenzüchtung an Bedeutung gewinnen, desto schwieriger wird es für diese Zentren werden, auch in Zukunft nennenswerte Züchtungsbeiträge zu liefern. Nur in Ausnahmefällen nämlich – etwa an den beiden genannten Zentren IRRI und CIMMYT – verfügen die dortigen Forscher über molekularbiologisches Know how, um den Genforschern in den Industriestaaten Paroli bieten zu können.

Nun ist absehbar, daß das *genetische Potential*, das in den Wildformen unserer Kulturpflanzen schlummert, zum begehrten Rohstoff der grünen Gentechniker werden wird. Zwar fehlt den Wildformen der hohe Ertrag, den die Kultursorten liefern. Dafür verfügen sie über genetisch bedingte Resistenz-Eigenschaften gegenüber Schädlingen, sie sind meist toleranter gegenüber extremen klimatischen Verhältnissen oder sie bilden wertvolle Inhaltsstoffe, die den Kultursorten verloren gegangen sind.

Der Zugang zu diesen *genetischen Ressourcen* – etwa über die 13 Institute, die jeweils umfangreiche Pflanzen-Sammlungen und Samen-Banken angelegt haben – ist bislang praktisch frei. Im Prinzip kann sie jeder nutzen. Aber eben nur im Prinzip. Denn das gentechnische Know how ist vorwiegend in den Industriestaaten verfügbar. Das bedeutet jedoch, daß sich Forschungsinstitute oder Gen-Firmen unentgeldlich der Gen-Ressourcen bedienen können, diese Ressourcen für ihre Züchtungsarbeit nutzen können und schließlich die »Früchte« ihrer Arbeit – unter Umständen patentrechtlich geschützt – vermarkten können. Am Ende würde es so sein, daß auch jene Staaten das genmanipulierte Saatgut erwerben müßten, aus deren Quellen der Züchter geschöpft hat.

Lange bevor das Wort »Gentechnik« erfunden wurde und lange bevor die erste genmanipulierte Pflanze das künstliche Laborlicht der Welt erblickt hat, prägte der chinesische Revolutionsführer Mao Tse-tung das Sprichwort: »Gib einem Mann einen Fisch und er wird ein Tag lang satt werden. Lehre ihn zu fischen und er wird fortan keinen Hunger mehr leiden«. Dieser Ratschlag gewinnt mit dem Einfluß der Gentechnik in der Pflanzenzüchtung wieder enorm an Bedeutung. Doch bislang, so befürchte ich, sind die Industriestaaten gar nicht bereit, gentechnisches Know how an

Drittweltländer abzugeben. Die Gründe dafür sind vielfältig und beileibe nicht nur machtpolitisch oder ökonomisch bedingt:

So arbeiten an vielen Instituten für Züchtungsforschung in den Industriestaaten auch Forscher aus Drittweltländern, die in Köln, Cambridge oder Canberra Einblick in neueste Züchtungstechnologien erhalten. Ich habe mit einigen von ihnen in den letzten Jahren gesprochen. Dabei schlug mir unisono Pessimismus entgegen. Alle Wissenschaftler, ob sie nun aus Asien, Lateinamerika oder Afrika kamen, berichteten übereinstimmend, daß sie das Know how, welches sie an den Gastinstituten mitbekämen, niemals im eigenen Land einsetzen könnten. Entweder, so hieß es, scheitere es an den Forschungsstrukturen, die verhinderten, daß sie diese Arbeit im eigenen Land fortsetzen könnten. Oder es scheitere an der mangelhaften Ausstattung ihres Heimatinstituts. So ist es kein Wunder, daß einige meiner Gesprächspartner aus Drittweltländern gesagt haben, sie würden am liebsten noch eine Weile in ihren Gastinstituten weiterarbeiten.

Eine Unterorganisation der UNO, die United Nations Industrial Development Organization (UNIDO), plant seit 1981 die Einrichtung zweier Gen-Zentren, die primär für Drittweltländer relevante Forschungsprojekte bearbeiten sollen. Nach jahrelangen Rangeleien kristallisierten sich zwei Standorte heraus: das italienische Triest – das nicht gerade in einem Drittweltstaat liegt – und das indische New Delhi. 37 Staaten – überwiegend aus der dritten Welt – unterzeichneten den UNIDO-Aufruf, diese Initiative zu unterstützen. Doch am Geld haperte es jahrelang, da die Industriestaaten zunächst nicht bereit waren, diese Zentren zu unterstützen. Ihr Einwand: Es lasse sich noch nicht abschätzen, ob diese Initiative erfolgreich sein würde.

Den Instituten ging es wie dem Hauptmann von Köpenick: Ohne Kapital im Hintergrund gestaltete sich die Suche nach zwei renommierten Wissenschaftlern als Direktoren schwierig. Ohne diese »zugkräftigen« Namen wiederum waren die beiden Gastgeberländer Italien und Indien nicht bereit, dem Projekt die bereits zugesagten Gelder in Millionenhöhe vorab zukommen zu lassen. Inzwischen scheint zumindest ein Institutsprojekt doch noch zustandezukommen. Doch der Einwand der Industrieländer ist nicht aus der Luft gegriffen: Die Vergangenheit zeigt, wie schwierig es selbst in einer gut strukturierten Forschungslandschaft ist, erfolgreiche Institute aus dem Boden zu stampfen. Ein Gen-Zentrum in einer molekularbiologischen »Wüste« zum Erfolg zu führen, gleicht vom Schwierigkeitsgrad her der Quadratur des Kreises.

Einige der hervorragenden Institute in den Industriestaaten, die moderne Züchtungsforschung betreiben, sind öffentlich gefördert, und damit prädestiniert, Züchtungsprojekte anzupacken, die besonders Drittweltländern zugute kämen. Zum einen kann es angesichts der Nahrungsmittelüberschüsse in diesen Ländern keinen Sinn machen, etwa noch ertragreichere Mais-, Weizen- oder Soja-Sorten für Europa oder die USA zu züchten. Es sei denn, man verfolgt in diesen Ländern das Ziel, das Welthungerproblem in Spendermanier zu lösen. Zum andern erlaubt die öffentliche Förderung eine Projektauswahl, die sich unabhängig vom ökonomischen Nutzen beispielsweise an den Bedürfnissen tropischer Landwirtschaften orientieren könnte.

Vor einigen Jahren klagte mir der damalige Leiter des angesehenen Plant Breeding Institute im britischen Cambridge, Prof. Richard Flavell sein Leid: »Versuchen Sie einmal in Großbritannien Forschungsgelder für eine Pflanze zu bekommen, die nicht im eigenen Land angebaut wird. Das ist so gut wie aussichtslos.« Richard Flavell und sein Nachfolger sind indes zwischenzeitlich von derartigen Sorgen befreit: Die britische Regierung hat dieses Institut an den Chemiekonzern Unilever verkauft.

Betrachtet man die Produktentwicklungen der grünen Gentechniker, die in den nächsten Jahren Marktreife erlangen werden, so stehen zunächst Test-Verfahren für diverse *Pflanzenkrankheiten* im Vordergrund. Das Prinzip dieser Diagnostika gleicht dem von DNA-Tests für menschliche Krankheiten. In den Kapiteln »Die genetische Gesellschaft« und »Haute Couture der Pillendreher« ist daher auch die Funktionsweise dieser Tests beschrieben. Vorteil dieser neuartigen Tests ist es, daß sie kinderleicht und schnell anwendbar sind. So stehen beispielsweise mehrere Tests zum Nachweis der Kartoffelfäule kurz vor der Markteinführung. Früher mußten die Landwirte Bodenproben nehmen, sie an Forschungsinstitute zur Untersuchung verschicken und anschließend wochenlang auf ein Ergebnis warten. Hatte der Bauer Pech, so breitete sich der Bodenpilz in der Zwischenzeit aus und verdarb die Ernte. Als Konsequenz gingen viele Landwirte dazu über, »prophylaktisch« *Fungizide*, also Pilzgifte, einzusetzen. Sie ließen sich gar nicht erst auf das Risiko ein, sondern griffen, unabhängig vom Ergebnis solcher Untersuchungen, zur chemischen Keule.

Die neuen Tests, mit denen sich die zerstörerischen Bodenpilze sogar quantitativ bestimmen lassen, können die Landwirte dagegen selbst durchführen. Wenn es sein muß, kann der Bauer direkt auf dem Feld, auf dem er einen Pilzbefall vermutet, die Testutensilien auspacken und den Test beginnen. Nach etwa 10 Minuten weiß er, wie es um seine Kartoffeln bestellt sein wird. Die einfache Handhabung und die Schnelligkeit dieser Tests sprechen dafür, daß die Landwirte sie akzeptieren werden. Für den Bauer besteht der Vorteil darin, daß er präzise ermitteln kann, wann und wo ein

Fungizid-Einsatz gerechtfertigt ist. Das wiederum spart Geld für die früher üblichen prophylaktischen Fungizid-Spritzungen. Und der Umwelt ist schließlich auch gedient: Der überlegtere Einsatz dieser Agrochemikalien sollte zu einem Absatz-Rückgang führen.

Umstrittener dagegen ist eine zweite grüne Produktgruppe, die die Gentechniker in den nächsten Jahren zum Verkauf anbieten wollen – die *herbizidresistenten Pflanzen*. Das sind Nutzpflanzen, die durch den Einbau eines fremden Gens unempfindlich gegen ein sonst für sie tödliches Unkrautvernichtungsmittel geworden sind. Mindestens ein Dutzend von Gen-Firmen und Chemie-Unternehmen arbeiten an herbizidresistenten Pflanzensorten.

Diese Firmen begründen ihre Projekte durchaus ökologisch: Viele der heute verwendeten Herbizide bereiten nämlich wegen ihrer *Langlebigkeit* Umweltprobleme. Die Substanzen wandern nahezu unbehelligt durch mikrobiellen Abbau in den Bodenschichten bis hinunter zu den Grundwasserhorizonten und vergiften dort das Trinkwasser. Wasserwerke, deren Brunnen in Mais- oder Weinanbaugebieten liegen, wissen ein Lied davon zu singen. Seit Oktober 1989 bestehen für Herbizidmengen im *Trinkwasser* verschärfte Grenzwerte. Einige Wasserwerke können dem Gesetz nur noch dadurch gerecht werden, daß sie dem herbizidbelasteten Wasser eines Brunnens unbelastetes Trinkwasser aus anderen Quellen beimischen. Besonders belastete Brunnen mußten inzwischen gar geschlossen werden.

Neu entwickelte kurzlebige Herbizide könnten diese Belastung erheblich verringern. Doch leider fehlt einigen dieser Neuentwicklungen die notwendige Selektivität. Sie lassen Nutzpflanzen und unerwünschte Wildkräuter gleichermaßen über die Klinge springen. In solchen Fällen, so argumentieren deshalb die Hersteller, können herbizidresistente Nutzpflanzen auch ökologisch sinnvoll sein.

Dieses Argument wäre überzeugend, wenn nicht die Gentechniker auch Herbizidresistenzen gegen solche Unkrautvernichter erzeugen würden, die besonders langlebig sind. So verfügt Ciba Geigy über verschiedene genmanipulierte Nutzpflanzen, die gegen das von diesem Konzern produzierte *Atrazin* unempfindlich sind. Atrazin ist ein im Maisanbau verwendetes Herbizid, das die Liste der Problemfälle bei der Trinkwasseraufbereitung unangefochten anführt.

Der Erfindungsreichtum der Wissenschaftler, die solche Projekte betreiben, ist schon beachtlich. So führte man auch im Falle von atrazinresistenten Nutzpflanzen ein ökologisches Argument ins Feld: Könnte man beispielsweise die Futterpflanze Luzerne gegen Atrazin gentechnisch wappnen, so besteht die Möglichkeit, die großen Freiräume zwischen den weit auseinanderstehenden Maispflanzen für den Luzerneanbau zu nutzen. Die Pflanze ist dabei aus zwei Gründen nützlich. Zum einen wird sie als Bodenverbesserer geschätzt. Luzerne kann nämlich mit Hilfe von Knöllchenbakterien an ihren Wurzeln Luftstickstoff in Ammoniak und damit in Dünger verwandeln. Außerdem böte die dichte Pflanzendecke mit Mais und Luzerne der Bodenerosion weniger Angriffsfläche.

Wenn es nicht darum geht, die pflanzliche Gentechnik entweder über »den grünen Klee« zu loben oder sie in Bausch und Bogen zu verdammen, dann muß sie sich an den Produkten messen lassen, die sie hervorbringt. Ich befürchte, daß sich die grünen Gentechniker mit den herbizidresistenten Nutzpflanzen einen ähnlichen Bärendienst für ihre Zunft erwiesen haben wie die Hersteller von Tiermedikamenten mit dem Rinderwachstumshormon. Mit derart umstrittenen Produkten Akzeptanz für eine neue Technologie erreichen zu wollen, ist in einer Gesellschaft, die gelernt hat, kritische Fragen zu stellen, ein zum Scheitern verurteiltes Unterfangen.

Hurra, geschafft!

Haute Couture der Pillendreher

Schon seit Tagen fieberte der 26jährige Peter W. dem langen Osterwochenende entgegen. Weniger das Eiersuchen interessierte den Bankangestellten dabei, als vielmehr die Vorfreude auf den ersten Ausflug mit seiner Harley Davidson nach der langen Winterpause. Endlich sollte das Schmuckstück wieder zum Einsatz kommen – das Motorradfahren war Peters kleine Flucht aus Kreissparkasse, korrekter Kleidung und Kreditabteilung. Rechtzeitig in der Karwoche erledigte er die Formalitäten auf dem Straßenverkehrsamt, machte das chromblitzende Geschoß in der Garage startklar, packte seine Klamotten am Donnerstagabend und fuhr gleich frühmorgens am Karfreitag los. Ein Trip ins Tessin sollte es dieses Jahr sein.

Doch es kam anders. Eine langgezogene Linkskurve auf der gut ausgebauten Bundesstraße wurde dem jungen Mann zum Verhängnis. Peter, nach der winterlichen Motorrad-Abstinenz noch etwas unsicher auf dem schweren Feuerstuhl, kam bei 130 km/h ins Schleudern. Wie eine Rakete schoß die Harley mit ihm über den breiten Randstreifen in den Wald. Mit voller Wucht knallte der junge Mann an einen Baum und blieb bewegungslos liegen.

Glücklicherweise hielt sofort ein Autofahrer an, ein zweiter fuhr nach kurzem Stopp weiter und alarmierte Polizei und Rettungswagen. Die herbeigeeilten Rettungssanitäter schafften Peter in die nahegelegene Klinik. Dort erst überblickten die Ärzte das ganze Ausmaß von Peters Verletzungen: Gehirnerschütterung mit Verdacht auf Schädelbasisbruch, Nervenquetschung im Bereich der Lendenwirbel, offener Bruch im linken Oberarm, mehrfache Brüche beider Beine, Lungenquetschung und mehrere Rippenbrüche. Überall an Rumpf, Beinen und Armen Abschürfungen – teilweise schwere Verbrennungen, die sich Peter trotz seiner dicken Lederkombi beim Sturz zugezogen hatte. Keine Frage, der Schwerverletzte war ein Fall für die Intensivstation. In einer eiligst anberaumten Operation konnten die Ärzte nur einen Teil der Brüche behandeln.

Drei Tage lag Peter bewußtlos zwischen Leben und Tod. Doch langsam erholte er sich. Seine Eltern, die diese bangen Tage im Krankenhaus miterlebten, schöpften wieder Hoffnung. Trotzdem konnten die Ärzte noch keine Entwarnung geben. Mit einem neuartigen Test stellten sie fest, daß Peter gefährlich hohe Elastase-Werte in seinem Blut hatte. Dieses Enzym ist für den Körper normalerweise äußerst nützlich. Doch es sollte tunlichst nicht frei schwimmend im Blut auftauchen, wie dies bei dem jungen Mann der Fall war. Gebildet wird es von bestimmten Abwehrzellen des Blutes, den Phagozy-

ten oder Freßzellen. Diese Zellen stürzen sich auf Fremdstoffe im Blut, nehmen sie in sich auf und verdauen sie mit Hilfe von Enzymen wie der Elastase.

Doch nach Wundinfektionen, wie sie bei Schwerstverletzten immer wieder auftreten, können diese Freßzellen außer Rand und Band geraten. Sie platzen auf und geben ihre zerstörerischen Enzyme in den Blutstrom ab. Nahezu unkontrolliert knabbern die Enzyme alles an, was aus Eiweiß besteht. Vor allem die stark durchbluteten Organe Leber, Lunge und Niere sind gefährdet. Sie werden von den körpereigenen Enzymen schlicht angedaut, das heißt, die Proteine, aus denen diese Organe bestehen, werden von den Enzymen in ihre Grundbestandteile zerlegt. Es kommt zu mehrfachem Organversagen, der Patient stirbt.

Diese Komplikation – Mediziner sprechen von Sepsis – ist nicht nur gefährlich, sondern auch häufig: 25% aller Schwerstverletzten entwickeln eine Sepsis und fast die Hälfte von diesen stirbt daran. Oft sind es also gar nicht die Unfallverletzungen, an denen Patienten wie Peter sterben, sondern der sogenannte septische Schock. Dieses Problem fürchteten nun die Ärzte auch bei ihrem Patienten. Der Elastase-Test zeigte, daß eine Sepsis eingetreten war. Doch Peter sollte noch einmal mit dem Leben davonkommen.

Nach eingehender Beratung verabreichten ihm die Ärzte ein neues Medikament: Es trägt den komplizierten Namen Alpha-1-Protease-Inhibitor. Es ist der Gegenspieler der Elastase und wie das Enzym selbst auch ein körpereigenes Eiweiß. Vor einigen Jahren haben Molekularbiologen das Gen dieses Elastase-Gegenspielers entdeckt, isoliert und gentechnisch hergestellt. In klinischen Studien konnten die Mediziner die hohe Wirksamkeit des Elastase-Hemmstoffes bestätigen. Seither stehen sie dem septischen Schock ihrer schwerstverletzten Patienten nicht mehr hilflos gegenüber.

Der Fall des Motorradfahrers Peter könnte sich – bis auf die letzten beiden Sätze dieser fiktiven Geschichte – bereits heute so zutragen. Nicht nur *Elastase-Hemmer* wie der *Alpha-1-Protease-Inhibitor*, sondern auch andere molekulare Gegenspieler gegen die zerstörerischen Enzyme konnten in den letzten Jahren gentechnisch hergestellt werden. Sie heißen *Eglin*, *Hirudin*, *Antithrombin-III* oder *Alpha-1-Antichymotrypsin* und sind gegenwärtig in der klinischen Prüfung. Intensivmediziner halten sie derzeit für die hoffnungsvollsten Pharma-Entwicklungen, mit denen man viele Menschenleben retten könnte.

Einige Hemmstoffe, darunter der Alpha-1-Protease-Inhibitor und das Antithrombin-III, haben Pharmafirmen bereits in der Vergangenheit aus dem Plasma von Spenderblut isoliert. Doch die Ausbeute ist denkbar dürftig. Unternehmen wie die Behringwerke in Marburg oder die kalifornische Firma Cutter verarbeiten jährlich bis zu 10 Millionen Liter Blutplasma, um daraus den für Bluterkranke lebenswichtigen Blutgerinnungsfaktor VIII zu isolieren. Als »Nebenprodukte« fallen dabei die beiden Protease-Inhibitoren an. Doch die so gewonnenen Mengen reichen kaum aus, um auch nur wenige Patienten damit zu behandeln. Der einzige Weg, von diesen Substanzen genügend große Mengen in die Hand zu bekommen, ist die gentechnische Produktion.

Arzneimittel und Gentechnik – das ist die älteste kommerzielle Ehe, die die gerade volljährig gewordene Gentechnik eingegangen ist. Und sie ist die erste Verbindung, in der die neue Technik inzwischen zu nennenswerten Umsätzen geführt hat. Etwa ein Dutzend gentechnisch hergestellte Medikamente sind zur Zeit zugelassen. Der Jahresumsatz dieser Produkte liegt im einstelligen Milliardenbereich. Das mag sich viel anhören, ist aber im Vergleich zum Gesamtpharmamarkt – geschätzter Weltumsatz etwa 150 Milliarden US-Dollar pro Jahr – eine Kleinigkeit. Einige Kritiker fragen daher nicht ohne Schadenfreude in der Stimme: Na, wo bleibt denn die gentechnische Pharma-Revolution, von der so oft die Rede war?

Tatsächlich dürfte es wohl nur einem begabten PR-Strategen gelingen, aus einer Handvoll Produkte mit ein paar Milliarden DM Umsatz eine Revolution zu kreieren. Doch ist dies überhaupt die Meßlatte, an der man den Erfolg und Nutzen einer Technologie ablesen kann? Ist nicht ein gentechnisches Medikament schon dann ein Erfolg, wenn es hilft, Menschenleben zu retten, die ohne diese Arznei hoffnungslos verloren wären?

Und solche Beispiele gibt es: Mehrere Firmen bieten zur Zeit gentechnisch hergestelltes *Alpha-Interferon* an. Seine überzeugendste Wirkung hat diese Substanz in der Behandlung eines *Blutkrebses*, der sogenannten *Haarzell-Leukämie*. Nun erkranken weltweit pro Jahr nicht mehr als ein paar Hundert Menschen an diesem Krebs. Die Hersteller, die zum Teil 100 Millionen DM in die Entwicklung dieses Medikaments investiert haben, werden mit dieser Anwendung des Interferons sicher noch nicht einmal ihre Entwicklungskosten hereinbekommen. Ist also das gentechnisch hergestellte Interferon ein Fehlschlag? Wer in der unglücklichen Lage ist und an Haarzell-Leukämie leidet, wird diese Frage sicher verneinen. Seine Heilungschancen mit Alpha-Interferon betragen über 90%.

Und noch ein zweites Argument gilt es zu bedenken, wenn es darum geht, die Bedeutung der Gentechnik für die Pharmabranche abzuschätzen. Medikamente lassen sich schließlich nicht aus dem Hut zaubern. Die *durchschnittliche Entwicklungsdauer* herkömmlicher Arzneimittel beträgt etwa zehn Jahre. Dies ist bei gentechnischen Medikamenten nicht anders. Da aber die Gene fast aller gentechnischen Substanzen, die heute von Pharmafirmen entwickelt werden, erst Anfang der 80er Jahre isoliert und kloniert wurden, ist es völlig unrealistisch, bereits heute mit einem Boom dieser Präparate auf dem Markt zu rechnen.

Das renommierte Marktforschungs-Unternehmen Ernst & Young aus San Francisco hat im Herbst 1989 den gegenwärtigen Gentechnologie-Markt und seine Entwicklungstendenzen für die 90er Jahre untersucht. Diese Analyse zeigt, wohin die Reise geht: Nur 25% aller Gen-Firmen machen derzeit Profit. Unterteilt man diese Firmen nach Branchen, so schneiden die Gerätehersteller – hier sind bereits mehr als die Hälfte auf der sonnigen Seite – am besten ab. Ihnen folgen die Hersteller von gentechnischen Diagnostika. Von ihnen macht immerhin ein starkes Drittel (36%) Gewinn. Dagegen können nur 14% aller Gen-Firmen, die Arzneimittel entwickeln, bereits heute schwarze Zahlen schreiben.

Das Schlußlicht bilden übrigens die »grünen« Gen-Firmen, also solche, die sich mit pflanzengentechnologischen Produkten beschäftigen. Von den »grünen« Firmen ist noch keine einzige aus dem finanziell roten Bereich heraus. Betrachtet man die Produkt-Entwicklungszeiten und den Startzeitpunkt der einzelnen Branchen, so erklären sich diese Unterschiede in der Profitabilität sehr leicht: Zuerst braucht man bestimmte Laborgeräte, um Gentechnik betreiben zu können. Relativ rasch lassen sich medizinische Diagnostika entwickeln – ein weltrekordverdächtiges Beispiel ist im Kapitel »Die genetische Gesellschaft« erwähnt: Die Entwicklung des Gen-Tests für die Mukoviszidose (Cystische Fibrose) dauerte gerade drei Monate. Und erst mit gehörigem zeitlichen Abstand werden Arzneimittel folgen. Ihnen, so sagen die Marktforscher von Ernst & Young voraus, wird der Gentechnik-Markt der 90er Jahre gehören.

Um zu diesem Urteil zu kommen, muß man sich übrigens nicht aufs Kaffeesatzlesen verlegen. Es reicht ein Blick in die Entwicklungslabors: Der Mensch verfügt in seinem Körper über mindestens 50 000 verschiedene Eiweiße. Davon sind inzwischen 900 kloniert, und etwa 100 Substanzen stecken in der pharmazeutischen Entwicklung. Auch wenn nicht jede dieser Substanzen eine medikamentöse Goldgrube wie »Aspirin« oder »Valium« werden wird, so zeigt dieser Blick doch eines: Unsere Apotheken werden zukünftig eine ganze Palette völlig neuartiger Medikamente enthalten. Wenn überhaupt, dann steht die Revolution in der medizinischen Gentechnik noch aus.

Schuld an den hohen Erwartungen und den – zumindest daran gemessen – eher bescheidenen Erfolgen gentechnischer Arzneimittel sind übrigens nicht die Medien. Einen Gutteil der Euphorie, die etwa die Entwicklung der Interferone ausgelöst hatte, produzierten Firmen und Wissenschaftler selbst. Das immer noch schlagendste Beispiel dafür lieferte der Interferon-Forscher Charles Weissmann. Im Januar 1980 tischte er während einer Pressekonferenz in einem New Yorker Hotel der versammelten Elite der US-amerikanischen Wirtschaftspresse eine Sensationsmeldung auf: Dem in Zürich arbeitenden Wissenschaftler war die gentechnische Produktion von Alpha-Interferon gelungen, einer Substanz, von der Weissmann hoffte, sie sei gegen Krebs und Virus-Infektionen wirksam. Es dauerte nur Stunden, bis die Finanzfachleute das potentielle Marktvolumen dieser Substanz hochgerechnet hatten. Und bereits am nächsten Tag, nachdem die »Interferon-Bombe« in den Wirtschaftsblättern platzte, explodierte auch der Börsenkurs der jungen Gen-Firma Biogen – jenem Unternehmen, für das Weissmann bis heute beratend tätig ist.

Schnee von gestern – so könnte mancher einwenden. Schließlich fand das berühmt gewordene Biogen-Spektakel vor gut zehn Jahren statt. Doch es ist beileibe kein Einzelfall: Vor allem US-amerikanische Gen-Firmen tun sich bis heute mit überzogenen Pressemitteilungen hervor. Das Muster dieser Meldungen trägt schon beinahe Formular-Charakter. Da wird von der erfolgreichen Klonierung des körpereigenen Stoffes XYZ berichtet. Im nächsten Satz folgt der dezente Hinweis, daß die gentechnische Herstellung dieser Substanz selbstverständlich bereits zum Patent angemeldet wurde. Anschließend werden die potentiellen Einsatzgebiete aufgelistet – oftmals Krankheiten, unter denen Millionen von Menschen leiden. Abgerundet wird das Kommuniqué schließlich mit einer beeindruckenden Summe – dem vermuteten Marktvolumen. Leider enthalten solche »Presseinformationen« nur selten Angaben darüber, ob die erwähnte Substanz tatsächlich schon einmal einem Kranken geholfen hat. Und völlig unerwähnt bleiben Hinweise darauf, welche Gefahren von dieser Substanz für den Behandelten ausgehen können. Ich möchte hier keine Pauschalkritik üben. Mit Sicherheit gibt es auch zurückhaltendere Meldungen. Doch allein in meinem unvollständigen Archiv befinden sich solche Hurra-Pressemeldungen stapelweise.

Die Gründe für diesen penetranten PR-Optimismus sind zumindest teilweise »systembedingt«: Praktisch alle US-amerikanischen Gen-Firmen sind »risikofinanziert«. Seit Ende der 70er Jahre – dem Beginn der Gründungswelle dieser Unternehmen – investieren Finanziers über Beteiligungen und Aktienpakete Milliardenbeträge in die jungen Gen-Firmen. Der Grund für deren Interesse liegt nicht etwa in den bereits realisierten Gewinnen dieser Unternehmen, sondern in den zu erwartenden. Daher rührt die Bezeichnung »Risikokapital« für derartige Finanzierungen.

Um an Risikokapital zu kommen, benötigen Gen-Firmen nicht nur blitzgescheite Molekularbiologen mit erfolgversprechenden Projekten im Kopf, sondern auch gewiefte PR-Strategen. Deren Aufgabe ist es, die von den Forschern klonierten Substanzen als Millionseller von morgen schon heute den Medien zu »verkaufen«. Solche Sensationsmeldungen über Krebs-Wunderwaffen und Herzinfarkt-Killer hinterlassen indes nicht nur bei den Lesern Wirkung. Kaum eine andere Branche hat in der ohnehin nicht gerade gemütlich verlaufenen Aktienkursentwicklung des letzten Jahrzehnts so hohe Haussen und so tiefe Baissen erlebt wie die pharmazeutische Gen-Industrie. Eine positiv verlaufene erste klinische Prüfung eines gentechnisch erzeugten Wachstumsfaktors kann bis heute den Aktienkurs des dahinterstehenden Unternehmens verdoppeln, ein drohender Patentstreit zweier Firmen um eine lukrative Substanz läßt deren Börsennotierungen auch genauso schnell wieder in den Keller fallen. Bei diesem PR-Kampf mit harten Bandagen bleibt die wissenschaftliche Redlichkeit und eine angemessene Zurückhaltung gegenüber »gentechnischen Wunderwaffen« oftmals auf der Strecke.

Ein weiterer Grund für die allzu rosarot geratenen Erfolgsmeldungen dürfte indes auch darin liegen, daß die Molekularbiologen oftmals die Schwierigkeiten der *biotechnischen Medikamenten-Produktion* klonierter Substanzen unterschätzt haben. Praktisch alle Unternehmen, die sich bislang auf gentechnologisches Terrain gewagt haben, mußten in dieser Hinsicht leidvolle Erfahrungen machen. Zwar ist die Gen-Klonierung und die Herstellung eines genmanipulierten Mikroorganismus der erste Schritt auf dem Weg zu einem neuen Medikament. Aber eben auch nicht mehr als ein Schritt, und zudem – wie sich heute erweist – nicht unbedingt der schwierigste.

Mehrere Stolpersteine können eine gentechnische Medikamenten-Entwicklung bis auf den Sankt-Nimmerleinstag hinauszögern:

Wirkungen, die ein medikamentöser Hoffungsträger überzeugend im Reagenzglas demonstriert hat, lassen sich manchmal im lebenden Tier oder gar beim Menschen nicht beobachten. So gab etwa eine Reagenzglas-Beobachtung dem *Tumor-Nekrose-Faktor TNF* seinen Namen. Wie Butter in der Sonne schmilzt eine Krebszellkultur, der diese Substanz hinzugefügt wird. Doch im Tierversuch und bei ersten klinischen Versuchen an Krebspatienten erlebten die TNF-Entwickler bislang viele Enttäuschungen. Inzwischen haben Wissenschaftler herausgefunden, daß TNF in einigen Fällen gar als Wachstumsfaktor Krebszellen fördern kann.

Was im Labor klappt, kann im großtechnischen Maßstab fürchterlich danebengehen. Diese Erfahrung mußten inzwischen einige Gen-Pioniere machen: Genmanipulierte Mikroorganismen, die im kleinen Laborfermenter die gewünschte Substanz vorbildlich produzieren, versagen im 60000-Liter-Fermenter kläglich. Fachleute nennen den Schritt vom Labor in die großtechnische Produktion »Upscaling«. Doch bei dem quantitativen Problem statt einiger gleich zigtausend Liter Bakterienbrühe bei Laune zu halten, können Biotechniker manchmal verzweifeln. Oft gelingt das »Upscaling« erst nach jahrelangem Herumprobieren an Fermenter-Architektur, Prozeßführung und Nährstoffzufuhr für die kapriziösen Mikroorganismen. So arbeitet die US-amerikanische Bayer Tochter Cutter im kalifornischen Berkeley schon seit Jahren am »Upscaling« ihrer gentechnischen Faktor VIII-Produktion. Dieser Blutgerinnungsfaktor ist für Bluter lebensnotwendig.

Selbst wenn sich die genmanipulierten Mikroorganismen an das Massenleben in Großfermentern gewöhnt haben, lauern weitere Probleme: Einige Produktionsorganismen – etwa das in der Gentechnik häufig eingesetzte Darmbakterium Escherichia coli – geben das kostbare Produktionsgut nicht freiwillig her. Sie sammeln die für sie nutzlosen Substanzen in den biologischen »Abfallbehältern« ihrer Zellen. Deshalb müssen die Zellen zerstört und die gewünschte Substanz aus den bakteriellen Mülleimern isoliert werden – ein mühseliger, teurer und manchmal verlustreicher Prozeß: Bis zu 95% der ursprünglich von den Mikroorganismen hergestellten Substanzmenge kann bei der *Reinigung* verloren gehen.

Und auch, wenn ausreichend viel Substanz nach der Reinigung übrig bleibt, ist das Rennen noch nicht gewonnen: Nur in den seltensten Fällen stellen die genmanipulierten Mikroorganismen eine exakte Kopie der natürlichen Substanz her. Es kann sogar passieren, daß im Laufe der gentechnischen Produktion die natürliche Wirkung der Substanz – Fachleute sprechen von der *biologischen Aktivität* – vermindert wird oder gar verloren geht. Nur zum Teil liegt dies am Unvermögen der genmanipulierten Mikroorganismen, die Substanzen naturgetreu nachzubilden. Oft tragen die nicht gerade schonenden *Reinigungsverfahren* dazu bei, das kaputt zu machen, was es zu ernten gilt.

All diese Probleme lassen die Gentechnik als Produktionstechnologie heute in einem anderen, durchaus kritischerem Licht erscheinen: Ein kloniertes Gen, ja sogar ein funktionierender genmanipulierter Produktionsorganismus, ist noch lange kein Garant für ein wirksames, geschweige denn für ein profitables Produkt. Dies sehen mittlerweile auch Gentechnik-Experten so: Im Auftrag des Bonner Ministeriums für Forschung und Technologie ermittelte die Dortmunder Sozialforschungsstelle 1987 und 1988 ein Stimmungsbild unter bundesdeutschen Fachleuten in Sachen Gentechnik. 153 Experten aus Industrie und öffentlicher Forschung äußerten sich zu unterschiedlichen Aspekten dieser neuen Technologie. Übereinstimmend waren sie der Meinung, gentechnische Produktionsanlagen ließen sich nicht »von der Stange« planen und einsetzen. Vielmehr erfordere jedes Produkt eine maßgeschneiderte Herstellungstechnologie. Mit anderen Worten: Schnelle Durchbrüche sind nicht zu erwarten.

Dennoch wäre es vorschnell, schon jetzt den Stab über die gentechnische Pharmaentwicklung zu brechen. Zum einen bietet die Gentechnik heute bereits Arzneimittel, die Therapien verbessern helfen. Zum andern können gentechnische Produkte gegenüber konventionellen aber vergleichbaren Produkten dem Anwender mehr Sicherheit bieten. Für beide Aspekte ein paar Beispiele:

Der Wachstumsfaktor *Erythropoetin* (*EPO*) für rote Blutzellen ermöglicht es heute vielen Nierenkranken, ohne die zuvor benötigten *Bluttransfusionen* leben zu können. EPO wird normalerweise von Nierenzellen produziert und ist ein wichtiger Wachstumsreiz für die Entwicklung der Vorläuferzellen aus dem Knochenmark in differenzierte rote Blutzellen. Die gentechnisch hergestellte Stubstanz gleicht dabei den EPO-Mangel aus, der von dem Nierendefekt herrührt. Noch 1977 mußte ein japanisches Forscherteam 2800 Liter Urin reinigen, um daraus ein Milligramm EPO zu isolieren. An einen therapeutischen Einsatz war bei dieser Ausbeute nicht zu denken. Seit der Klonierung des menschlichen Gens für den Blutzell-Wachstumsfaktor läßt sich EPO in praktisch beliebigen Mengen herstellen. Seit 1988 ist die Substanz in den USA als Medikament zugelassen. Für die betroffenen Patienten ist die EPO-Injektion gegenüber den vormals notwendigen Blutübertragungen eine medikamentöse Alternative, die ihr ohnehin nicht einfaches Leben – als Nierenkranke sind sie auf die Dialyse angewiesen – etwas erträglicher hat werden lassen.

t-PA (*tissue type plasminogen activator*, zu deutsch: *Gewebs-Plasminogen-Aktivator*), eine körpereigene Substanz, die in der Lage ist, gezielt Blutgerinnsel aufzulösen, hat sich als wirksame Sofort-Hilfe bei *Herzinfarkt*-Patienten erwiesen. Die Wahrscheinlichkeit, mit der t-PA verschlossene Herzkranzgefäße wieder eröffnet, scheint über den Raten zu liegen, die sich mit konventionell hergestellten Blutgerinnsellösern erreichen lassen. In den USA ist t-PA unter den gentechnisch erzeugten Medikamenten übrigens ein umsatzträchtiges Produkt. In Deutschland, wo die Substanz ebenfalls zugelassen ist, verhindert ihr hoher Preis – die Einmal-Behandlung kostet etwa 2000 DM – derzeit noch einen breiteren Einsatz.

Gentechnisch hergestellte *Blutgerinnungsfaktoren* werden die Infektionsgefahr von Patienten verringern helfen. So haben sich in der Bundesrepublik etwa die Hälfte aller Bluter – zirka 6000 Personen – mit dem AIDS-verursachenden HI-Virus infiziert. Weltweit, so schätzt man, gibt es 120000 HIV-infizierte Bluter. Erst seitdem es möglich ist, HIV-infiziertes Blutplasma nahezu hundertprozentig zu entdecken, ist diese Gefahr weitgehend gebannt. Dennoch ist die HIV-Infektion der Bluter die wohl weltweit schlimmste Arzneimittel-Katastrophe. Die gentechnische Produktion dieses Gerinnungsfaktors, von der bereits die Rede war, wird derartige Infektionsrisiken ausschließen. Die Abkehr von der natürlichen Rohstoffquelle Blut und die hohe Reinheit des Produkts bieten ein Höchstmaß an Sicherheit, wie es mit konventioneller Technik nicht zu erreichen ist.

Ähnliches gilt für die Therapie der *Zwergenwüchsigkeit* mit *menschlichen Wachstumshormonen*. Sie wurden in der Vergangenheit aus den Hirnanhangdrüsen von Leichen gewonnen. Dieser makaber anmutende Herstellungsprozeß war notwendig, weil die Hypophyse der einzige Ort im menschlichen Körper ist, an dem diese Substanz natürlicherweise in nennenswerten Mengen auftritt. Nachdem 1985 in der Bundesrepublik mehrere mit dieser Substanz behandelte Patienten an einer äußerst seltenen Nervenkrankheit – dem *Jacob-Creutzfeld-Syndrom* – starben, wurde das Medikament vom Markt genommen. Wissenschaftler vermuteten eine sogenannte *»slow-virus-Infektion«* der toten Hormonspender als Ursache der Krankheit bei den Behandelten. Bei dem inzwischen verfügbaren gentechnischen Wachstumshormon läßt sich eine solche Virus-Übertragung mit Sicherheit ausschließen. Doch ob das Wachstumshormon nicht selbst gefährlich ist, ist zur Zeit noch offen: 1988 errechnete ein internationales Expertengremium, daß zwergenwüchsige Kinder, die mit Wachstumspräparaten behandelt wurden, ein doppelt hohes *Leukämie*-Risiko tragen. Die Leukämien traten dabei sowohl bei Kindern auf, die das aus Leichen gewonnene Präparat bekommen hatten, wie bei Kindern, die ausschließlich die gentechnische Substanz oder eine Mixtur aus beiden Präparaten erhalten hatten. Zur Zeit steht der Beweis aus, ob tatsächlich das Medikament oder vielleicht ein anderer Behandlungsfaktor – etwa eine Bestrahlungstherapie – für den Anstieg des Leukämie-Risikos verantwortlich war.

Zugegeben, diese Liste ist noch klein, der Vorteil des gentechnischen gegenüber dem konventionellen Medikament – etwa im Falle t-PA – eher graduell. Dennoch, so meine ich, zeigen die Beispiele, daß gentechnisch erzeugte Arzneimittel in einigen Fällen durchaus Vorteile zu bieten haben. Doch Vorsicht vor Generalisierungen. Nicht immer müssen gentechnisch erzeugte Substanzen ihren konventionell hergestellten Pendants überlegen sein. Auch dafür gibt es ein Beispiel, und zwar Insulin.

Gentechnisch hergestelltes *Insulin* war das erste marktfähige Arzneimittel aus dem Gen-Labor überhaupt. Seit Anfang der 80er Jahre ist es in vielen Ländern der Welt – darunter seit 1983 auch in der Bundesrepublik – erhältlich. Bis heute – und wohl auch noch bis in absehbare Zukunft – wird Insulin aus den Bauchspeicheldrüsen von Schweinen und Rindern gewonnen. Durch einen chemischen Verfahrensschritt läßt sich das tierische Insulin-Molekül allerdings so abändern, daß es mit dem menschlichen Insulin-Molekül identisch ist. Massive »Aufklärungskampagnen« der Hersteller des gentechnisch gewonnenen Insulins führten jedoch dazu, daß viele Ärzte ihre *Diabetes*-Patienten auf das neue Produkt umstellten. Die Argumente, mit denen die Hersteller Ärzte und Patienten zu überzeugen versuchten, reichten von der reichlich nebulösen Behauptung, das naturidentische Gen-Produkt sei die »logische Wahl« bis hin zu dem Versprechen, das gentechnische Insulin würde weniger Allergien erzeugen.

Als Folge davon konnte Eli Lilly, der erste gentechnische Insulin-Produzent, vom Stand weg mit dem neuen Produkt erhebliche Marktanteile ergattern. Doch die mit der Gentechnik beglückten Patienten waren nach einigen Jahren Erfahrung von den Segnungen dieser neuen Technologie nicht mehr so überzeugt. So ergab 1988 eine Umfrage unter 158 auf das gentechnische Produkt umgestellten Diabetes-Patienten, daß nur 14% das neue Insulin als besser beurteilten. Ein Drittel (33%) konnte keinen Unterschied zwischen dem zuvor benutzten tierischen und dem gentechnischen Insulin feststellen. Doch 58% berichteten, sie täten sich unter der Therapie mit dem gentechnischen Medikament schwerer damit, die Anzeichen von Unterzuckerung zu bemerken.

Zuckermangel ist – so paradox es für diese Krankheit erscheinen mag – ein nicht seltener und zudem gefährlicher Zustand für Diabetiker. Trotz Dosierungstabellen und täglichen Blutzuckermessungen ist die adäquate Dosierung des Insulins im Körper äußerst schwierig. Da kann es sogar bei einem Zuckerkranken zu einem gefährlichen Mangel an Glukose im Blutstrom kommen. In schweren Fällen ist eine Unterversorgung des Gehirns die Folge. Doch normalerweise gibt ein unterzuckerter Körper eindeutige Warnsignale. Der Betreffende fängt an zu schwitzen, sein Adrenalin-Spiegel steigt spürbar an. Die dann fällige Gegenmaßnahme ist denkbar einfach: Ein paar Teelöffel Zucker, und die Gefahr ist gebannt.

Bei langjährigen, auf Insulin angewiesenen Diabetikern scheint jedoch die körpereigene Warnglocke gegenüber *Unterzuckerung* abzustumpfen. Dies ist ein generelles Problem der Insulin-Therapie. Doch, so das Ergebnis der britischen Diabetiker-Studie, das gentechnische Medikament könnte diese Gefahr verstärken. Noch ist der Vorwurf gegen das gentechnisch erzeugte Insulin nicht erhärtet. Doch auch unabhängig davon sehen Diabetes-Experten den Trend zum gentechnischen Insulin heute skeptischer: Nur ganz wenige Patienten hatten bislang Allergieprobleme mit Insulin aus tierischen Quellen. Nur für sie ist – wenn überhaupt – ein Umstieg auf das gentechnische Präparat angeraten. Der überwiegende Rest sollte sein gewohntes Insulin beibehalten. Umsteigen kann man auch später noch, falls sich einmal allergische Reaktionen einstellen. Alles andere ist Marketing.

Wer an Medikamente und Gentechnik denkt, dem fallen zunächst Substanzen wie Insulin oder Interferon ein. Sie standen bislang im Vordergrund des Interesses. Doch die gentechnische Produktion körpereigener Substanzen ist nicht das einzige Gebiet, auf dem Gentechnik die Medizin beeinflussen wird. So gibt es – die Untersuchung der kalifornischen Marktforscher Ernst & Young deutete es schon an – wichtige gentechnische Entwicklungen in der medizinischen Diagnostik. Die Gentechnik könnte jedoch auch völlig neue Therapien ermöglichen. Hierfür stehen Begriffe wie »Drug-Design«, »Anti-Sense-RNA« und Gentherapie. Nähern wir uns diesen Entwicklungslinien Schritt für Schritt.

Auf diagnostische Tests von Erbkrankheiten sind wir bereits zu Anfang dieses Buches im Kapitel »Die genetische Gesellschaft« gestoßen. Die Logik dieser Tests besteht darin, entweder den Defekt im Erbgut selbst zu erkennen (direkter DNA-Test) oder einen Marker aufzuspüren, der ganz in der Nähe des Erbdefektes auftritt (indirekter DNA-Test). Doch nicht nur Erbkrankheiten können DNA-Tests aufspüren. Dasselbe Testprinzip läßt sich auch bei *Infektionskrankheiten* anwenden, die von Mikroorganismen hervorgerufen werden. Die Idee hierbei: Mit einer genetischen Angelrute, der DNA-Probe, »fischt« der Mediziner in den Körperflüssigkeiten des Patienten nach der Erbsubstanz der krankheitsverursachenden Erreger. Der Vorteil dieser DNA-Diagnostik liegt in ihrer Schnelligkeit, ihrer Exaktheit und in ihrer Spezifität, jeweils nur einen ganz bestimmten Erreger zu »fischen«.

Das allen diesen Tests zugrundeliegende Prinzip ist die sogenannte *DNA-Hybridisierung*: Im Labor stellt eine Maschine – der DNA-Synthesizer – kurze und einsträngige DNA-Bruchstücke her. Diese passen spiegelbildlich zu den DNA-Abschnitten, die ausschließlich im Erreger, nicht jedoch sonst im Patienten auftreten. Treffen DNA-Probe und Erreger-DNA zusammen, so bilden sie einen Doppelstrang – sie *hybridisieren*. Nun muß man lediglich an die im Labor präparierte DNA-Probe ein Markierungsmolekül heften, das sich leicht erkennen läßt. In den Anfangstagen der DNA-Hybridisierung waren dies radioaktive Bausteine, die zum Aufbau der DNA-

Proben verwendet wurden. Heute kehrt man dieser »heißen« und nicht ungefährlichen Markierungsmethode den Rücken. Mit Farbstoffen oder Enzymen gekoppelte DNA-Proben werden die radioaktiven Proben über kurz oder lang ersetzen.

Ein Beispiel demonstriert den Vorteil der DNA-Diagnostik gegenüber allen konkurrierenden Verfahren. 1980 galt *AIDS* noch als mysteriöse »Schwulenseuche«. Niemand wußte, wodurch diese Krankheit verursacht wurde. Zwei Jahre später hatten französische und kurz darauf US-amerikanische Forscherteams die Krankheitsursache entdeckt: das HI-Virus. Es dauerte nur ein knappes Jahr, bis gentechnisch hergestellte Eiweißmoleküle aus der Virushülle zur Herstellung erster HIV-Tests benutzt werden konnten. Sogenannte *ELISA-Tests* wiesen gegen HIV gerichtete Antikörper im Blut infizierter Menschen nach. Der Nachteil: Der HIV-ELISA-Test produziert zu viele »falsch positive« Antworten. Die Virus-Eiweiße reagieren nicht spezifisch genug nur mit den gegen HIV gerichteten Antikörpern, sondern auch mit anderen. Deshalb muß ein positives HIV-Ergebnis eines ELISA-Tests bis heute mit Hilfe eines äußerst aufwendigen Bestätigungstests abgesichert werden.

Diesen Nachteil beseitigten erst HIV-DNA-Tests. 1988 brachten nahezu gleichzeitig fünf Firmen solche Tests auf den Markt. Ihr Vorteil liegt indes nicht nur in der gesteigerten Sicherheit des Testergebnisses. Anders als der ELISA, der HI-Viren lediglich indirekt über die Anwesenheit der gegen diese Viren gerichtete Antikörper nachweist, bietet der DNA-Test einen direkten HIV-Nachweis. Er wird nur fündig, wenn die Erbsubstanz des Erregers im Blut des Patienten vorhanden ist.

Außerdem lassen sich DNA-Tests unglaublich empfindlich machen: Mit ihnen ist es im Extremfall möglich, einen Erreger zu finden, der nur mit einer einzigen Gen-Kopie in der Untersuchungs-Probe vorhanden ist. Möglich wird dies durch eine genetische Kettenreaktion, die wir ebenfalls bereits im ersten Kapitel kennengelernt haben: die PCR-Technik. Mit Kopierenzymen werden dabei die zu untersuchenden DNA-Moleküle so oft verdoppelt, bis ausreichende Mengen für die Analyse vorhanden sind.

Doch nicht nur die *Empfindlichkeit* sondern auch die extreme *Selektivität* von DNA-Tests beim Aufspüren krankmachender Erreger besticht. So gibt es von einigen Erregern unterschiedliche Stämme, die sich hinsichtlich ihrer krankmachenden Wirkung deutlich unterscheiden. Von *Adenoviren* kennen die Forscher beispielsweise 40 verschiedene Stämme. Nur drei von ihnen lösen im menschlichen Körper Krankheiten aus. Mit herkömmlicher Diagnostik lassen sich jedoch die 40 Adenoviren-Typen praktisch nicht voneinander unterscheiden. Das gleiche gilt für unterschiedliche Stämme von *Salmonellen*. Manche dieser Bakterien produzieren ausgesprochen gefährliche Gifte und verursachen *Thyphus*. Sie mit herkömmlichen Tests von relativ harmlosen Salmonellen-Stämmen unterscheiden zu wollen, ist nahezu aussichtslos: So aktivieren beispielsweise Thypus-Salmonellen nur während der kurzen Invasionsphase ein für sie typisches Gen. Dieses Gen enthält die Bauanleitung für ein »Invasions-Eiweiß«. Erst mit diesem Molekül gelingt es den Thyphuserregern, in eine Körperzelle einzudringen. Ein DNA-Test, der dieses »Invasions-Gen« aufspürt, kann Thyphuserreger unter den Salmonellen zielsicher erkennen.

Bis 1992, so schätzt Dr. William Bains, ein britischer Experte auf dem Gebiet der DNA-Diagnostik, werden für die meisten Infektionskrankheiten DNA-Tests angeboten werden. Der Brite beziffert das Marktvolumen dieser Tests auf mindestens 500 Millionen US-Dollar. Knapp 100 Gen-Firmen, so eine Recherche des US-amerikanischen Amtes zur Abschätzung neuer Technologien (OTA, Office of Technology Assessment) engagierten sich 1987 in der DNA-Diagnostik. Mittlerweile sind es weit über hundert, wie die 1989 ermittelte Studie der bereits erwähnten Marktforscher von Ernst & Young ergab. Ein großer Markt, die kurze Entwicklungsdauer und die gegenüber Medikamenten erheblich einfachere Genehmigungsprozedur machen gentechnische Diagnostika zu lukrativen Produkten, die eben auch schon mittelfristig das Geld in der Firmenkasse klingeln lassen.

Doch es gibt auch Gefahren, die mit dem Einsatz solcher Diagnostika verbunden sein können. Die Test-Kits selber sind zwar völlig ungefährlich. So kann sich beispielsweise die in den Tests verwendete DNA nicht vermehren. Ironischerweise sind es die Vorzüge der DNA-Diagnostik, die ihre Anwendung »gefährlich« machen, nämlich ihre hohe Empfindlichkeit im Aufspüren von Mikroorganismen. So fürchtet der Mikrobiologe William Bains, daß die breite Anwendung der sensiblen DNA-Tests bei weniger gut informierten Ärzten oder ihren Patienten eine unbegründete Hysterie gegenüber Krankheitserregern auslösen könnte.

Ein Beispiel: Die britische Mikrobiologin Edwina Currie hat vor Jahren schon herausgefunden, daß praktisch in jeder Legehennen-Haltung das für Menschen durchaus gefährliche Bakterium Salmonella enteriditis auftritt. Als Folge davon finden sich die Erreger unter anderem auch in den Wohnhäusern der Hühnerfarmer. Doch welche Gefahr geht von ihnen für die Gesundheit der Bewohner aus? Gegenwärtig wissen die Mikrobiologen noch sehr wenig über die Gefährlichkeit krankmachender Mikroorganismen, die in geringen Keimdichten im Menschen oder in dessen unmittelbarer Umgebung auftreten. Ebenso haben DNA-Tests in den letzten beiden

Jahren Legionella-Bakterien als weitverbreitete Besiedler des Erdreiches ausgewiesen. Vor allem in England kam es zu einer Reihe von Krankheits-, ja sogar Todesfällen durch die von ihnen verursachte Legionärskrankheit. Legionella-Bakterien, die sich im Wasserkreislauf von Klimaanlagen eingenistet hatten, waren die Ursache für diese Infektionen. Doch wie aus den harmlosen Bodenbewohnern ein gefährlicher Infektionskeim geworden ist, können auch die sensibelsten DNA-Tests nicht klären.

Mikrobiologen ist es zwar seit langem klar, daß sich jeder Mensch in einem Meer von Mikroorganismen bewegt. Viele davon sind völlig harmlos, einige können uns gefährlich werden, und trotzdem machen sie uns nur selten krank. Diese Erfahrungstatsache sollte man im Hinterkopf behalten, wenn DNA-Tests zur Routine werden, die im Extremfall einen einzigen Keim nachweisen können.

Doch zurück zur therapeutischen Seite der Medizin. Ein neues Zauberwort geistert durch pharmazeutische Entwicklungslabors: das *Drug-Design*, also die planvolle »Konstruktion« eines Arzneimittels. Diese neue Strategie wird die Suche nach neuen Medikamenten zunächst ergänzen und vielleicht sogar einmal ersetzen. Die Gentechnik liefert hierbei nicht unbedingt selbst die Arzneimittel, sondern weist lediglich den Weg zu einer Substanz mit gewünschter Wirkung.

Ausgangspunkt der Medikamenten-Designer ist die Überlegung, daß praktisch alle Medikamente ihre Wirkung an einem bestimmten Wirkort ausüben. Zusammenfassend werden solche Wirkorte als *Rezeptoren* bezeichnet. Es handelt sich dabei im Prinzip um spezifisch geformte Moleküle auf der Oberfläche von Körperzellen. So gibt es beispielsweise Insulin-Rezeptoren und Interferon-Rezeptoren. Ja sogar für körperfremde Medikamente gibt es Rezeptoren, etwa den kürzlich in seiner Struktur entschlüsselten Diazepam-Rezeptor: Er ist der medikamentöse Angriffspunkt für viele Beruhigungsmittel.

Nun ist es Unfug anzunehmen, die Natur hätte den Menschen von vornherein mit Rezeptoren für Arzneimittel ausgestattet. Doch umgekehrt macht die Sache Sinn: Arzneimittel wirken dann, wenn ihre chemische Struktur so beschaffen ist, daß sie einen Rezeptor besetzen können. Und genau diese Tatsache ist die Voraussetzung für das Drug-Design: Die Kenntnis des körpereigenen Wirkortes ermöglicht es, gezielt Moleküle zu konstruieren, die eine gewünschte Wirkung aufweisen. Bislang synthetisieren die Chemiker eines Pharmaherstellers bis zu 10000 Substanzen aufs Geratewohl, bis sich hinterher in aufwendigen Testreihen eine erfolgversprechende Substanz »herausdestillierte«. Diesen zeit- und kostenintensiven Zufallsfaktor wollen die Drug-Designer radikal – nämlich durch planvolles Vorgehen – bekämpfen.

Ein erstes Beispiel für ein solches Drug-Design lieferte 1987 der schweizerische Pharmakonzern Hoffmann-La Roche mit dem blutdrucksenkenden Medikament Cilazapril. Roche-Forscher im britischen Welwyn Garden optimierten einen wirkungsschwachen, aber dafür nebenwirkungsreichen Cilazapril-Vorgänger so, daß er optimal – wie ein Schlüssel zum Schloß – zu seinem Wirkort paßte. Das Ergebnis war ein Molekül, das die Signalkette, die zu einem Blutdruckanstieg führt, wirksam unterbricht. Das schweizerische Unternehmen hat für diese Substanz inzwischen eine Zulassung als Arzneimittel beantragt.

Die wichtigste Voraussetzung für das Drug-Design ist jedoch die exakte räumliche Kenntnis des Wirkortes. Und damit sind wir beim Nadelöhr: Gegenwärtig sind höchstens ein Dutzend Rezeptoren soweit analysiert, daß auch ihre dreidimensionale Form mit atomarer Genauigkeit bekannt ist. Der Grund: Solche Strukturanalysen biologischer Makromoleküle können viele Jahre in Anspruch nehmen. Die Gentechnik ist dabei unabdingbares Hilfsmittel: Als Eiweißmoleküle sind natürlich auch Rezeptoren genetisch programmiert. Der Weg der Strukturforscher geht dabei von der Suche des Rezeptorgens über die Übertragung des Gens bis zur Produktion des Rezeptoreiweißes in Mikroorganismen. Anschließend läßt sich das Rezeptoreiweiß so sauber reinigen, daß die Forscher davon Kristalle anfertigen können. Erst in kristalliner Form ist das Makromolekül der Strukturanalyse zugängig: Mit sogenannten *Röntgenstrukturanalysen* entschlüsseln nämlich die Forscher die räumliche Anordnung der oft vielen Tausend Atome eines Makromoleküls. Die Raumkoordinaten der Einzelatome werden in einem Computer gespeichert, und ein bildgebendes Grafiksystem liefert schließlich ein getreues Abbild des Rezeptors. Nun lassen sich am Bildschirm die Strukturen betrachten, an denen ein Wirkmolekül den Rezeptor besetzen könnte.

Die Herstellung solcher Moleküle – die chemisch synthetisierte Substanz Cilazapril zeigt dies – hat mit Gentechnik nichts mehr zu tun. Nur noch für die räumliche Rekonstruktion des Wirkortes ist ein gentechnischer Zwischenschritt notwendig. Auf diesem Weg ist es sogar denkbar, die heute noch als modern geltenden gentechnischen Medikamente zu ersetzen. Statt des Molekül-Riesens Interferon könnten die Drug-Designer der Zukunft ein kleines und chemisch synthetisierbares Molekül konstruieren, das ebenso wie Interferon selbst den Rezeptor besetzt. Der Vorteil wäre nicht nur eine wahrscheinlich billigere Produktion. Solche einfachen Moleküle lassen sich auch viel leichter anwenden. Schließlich sind alle gentechnisch erzeugten

Medikamente Eiweiße. Sie müssen im Prinzip immer gespritzt werden, um tatsächlich zum Wirkort zu gelangen (es gibt allerdings auch ein paar Ausnahmen). Als Pille verabreicht würden sie spätestens von den Verdauungsenzymen im Magen kurz und klein gehackt. Die meisten chemisch synthetisierten und nicht aus Eiweißen bestehenden Substanzen lassen sich dagegen einfach schlucken.

Ebenfalls medikamentöse Zukunftsmusik lassen Gentechniker mit der *Anti-Sense-Technik* anklingen. Hierbei geht es weder um gentechnisch produzierte noch um chemisch synthetisierte Arzneimittel, sondern um DNA oder RNA, die heilend wirken soll. Um dieses Wirkprinzip zu verstehen, ist es notwendig, sich das Erbsubstanzmolekül DNA etwas genauer anzuschauen: Üblicherweise liegen DNA-Moleküle im Zellkern als komplementäre Doppelstränge vor. Die zu einer Doppelwendel verschlungenen DNA-Fäden verhalten sich dabei in ihrem Aufbau wie ein Bild zum Spiegelbild. Jeweils nur ein Strang wird abgelesen, wenn das Gen aktiviert wird. Daher bezeichnen die Wissenschaftler ihn als *sinntragenden Strang*. Ablesen heißt: Von diesem Sinn-Strang wird eine spiegelbildliche RNA-Kopie angefertigt, die dann später im Zellinneren als Bauanleitung während der Proteinsynthese dem Aufbau eines Eiweißes dient. Der zweite, komplementäre DNA-Strang wird dagegen nicht abgelesen. Er heißt daher auch »gegensinniger« Strang: Im angloamerikanischen Sprachgebrauch wird daraus *anti-sense-DNA*.

Für die Proteinsynthese in der Zelle ist es sogar äußerst wichtig, daß nur vom sinntragenden DNA-Strang eine RNA-Kopie, und zwar eine einsträngige angefertigt wird. Gäbe es auch vom »gegensinnigen« DNA-Strang eine anti-sense-RNA, so würde diese zusammen mit dem informationstragenden RNA-Strang erneut einen Doppelstrang bilden – die Proteinsynthese wäre unterbrochen, weil die Zellorganellen, an denen das Eiweiß zusammengebaut wird, nur einsträngige RNA, und zwar die sinntragende, als Bauplan lesen können. Diese Tatsache führte die Molekularbiologen zu folgender Überlegung: Injiziert man einer Zelle anti-sense-RNA, dann dürfte das Eiweiß, das von der so blockierten RNA kodiert wird, nicht mehr hergestellt werden.

So phantastisch sich dies anhören mag, es funktioniert in der Praxis. So konnte der Münchner Molekularbiologe Ulrich Nauber beispielsweise bei der Fruchtfliege Drosophila mit anti-sense-RNA die Produktion eines Fliegen-Eiweißes blockieren, das für die Entwicklung des Fliegenembryos von enormer Bedeutung ist. Nauber stellte im Labor eine Anti-Sense-Kopie des sogenannten »Krüppel«-Gens her. Dieses Fliegen-Gen enthält die Bauanleitung für ein Eiweiß, das sehr früh in der Embryonalentwicklung die Bildung der einzelnen Körperglieder des Insekts einleitet. Ist das Gen defekt, fehlt auch das »Segmentierungs-Eiweiß«, der Embryo stirbt ab. Bei gesunden Fliegenembryonen konnte Nauber mit der Injektion von anti-sense-RNA des Krüppel-Gens die Produktion des lebenswichtigen Eiweißes blockieren. Mit der künstlich zum Doppelstrang hybridisierten RNA-Kopie des Krüppel-Gens konnte die Eiweißfabrik der Zelle tatsächlich nichts anfangen. Das Segmentierungs-Eiweiß fehlte – ganz wie bei einer Mutation im Krüppel-Gen.

Ist dies nun eine Form von Laborspielerei? Ganz sicher nicht – auch wenn Nauber keineswegs auf der Suche nach neuen Medikamenten ist. Für Forscher wie ihn ist die Anti-Sense-Technologie eine elegante Methode, gezielt die Funktion bestimmter Gene zu untersuchen. Mit einer anti-sense-RNA können die Forscher schließlich jedes bekannte Gen gezielt ausschalten. Darin liegt die Bedeutung für die Grundlagenforschung.

Aber auch für die *Krebstherapie* könnte die Anti-Sense-Technik interessant werden. Von einigen Krebsarten ist bekannt, daß sie durch sogenannte *Krebsgene* im Erbgut ausgelöst werden. Molekulare Veränderungen in Krebsgenen führen nämlich dazu, daß Zellen entarten und zu wuchern beginnen. Wäre es möglich, diese aktivierten Krebsgene durch anti-sense-RNA zu blockieren, dann müßte sich auch das krebsartige Wachstum verhindern lassen. So etwa denkt zum Beispiel der britische Molekularbiologe David Tidd von der University of Liverpool. Er beschäftigt sich mit der Anti-Sense-RNA-Blockade des Krebsgens, das bei der Entstehung von Darmkrebs eine wichtige Rolle spielt.

Selbst eine Therapie der besonders gefährlichen Retroviren erwägen Wissenschaftler mit Hilfe von gegensinniger RNA. Diese Viren, zu denen etwa auch das AIDS-auslösende HI-Virus gehört, klinken sich in das Erbgut ihrer Wirtszellen ein. Zusammen mit körpereigenen Genen werden so auch die viralen Gene von der Zellmaschinerie abgelesen. Es entstehen neue Viruspartikel, die weitere Zellen infizieren können. Diesen Teufelskreis könnte anti-sense-RNA unterbrechen. Sie müßte spezifisch diejenigen viralen RNA-Kopien durch die Hybridisierung zum Doppelstrang blockieren, die für die Produktion neuer Viren unbedingt notwendig sind. Es sei noch einmal betont: Solche Überlegungen sind zu Zeit reine Zukunftsmusik. Noch kein Krebs- oder AIDS-Patient wurde bislang mit anti-sense-RNA behandelt, geschweige denn geheilt.

Näher an der Gegenwart liegt die letzte gentechnische Entwicklung, von der in diesem Kapitel die Rede sein soll – der *Gentherapie*. Genaugenommen liegt der erste Versuch, eine Krankheit gentherapeutisch – also durch einen Eingriff in das Erbgut – zu kurieren, sogar schon zehn Jahre zurück. 1980 benutzte der Spezialist für Blutkrankheiten Prof. Martin Cline von der University of California in Los Angeles zwei Patientinnen als gentherapeutische Versuchskaninchen: Mit einer abenteuerlichen – wenn auch ungefährlichen – Methode versuchte der Mediziner zwei Frauen zu heilen. Sie litten an der sogenannten *Beta-Thalassämie*, einer Erbkrankheit, die einen Defekt des roten Blutfarbstoffs Hämoglobin zur Folge hat. Clines Versuch, das defekte Globin-Gen durch ein gesundes zu ersetzen, schlug fehl. Für den Klinik-Chef endete der Versuch mit einem beruflichen Fiasko: Er hatte die Behandlungen in Israel und Italien vorgenommen – wohlwissend, daß er in seiner Heimat niemals eine Genehmignung dafür erhalten hätte. Doch die US-amerikanische Forschungsbürokratie und sein Arbeitgeber verübelten ihm das schlitzohrige Ausweichen ins Ausland: Die Nationalen Gesundheitsinstitute (NIH) strichen Cline sämtliche Forschungsmittel und seine Heimatuniversität feuerte ihn. Damaliges Fazit für Cline: Eine Gentherapie kann sehr gefährlich sein – für den Therapeuten.

Dennoch geisterten in den 80er Jahren immer wieder Vorschläge für neue Ansätze zur Gentherapie durch die Wissenschaftswelt wie durch die Massenmedien. Das zugrundeliegende Konzept ist auch durchaus bestechend: Via Gentechnik sollte es möglich sein, entweder ein defektes Gen aus dem Erbgut des Patienten herauszuschneiden, um es gegen ein fehlerfreies und funktionierendes Gen auszutauschen. Oder, wenn dieser Austausch nicht möglich sein sollte, wenigstens dem defekten Gen ein gesundes zur Seite zu stellen, um die Genfunktion zumindest partiell wiederherzustellen. Vorschläge nach dem Muster 'es sollte doch möglich sein, daß' gab es zuhauf. Eine Reihe von Erbkrankheiten, von denen man wußte, daß sie auf dem Defekt nur eines Gens beruhten, machten abwechselnd die Runde im gentherapeutischen Kandidaten-Karussell:

- Das *Lesch-Nyhan-Syndrom*, ein Erbdefekt des HPRT-Gens. Dieses Gen enthält die Bauanleitung für das Enzym Hypoxanthin-Guanin-Phosphoribosyl-Transferase. Patienten, denen dieses Enzym fehlt, haben schwere Schäden im Zentralnervensystem.
- Der *ADA*- und der *PNP-Gendefekt*, zwei Immunschwächekrankheiten, die durch Ausfälle der Enzymse Adenosin-Deaminase, beziehungsweise Purin-Nukleosid-Phosphorylase hervorgerufen werden.
- Die *Beta-Thalassämie*, einem genetisch bedingten Defekt des sauerstoff-transportierenden Hämoglobin-Moleküls.
- Dem *Gaucher-Syndrom*, einem genetisch bedingten Defekt im Zukkerstoffwechsel.

Mindestens ein Dutzend hochkarätiger Forscherteams in den USA meldeten sich immer wieder mit neuen Vorschlägen – und zunehmend sogar mit ersten, tastenden Vor-Experimenten – zu Wort. Schrittweise schoben sie die Hürden beiseite, die der Gentherapie bislang im Wege standen. 1982 gelang es zum ersten Mal, ein menschliches Gen in das Erbgut einer Maus einzuschmuggeln, die fortan das menschliche Gen-Produkt – das Wachstumshormon – produzierte. Die so entstandene »Riesenmaus«, sie war doppelt so groß wie ihre unbehandelten Artgenossen, avancierte damals sogar zum »Titelseiten-Star« der angesehenen Wissenschaftszeitschrift »Science«.

Mitte der 80er Jahre gelang der erste Gentransfer des Therapie-Kandidaten *ADA-Gen* in Knochenmarkzellen von Mäusen. Zunächst blieb das übertragene ADA-Gen allerdings stumm, es war also in den Mäusezellen der Kultur nicht aktiv. Dann gelang es, das ADA-Gen zumindest in der Zellkultur zum »Sprechen« zu bringen, zu *exprimieren*, wie die Forscher sagen. Die Zellen produzierten nun das menschliche Enzym. Doch es dauerte noch ein Jahr, bis endlich das menschliche ADA-Gen auch in lebenden Mäusen aktiv wurde. Nur kurze Zeit zuvor gelang es einem weiteren Team, ein *Insulin-Gen* von Ratten auf Mäuse zu übertragen, die dieses Gen nicht in allen ihren Zelltypen aktivierten, sondern nur in den sogenannten B-Zellen der Bauchspeicheldrüse – dem natürlichen Produktionsort für Insulin. Auch das war ein wichtiger Schritt, denn er zeigte, daß es möglich war, übertragene Gene nur in den Zellen anzuschalten, in denen sie auch natürlicherweise aktiv sind.

Trotz aller Erfolge waren sich die beteiligten Forscher der Gefahr ihrer kühnen Pläne – auch für sich selbst – bewußt. So sagte mir 1985 der Bostoner Kinderarzt Dr. Stuart Orkin von der Harvard Medical School in einem Interview: »Wenn der erste Versuch am Menschen schiefläuft, haben die Medien ein Schlachtfest«. Orkin arbeitete damals gerade mit weiteren Harvard-Forschern am ADA-Gentransfer in Mäusezellen.

Je greifbarer ein erster Therapie-Versuch beim Menschen wurde, desto stärker interessierten sich auch die Genehmigungsbehörden für das Thema Gentherapie. Die dafür zuständigen National Institutes of Health (NIH) bildeten in ihrem Gentechnik-Komitee, dem Recombinant DNA Advisory Committee (RAC) eine Gentherapie-Arbeitsgruppe. Sie sollte die »Spielregeln« aufstellen, nach denen ein Antrag auf Gentherapie zu prüfen und gegebenenfalls zu genehmigen sei. In einem Beitrag der Zeitschrift »Science« stellte der Spezialist für Blutkrankheiten Prof. French Anderson, ein Mitglied dieser Arbeitsgruppe, zum ersten Mal im Oktober 1984 einen Fragenkatalog mit den wichtigsten Anforderungen an einen Therapie-Versuch auf:

- Ist sichergestellt, daß die korrekten Gene in die richtigen Zielzellen eingeschleust werden können?
- Bleiben diese Gene im Erbgut der therapierten Zellen stabil integriert, und sind sie lange genug aktiv, um überhaupt einen therapeutischen Nutzen zu haben?
- Wird das benötigte Gen-Produkt – etwa ein Enzym – in der vom Körper benötigten Menge hergestellt, stimmt also auch die Gen-Regulation?
- Können das neue Gen und sein Transportvehikel keine neuen Erbschäden in der Zelle anrichten?

Vor allem der erste und der letzte Punkt bereitete den Gentherapeuten in spe heftige Kopfzerbrechen. Schließlich verwenden fast alle Gruppen ein nicht ungefährliches Transportvehikel, um die gewünschten Gene in die Zielzellen einzubauen, nämlich *Retroviren*. Nun ist es eine Domäne dieser Viren, ihr eigenes Erbgut in das der Wirtszellen einzuklinken. Diese natürliche Fähigkeit macht Retroviren zu veritablen »Gen-Taxis«. Der Gentherapeut muß ihnen lediglich zu ihrem eigenen Erbgut das funktionierende menschliche Gen unterschieben, das den Erbdefekt des Patienten beheben soll.

Etwa so könnte dann eine *Gentherapie der Beta-Thalassämie* aussehen: Dem erbkranken Patienten wird Knochenmark entnommen. Die Zellen des Knochenmarks lassen sich für einige Zeit im Labor kultivieren. Unter diesen Zellen befinden sich auch sogenannte Stammzellen. Das sind die undifferenzierten Vorläufer der verschiedenen Blutzell-Typen – unter anderem auch der roten Blutzellen, die aus dem Eiweißmolekül Globin und dem roten Häm-Farbstoff das lebenswichtige Hämoglobin bilden. Die Zellkultur wird nun mit den genmanipulierten Retroviren infiziert. Ein Teil der Zellen wird Retroviren aufnehmen und mit deren Erbgut auch eine funktionierende Kopie des Globin-Gens erhalten. Unter diesen Zellen werden sich – so zumindest die Hoffnung der Mediziner – auch Stammzellen befinden. Jetzt kann die Zellkultur wieder ins Knochenmark des Patienten reimplantiert werden. Dort werden sich die genmanipulierten Stammzellen teilen und zu roten Blutzellen entwickeln. Wenn in diesen Zellen das eingeschmuggelte korrekte Globin-Gen aktiv ist, dann sollte der Patient zumindest teilweise funktionales Hämoglobin in seinen roten Blutzellen bilden können. Reicht ihre Menge aus, so ist der Patient geheilt.

Soweit also die Hoffnung. Doch so logisch und überzeugend gerade der Gentransfer via Retroviren ausschaut, so gefährlich ist er auch. Schließlich sind Retroviren gefürchtete Krankheitserreger. Deshalb verwenden die Molekularbiologen für ihre gentherapeutischen Experimente »verkrüppelte« Retroviren. Sie entfernen ihnen etwa die Gene, die die Viren brauchen, um sich zu vermehren. Damit wollen die Forscher verhindern, daß die einmal in die Zellen eingedrungenen Retroviren sich verselbständigen und immer weitere Zellen infizieren. Doch auch solche »genamputierten« Retroviren könnten Gefahren in sich bergen: Sie könnten etwa auf bereits im Körper vorhandene Retroviren stoßen, mit diesen Genmaterial austauschen und so ihre Gefährlichkeit wiedererlangen. Diese und noch eine Reihe weiterer hypothetischer Gefahren machen den Einsatz von Retroviren als Gen-Taxis zum Vabanque-Spiel.

Trotzdem haben im Juli 1988 drei Forscher in den USA den ersten Antrag auf eine Gentherapie bei unheilbar kranken Krebspatienten gestellt. Unter den Antragstellern befand sich auch French Anderson, der selbst am Kriterien-Katalog für die Genehmigung solcher Versuche mitgearbeitet hatte. Treibende Kraft des Forscher-Trios war indes der Krebsspezialist Steven Rosenberg vom Nationalen Krebsforschungsinstitut (NCI). Rosenberg machte schon im Jahr zuvor Furore mit einer neuen Krebstherapie, von der er selbst meinte, sie sei »seit 20 oder 30 Jahren die erste wirklich neue Möglichkeit, dem Krebs beizukommen«. Rosenberg hatte damals 25 unheilbar kranke Krebspatienten mit dem gentechnischen Medikament *Interleukin-2* behandelt. Bei 11 dieser Patienten, so berichtete Rosenberg, sei der Krebs zurückgegangen. Doch von den hohen Nebenwirkungen, von der extremen Giftigkeit der Substanz und von der Möglichkeit, daß dieses Medikament den Tod mehrerer Patienten sogar beschleunigt haben könnte – von alledem war zunächst wenig zu hören oder zu lesen. Diese Einseitigkeit verbunden mit Rosenbergs allgegenwärtiger Medienpräsenz brachte dem Forscher herbe Kritik von Kollegen ein.

Die Tatsache, daß Rosenberg nun auch im Rennen um die erste Gentherapie seine Ansprüche geltend machen wollte, trug nicht gerade dazu bei, sein schillerndes Image abzustreifen. Ein heftiger Streit um die Genehmigung des Antrages entbrannte. Das für die Genehmigung zuständige NIH machte dem Forschertrio weitere Auflagen: Es verlangte zusätzliche Vor-Experimente und änderte den Entwurf des Therapieplans an entscheidenden Stellen ab. Doch im Mai 1989 war es soweit: Die Forscher hatten grünes Licht für ein Experiment an 10 todgeweihten Hautkrebspatienten erhalten. Und bereits eine Woche später begannen die Forscher mit den Versuchen.

Trotzdem ist das, was French Anderson, Steven Rosenberg und Michael Blaese – so heißt der dritte im Bunde – machten, keine Gentherapie im strengen Sinne. Denn das Gen, das die Forscher in die Zellen ihrer Patienten einschmuggeln wollten, kann diese Menschen gar nicht heilen. Dies, so bekannten die drei Forscher denn auch freimütig, sei auch gar nicht ihre Absicht. Der Versuch sah folgendermaßen aus: Zunächst entnahmen die Forscher den Krebspatienten Blut. Es enthält neben den roten auch weiße Blutzellen, die für die Immunabwehr verantwortlich sind. Diese Immunzellen oder Lymphozyten haben die Forscher im Labor kultiviert und sie mit extrem hohen Dosen an Interleukin-2 behandelt. Diese Substanz kann Lymphozyten derart aktivieren, daß sie in der Lage sind, in Tumorgewebe einzudringen und es zu zerstören. Immunologen nennen diese Zellen *tumor-infiltrierende Lymphozyten*, oder abgekürzt *TILs*.

Von diesen TILs wollten die Forscher nun wissen, wie sie sich im Körper ausbreiten, und ob sie sich tatsächlich den Weg zum Tumorgewebe bahnen. Deshalb mußten sie die im Labor behandelten Zellen markieren. Genau hierbei kommt die Gentechnik ins Spiel: Via Gentransfer mußte ein Marker-Gen in die Lymphozyten eingebaut werden, das diese Zellen von allen unbehandelten Lymphozyten unterscheidbar machte. Die Forscher benutzten zur Markierung ein bakterielles Gen, das die Zelle gegenüber dem Antibiotikum Neomycin resistent macht. Erst diese mit Interleukin-2 behandelten und gentechnisch markierten Zellen injizierten die Forscher den Patienten wieder. Ihre Fragestellung war nun: Steuern die TILs auf das Tumorgewebe zu, infiltrieren sie die entarteten Zellen und können sie die Krebszellen abtöten? Nur wenn sich antibiotika-resistente Lymphozyten rund um die Hautkrebsherde nachweisen lassen, stimmt die TIL-Theorie. Die Genübertragung sollte also lediglich den Behandlungserfolg überprüfen helfen. Als Nebeneffekt läßt sich damit aber auch prüfen, wie sich genmanipulierte Zellen im Körper verteilen. So gesehen sind diese Krebspatienten nichts anderes als menschliche Versuchskaninchen, bei denen sich höchstens schädliche Nebenwirkungen, nicht jedoch ein heilender Effekt der Gentherapie bemerkbar machen können. Ein – wie ich finde – unakzeptabler Versuchsplan. Die Ergebnisse dieser Versuche liegen zur Zeit noch nicht vor.

Auch in der Bundesrepublik Deutschland wird das Thema Gentherapie kontrovers diskutiert, obwohl es zur Zeit keine Forschergruppe gibt, die – soweit dies öffentlich bekannt ist – an einem gentherapeutischen Konzept arbeitet. Innerhalb der bundesdeutschen Diskussion ist vor allem ein wichtiger Unterschied herausgearbeitet worden: der Unterschied zwischen der *somatischen* und der *Keimbahn-Gentherapie*. Schließlich kann eine Gentherapie auf zwei grundsätzlich voneinander verschiedene Zellarten abzielen, nämlich Körper- oder Somazellen und Fortpflanzungs- oder Keimbahnzellen. Ein Eingriff in Körperzellen wirkt sich lediglich auf das gentherapierte Individuum aus. Ein Gentransfer in Keimbahnzellen führt demgegenüber dazu, daß auch die Nachkommen des gentherapierten Individuums über die korrigierte Gen-Ausstattung verfügen.

Bislang bestand einmütiger Konsens darüber, daß eine Keimbahn-Gentherapie abzulehnen ist. Der Gesetzgeber hat derartige Therapieversuche im neuen Gentechnik-Gesetz sogar ausdrücklich verboten. Nicht nur die »unabsehbaren Folgen auf das Individuum und seine Nachkommenschaft« lassen die Mediziner – so etwa die Bundesärztekammer in ihrer Stellungnahme vom Oktober 1989 – vor einer Keimbahn-Gentherapie zurückschrekken. Einige Wissenschaftler fürchten darüber hinaus, daß mit der Möglichkeit zum Eingriff in die menschliche Keimbahn Eugenik-Befürwortern eine probate Methode zur Verfügung stände, die »Verbesserung« des Menschens in Angriff zu nehmen.

Diese Gefahr ist nicht von der Hand zu weisen. Tatsächlich könnte die Keimbahn-Gentherapie die Gefahren potenzieren, die heute schon mit dem humangenetischen Testangebot verknüpft sind. Ich möchte hier die Diskussion aus dem ersten Kapitel nicht wiederholen. Nur eines sei als Frage noch angemerkt: Wer kann denn beurteilen, bei welchem »Erbdefekt« eine ethisch durchaus begründbare Keimbahn-Gentherapie umschlägt in eine eugenisch begründete »Verbesserung des menschlichen Gen-Pools«? Wer den Eingriff in die menschliche Keimbahn – unter welch restriktiven Einschränkungen auch immer – für denkbar erachtet, bewegt sich auf einer schiefen Ebene, bei der es unter Umständen kein Halten mehr gibt: Der Mensch macht sich selbst zum Gegenstand »züchterischen« Interesses.

Trotz dieser Gefahren gab es in der letzten Zeit einen bemerkenswerten Gesinnungswandel in der internationalen Forschergemeinde. War noch vor wenigen Jahren unbestritten, daß die menschliche Keimbahn für das Forscherinteresse tabu bleiben muß, so bröckelt heute diese Front. Prominentester europäischer Gesinnungswandler: der Züricher Interferon-Forscher Charles Weissmann. 1984 lehnte der Molekularbiologe anläßlich einer Vortragsreise zu verschiedenen bundesdeutschen Universitäten die »Keimbahntransformation mit dem Ziel, vererbbare Eigenschaften zu verändern« wegen der »unübersehbaren medizinischen, evolutionären und sozialen Konsequenzen« ab. 1988 sagte er dagegen der Wissenschaftsjournalistin Christine Schaefer in einem Gespräch für die Zeitschrift »bild der wissenschaft«: »Ich kann mir vorstellen, in die menschliche Keimbahn zu gehen, um Leben zu retten«.

Noch ist nicht absehbar, ob der Sinneswandel des Züricher Wissenschaftlers nur ein Einzelfall ist, oder ob der sich immer schon mutig äußernde Weissmann nur als erster gesagt hat, was viele seiner Kollegen inzwischen ebenfalls denken. Zumindest Indizien sprechen eher für die zweite Variante: Auf Kongressen und in der Fachliteratur verurteilen einige Wissenschaftler die Keimbahn-Gentherapie nicht mehr ganz so heftig wie früher. Sollte sich daher in der der öffentlichen Diskussion der Eingriff in die Keimbahn als »medizinisch vertretbare Option« durchsetzen, dann hätte die Gentechnik in der Tat eine medizinische Revolution ausgelöst: Und zwar eine Revolution unserer Zellkerne.

... à la mode

Gefechtsstand Gen-Labor

Schauder überkam Thomas W. in seinem Sessel. Es fiel ihm leicht sich auszumalen, wie es in einer Welt zugehen wird, in der dieses Monster-Virus grassiert, das man sich genauso leicht einfangen kann, wie einen harmlosen Schnupfen. Wer davon befallen ist, wird zum willenlosen, antriebsschwachen Wesen, ohne Interesse an der Umwelt, an den Mitmenschen, an sich selbst. »›Scheißegal-Mentalität‹ könnte man diese Krankheit nennen«, dachte sich Thomas W., »das wäre eine Katastrophe, wenn solch eine biologische Waffe in die Hände von skrupellosen Militärs käme«. Entsetzt legte er das Buch beiseite.

Eigentlich wollte sich Thomas W. mit der Abendlektüre nur ein wenig spannend unterhalten lassen. Deshalb hatte er zwei Tage zuvor in der Buchhandlung zielsicher nach dem neuen Roman von Johannes Mario Simmel » Doch mit den Clowns kamen die Tränen« gegriffen. Thomas W. schätzte Simmels geschickte Verquickung von Liebe, Verbrechen und Agentenwelt schon in dessen früheren Büchern. Auch der Hinweis der Buchhändlerin, daß es diesmal »um eine gentechnische Sache« ginge, hielt den treuen Simmelleser nicht ab, obwohl er zugeben mußte, von Wissenschaft im Allgemeinen und Gentechnik im Besonderen nicht allzu viel zu verstehen.

Der Bestseller-Autor enttäuschte seinen Leser nicht. Thomas W. »fraß« sich nun schon den zweiten Abend durch die Geschichte von Norma Desmond, der Journalistin, und Jan Barski, dem Wissenschaftler, der zusammen mit dem Hamburger Labor, in dem er arbeitet, ganz tief in eine mörderische Geschichte verstrickt ist. Gemeinsam mit Norma – eigentlich wußte es Thomas W. ja schon im voraus – wird Jan die Sache wieder ins Lot bringen. Und – auch das ahnte er schon seit 200 Seiten – schließlich werden sich die beiden »kriegen«.

Doch die Sache mit der Gentechnik entwickelte sich für ihn zum eigentlichen Knüller des Buches. Da haben doch diese Wissenschaftler bei ihren gentechnischen Labor-Spielereien – sie arbeiten an einem Krebsmittel – ein Monster-Virus erzeugt. Und noch bevor sie selbst mitbekommen, was eigentlich an ihrem Institut abläuft, haben sie bereits alle Geheimdienste der Welt auf dem Hals. Der Wettlauf um das waffenfähige Virus beginnt.

Dem Bestseller-Autor Johannes Mario Simmel, dem die Literaturkritik üblicherweise nicht gerade Hymnen singt, haben viele Feuilleton-Redaktionen für dieses Buch immerhin eine »beachtliche Leistung« bescheinigt. Vor allem seine akribischen Recherchen und daraus resultierend seine Realitätsnähe haben die Rezensenten gelobt. Doch gerade dieses Lob macht mich stutzig. Ich meine vielmehr, daß Simmel einen Teufel an die Wand gemalt und gerade dadurch dem Thema seine real vorhandene Brisanz genommen hat.

Das Malen von Teufeln kann eine sehr nützliche Warnfunktion erfüllen. Dann nämlich, wenn die Autoren von Science fiction-Romanen mit ihrer Zukunftsvision den Kern einer problematischen Entwicklung herausarbeiten, die im Prinzip heute schon akut ist – Huxleys »Schöne neue Welt« oder Orwells »1984« sind die Paradebeispiele solcher nützlichen, diabolischen Wandmalereien. Manchmal indes verkehrt sich der Zweck dieser Teufelsmalerei ins pure Gegenteil. Das passiert, wenn der Autor das Problem nicht richtig erfaßt hat. Dann kann nämlich auch die Extrapolation dieses Problems in die Zukunft nur ins Leere laufen.

Genau dies passiert Simmel mit seinem gentechnischen Monster-Virus. Gen-Forscher, die sonst mit spitzen Fingern prüfen, was sich Outsider an gentechnischen Grusel-Visionen ausdenken, konnten mit Simmels »Scheißegal-Virus« relativ gelassen umgehen. »Warum denn erst im Labor auf kompliziertem Wege ein gefährliches Virus erzeugen, wo es doch eine Riesenauswahl an natürlichen Killern gibt?« So lautet – in Frageform verpackt – die Standardantwort auf meine Standardfrage, die ich mit Dutzenden von Gen-Forschern in den letzten Jahren diskutierte. In der Tat: Giftstoffe von Bakterien oder Panamaischen Pfeilgiftfröschen, aber auch Erreger wie die Lassa-Fieber-Viren, reichen zumindest für meinen Bedarf an Horror-Visionen zum Thema *Biowaffen* völlig aus. Auf diesem Gebiet – so kann man zynisch feststellen – haben die Gentechniker in der Natur ihren Meister gefunden. Warum also vor gentechnischer Waffen-Entwicklung Angst haben?

Genau an dieser Stelle habe ich Probleme mit der Simmelschen Teufelsmalerei: Sie baut mit dem gentechnischen Monster-Virus ein Schreckgespenst auf, das sich – nun für alle einsichtig – als Pappmaché-Popanz entpuppt. Damit hat das Thema Gentechnik und B-Waffenforschung seine Gefährlichkeit verloren. Dies jedoch zu Unrecht. Gentechnische Forschung kann sehr wohl zur Waffen-Entwicklung beitragen – und zwar auch ohne Monster-Viren.

Mitten im friedlichen Oxford arbeitet eine Forschergruppe der dortigen Universität an der Genmanipulation von Viren. Keine teuflischen Kräfte, keine verrückten oder auch »nur« verantwortungslosen Wissenschaftler sind hier am Werk. Keine MI5-, CIA- oder KGB-Agenten gehen hier ein und aus – zumindest nicht mehr als irgendwo sonst in Oxford. Vielmehr arbeiten die britischen Virologen unter der Leitung von David

Bishop an einem gentechnischen Projekt zum Pflanzenschutz: Sie wollen Baculoviren gentechnisch so umprogrammieren, daß sie als quasi-natürliche Schadinsekten-Killer Nutzpflanzen vor Fraßschäden bewahren können. Bishops Arbeit hat eine klare ökologische Zielrichtung. Der Brite weiß nur zu gut, daß die chemischen Schädlingsvertilger nicht der Weisheit letzter Schluß sind. Deshalb arbeitet er an einem *biologischen* Konzept der *Schädlingsbekämpfung*.

Die Grundidee seiner Arbeit ist folgende: Die gentechnisch veränderten Baculoviren sollen einen Giftstoff produzieren, der ganz gezielt die Schädlinge, nicht jedoch nützliche Tiere oder gar den Menschen schädigt. Daß so etwas möglich ist, zeigt das Beispiel des Bacillus thuringensis. Diese Bakterienart wird heute großflächig versprüht, um gezielt Schädlinge zu vernichten. Manche dieser Bacillus-Stämme wirken so spezifisch, daß sie nur eine einzige Art, eben den Schädling, umbringen. Selbst nahverwandten aber nützlichen Insektenarten macht das Gift solcher Bacillus-Stämme nichts aus – eine intelligente Lösung im Vergleich zum steinzeitlichen Rundumschlag mit der chemischen Keule.

Bishop will dieses Konzept nun gentechnisch erweitern, indem er per Gentransfer Baculoviren für den jeweiligen Schädlingsfeind maßschneidert. Doch damit wiederum hat sich der ökologisch denkende Bishop den Zorn vieler Umweltschützer zugezogen. Sein Konzept setzt schließlich die massenhafte *Freisetzung* genmanipulierter Mikroorganismen voraus. Das Problem Gentechnik im Freiland will Bishop nun wiederum mit Gentechnik lösen: Er experimentiert mit sogenannten »*Selbstmord-Genen*«. Diese enthalten die Bauanleitung für Regulations-Proteine. Diese Proteine bewirken nach einer bestimmten Zeit, daß der Stoffwechsel der Viren entgleist und sie zugrunde gehen. Auf diesem Wege, so hofft Bishop, ließe sich die potentiell unendliche Vermehrungsfähigkeit der Viren zeitlich begrenzen. Dazu werden die Viren im Labor genmanipuliert, in Massen vermehrt und auf dem Feld versprüht. Dort töten sie zunächst die Schädlinge der Nutzpflanzen, um anschließend selbst zugrunde zu gehen.

Und damit sind wir von der friedlichen Forschung in Oxford bei einem zentralen militärischen Problem von Biowaffen angelangt. Glücklicherweise untersagt ein internationaler Vertrag aus dem Jahre 1972 die Entwicklung und die Lagerung biologischer Angriffswaffen. Als erste Abrüstungs-Initiative, die diesen Namen auch verdient, wurde das *Genfer B-Waffen-Übereinkommen* gefeiert. Über 100 Staaten haben den Vertrag inzwischen verbindlich anerkannt. Doch ich befürchte, er wäre – zumindest in der weltpolitisch nicht ungefährlichen Vergangenheit – nicht das Papier wert gewesen, auf dem er gedruckt wurde, wenn Militärs und Politiker den

Biowaffen einen hohen Stellenwert beigemessen hätten. Doch den haben Biowaffen aus pragmatischen Gründen nie besessen. Denn allen als Biowaffen denkbaren Erregern fehlen zwei Eigenschaften zur Waffentauglichkeit: nämlich *Lenkbarkeit* und eine zeitlich und räumlich *begrenzbare Vernichtungswirkung*.

Ein historisches Beispiel belegt, was passieren kann, wenn biologische Waffen zum Einsatz kommen: Bereits seit drei Jahren belagerten im Jahr 1346 mongolische Reitertruppen den Genueser Außenposten Kaffa an der Schwarzmeerküste der Krim. Inzwischen war in ihrem Lager die *Pest* ausgebrochen. Da kamen die Belagerer auf die Idee, die Pestopfer über die Mauern in die belagerte Stadt zu katapultierten. Es ist zwar nicht geklärt, ob es sich hierbei lediglich um eine barbarische »Entsorgungs-Strategie« oder um einen barbarischen Einsatz der »Biowaffe Pest« gehandelt hatte.

Immerhin war der Aktion ein höchst zweifelhafter Erfolg beschieden: In Kaffa breitete sich die Pest aus, die Stadt mußte sich ergeben, und zahlreiche – zum Teil infizierte – Flüchtlinge versuchten, mit Schiffen die italienischen Hafenstädte zu erreichen. Nur etwa ein Prozent dieser Menschen – so besagen Augenzeugenberichte – erreichten ihr Ziel lebend. Die Flüchtlingsschiffe der Genueser verwandelten sich unterwegs in Totenschiffe, auf denen die Pest wütete. Am Ziel angekommen zettelten die Heimkehrer in Genua, Sizilien und Korsika eine Pestepidemie an, die sich schließlich über ganz Europa ausbreitete. 25 Millionen Menschen – so schätzen Historiker – fielen damals dem »Schwarzen Tod« zum Opfer.

Man könnte meinen, daß dieser erste und unbeabsichtigte »Großversuch« die biologischen Waffenpläne der Militärs für ewig obsolet machte. Doch weit gefehlt. Praktisch alle kriegführenden Nationen des 2. Weltkrieges beschäftigten sich nicht nur in Gedanken mit dem Einsatz unterschiedlichster Biowaffen. Die dabei sogar an Menschen vorgenommenen »Versuche« gehören zu den schlimmsten Greueltaten moderner, das heißt experimenteller, Naturwissenschaft und Medizin.

Doch egal, welche Biowaffen sich auf dem militärischen Prüfstand befanden, immer scheiterte deren Einsatz an unzureichender Lenkbarkeit oder der unbefristeten Wirkung. So kämpft beispielsweise die britische Armee bis heute auf der kleinen Insel Gruinard eine Schlacht, die nun schon in das 50. Jahr geht: 1941 ließ die Armee auf der Insel an der schottischen Westküste eine Bombe platzen, die *Milzbrand-Bakterien* enthielt. Bis heute ist diese Insel trotz zahlreicher Dekontaminations-Versuche so verseucht, daß sie von der Armee hermetisch abgeriegelt werden muß. Betreten können Menschen diese Insel nur in astronautenähnlichen Schutzanzügen. Man kann sich leicht vorstellen, was in Europa passiert wäre, wenn die Briten diese Bomben als Antwort auf befürchtete Biowaffen-Angriffe Hitler-Deutschlands über deutsche Großstädte abgeworfen hätten.

Doch betrachten wir noch einmal die Arbeit der Oxforder Virologen um David Bishop: Seine »Selbstmord-Gene« könnten der Schlüssel zu einer zeitlich begrenzten Biowaffen-Wirkung sein. Schließlich ist es gerade der Vorteil der Genmanipulation, daß sich Gene mit gewünschten Eigenschaften nahezu beliebig in jedes nur denkbare Lebewesen einbauen lassen. Warum also nicht die Bishopschen Selbstmord-Gene in mikrobielle Menschen- statt in Schädlingskiller einbauen? In diesem Punkt scheint mir die Simmelsche B-Waffen-Story noch schlüssig zu sein: Die Gefahr muß nicht von skrupellosen Wissenschaftlern ausgehen, die absichtlich biologische Vernichtungswaffen planen. Die Grundlagen für solche Waffen könnte sogar ein pazifistisch eingestellter Molekularbiologe liefern.

Die verfügbaren Erfahrungen mit Biowaffen erklären, weshalb sich Militärforscher zielstrebig mit dem Problem der Begrenzbarkeit der Wirkung von B-Waffen beschäftigt haben. Im US-amerikanischen Biowaffen-Zentrum Fort Detrick in Maryland beschäftigten sich zumindest in der Vergangenheit Molekularbiologen mit den Sporulations-Genen von Milzbrand-Bakterien. Diese Gene sind notwendig, damit die Bakterien ihre extrem langlebigen Vermehrungskeime ausbilden können. Diese Keime heißen *Sporen* und können jahrzehntelang im Boden schlummern, ohne an Gefährlichkeit zu verlieren. Gelänge es, via Genmanipulation die Sporulations-Gene zu entfernen oder zumindest auszuschalten, so käme das gentechnische Konstrukt einer Biowaffe gefährlich nahe.

Nun ist nach der bereits erwähnten Genfer Übereinkunft die Entwicklung biologischer Angriffswaffen untersagt. Erlaubt bleibt dagegen weiterhin die *defensive B-Waffen-Forschung*. Doch diese Unterscheidung, die schon im Bereich konventioneller Rüstung ihre Tücken hat, ist im biologischen Bereich schlicht unsinnig. Auch dafür ein Beispiel: Eines der – finanziell – umfangreichsten Forschungsgebiete militärischer Molekularbiologie ist die *Impfstoff-Entwicklung*. So unterhält beispielsweise die US-Armee im Walter Reed Army Institute for Research in Washington eine der international führenden Malaria-Impfstoff-Gruppen. Andere Armee-Forschungsgruppen beschäftigen sich mit der gentechnischen Impfstoff-Entwicklung gegen Hepatitis A, Amöbenruhr und andere Krankheiten, die vor allem in den Tropen auftreten.

Das militärische Interesse an solchen Impfstoffen wird dabei »rein defensiv« begründet: Es ginge lediglich um den Schutz US-amerikanischer Soldaten, die auf Fremdgebiet kämpfen müßten. Dabei scheinen die US-Militärs immer noch von der Vorstellung auszugehen, daß sie ihr Vaterland im Tropengürtel der Erde zu verteidigen haben und nicht in Alaska, Maine, Florida oder New Mexico. Problematisch in dieser Hinsicht ist nicht nur die Strategie der »foreign soil defense«. Die entwickelten Impfstoffe könnten auch dazu dienen, die eigenen Truppen vor den Erregern zu schützen, die zuvor als Biowaffen auf fremdem Territorium zum Einsatz kamen. Als defensiv deklarierter Selbstschutz könnten die Impfstoffe im Handumdrehen zum Bestandteil eines Angriffskrieges werden.

Dasselbe Argument läßt sich auf andere Projekte der biologischen Waffenforschung übertragen. Die Biochemikerin Daphne Kamely hat kürzlich in der Fachzeitschrift »Biotechnology« eine Übersicht über den Beitrag der Molekularbiologie zur Biowaffen-Entwicklung erstellt. Und die Professorin der Johns Hopkins School of Hygiene and Public Health in Baltimore weiß, wovon sie spricht. Im Nebenberuf ist sie nämlich Biotechnologie-Beraterin der US-Armee, genauer des U.S. Army Chemical Research, Development and Engineering Center in Aberdeen Proving Ground, Maryland.

Neben der Impfstoff-Entwicklung nennt Daphne Kamely drei weitere Gebiete, in denen Gen- und Biotechnologie militärische Relevanz haben: Erkennung von Kampfstoffen, Entgiftung von chemischen und biologischen Kampfstoffen sowie Materialentwicklung. So arbeitet die US-Army beispielsweise an sogenannten *Biosensoren*, die das *Nervengas* Soman erkennen können. Als Biosensoren bezeichnet man Meßinstrumente, die spezifisch eine Substanz nachweisen können.

Obwohl es ganz unterschiedliche Biosensor-Konzepte gibt, arbeiten sie alle nach einem vergleichbaren Meßprinzip: Biomoleküle – etwa Antikörper oder Enzyme – die jeweils nur eine Substanz erkennen oder diese chemisch umsetzen, werden mit einem elektronischen Meßteil – etwa einem Feldeffekttransistor – gekoppelt. Die Reaktion der Biomoleküle bewirkt dabei eine physikalische Veränderung im elektronischen Meßteil – beispielsweise eine Spannungs- oder Stromänderung. Und diese Änderung zeigt das Meßinstrument schließlich an.

Bereits heute verwenden Forscher solche Biosensoren, um mit Hilfe von natürlichen Enzymen, die mit einer Elektrode gekoppelt sind, einzelne Stoffe in einem Substanzgemisch nachzuweisen. Zuckerkranke Patienten können mit Biosensoren ihren aktuellen Blutzuckerwert bestimmen. Im militärischen Bereich, so schreibt Daphne Kemely, konzentrieren sich die Forscher auf Sensoren, die mit sogenannten Rezeptor-Molekülen im Bio-Teil ausgestattet sind. Rezeptoren sind körpereigene Proteine, die auf der Zelloberfläche liegen. Sie dienen dem Kontakt mit körpereigenen Signalstoffen und sind daher für das Funktionieren des Organismus von großer Bedeutung.

Den Militärforschern von der Chemiewaffen-Abwehr hat es besonders der Acetylcholin-Rezeptor (ACH-Rezeptor) angetan. Er ist für die Weiterleitung von Nervenimpulsen lebenswichtig. Nervengase wie Soman blokkieren diesen Rezeptor und verursachen dadurch Krämpfe, die rasch zum Tod führen. Mehrere Millionen US-Dollar hat sich die US-Army die Klonierung dieses Rezeptors kosten lassen. Dieses Geld könnte – aus militärischer Sicht – doppelt gut angelegt sein: Zum einen ließen sich mit einem Biosensor auf der Basis von ACH-Rezeptoren nicht nur Soman, sondern alle Nervengase in der Luft aufspüren, die ihre tödliche Wirkung über die Blockade dieses Rezeptors ausüben.

Zum andern könnte die Kenntnis der räumlichen Struktur des Rezeptors die Wissenschaftler auf die Spur von sogenannten *Antidots* führen. Das sind chemische Substanzen, die sich an den Molekülteil des Nervengases anlagern, mit dem es an den Rezeptor bindet. Dadurch würde gleichsam das Nervengas an entscheidender Stelle »maskiert«, und es könnte im Körper nicht mehr die Rezeptoren blockieren. Neben der Rezeptorforschung genießt die Antidot-Forschung innerhalb der molekularbiologischen Militärforschung höchste Priorität.

Mit Recht weisen die Militärs auf die militärische Schutzfunktion dieser Forschung hin. Chemische Waffen kamen in der letzten Zeit – etwa im irakisch-iranischen Krieg – durchaus zum Einsatz. Und das, obwohl der Einsatz dieser Waffen ebenso wie der von biologischen Waffen durch internationale Verträge geächtet ist. Doch natürlich läßt sich der argumentative Spieß auch umdrehen: Wer seine Truppen mit Antidots vor Nervengasen schützt, kann so gewappnet selbst zur Chemie-Waffe greifen. Und wer ACH-Biosensoren besitzt, kann nach einem Chemiewaffen-Einsatz nachprüfen, ob »die Luft rein« ist.

Ähnlich problematisch verhält es sich mit gen- und biotechnologischen Projekten zur *Dekontamination* von verseuchten Territorien, die das Ziel eines biologischen oder chemischen Angriffs waren. Natürlich vorhandene oder gentechnisch veränderte Mikroorganismen können zum Abbau schädlicher Substanzen eingesetzt werden. Solche Mikroorganismen gibt es bereits: Forscher haben in den letzten zehn Jahren eine Reihe von natürlich auftretenden Mikroorganismen isoliert, die Schadstoffe wie chlorierte Kohlenwasserstoffe, ja sogar Dioxine abbauen können. Mittels Gentechnik, so hoffen einige Wissenschaftler, könnte man sogar mikrobielle Saubermänner konstruieren, die selbst solche Giftstoffe unschädlich machen, für die es bislang keinen biologischen Abbauweg gab. Die zum Teil erheblichen Gefahren, die in der Bundesrepublik und anderswo von Chemiewaffen-Lagerplätzen ausgehen, deren Böden vergiftet sind, lassen die Entwicklung von geeigneten Dekontaminationsverfahren mehr als wünschenswert erscheinen.

Daphne Kamely sieht indes auch einen militärischen Nutzen solcher Dekontaminations-Mikroorganismen, dann nämlich, wenn ein Angreifer mit langlebigen Chemiewaffen das Gebiet des Verteidigers verseucht hat. Umgekehrt könnte man sich genauso gut vorstellen, daß der Angreifer selbst, mit geeigneten Mikroorganismen im Gepäck der Nachhut, die Saubermänner einsetzt, um das zuvor mit Chemiewaffen »erkämpfte« Gebiet wieder bewohnbar zu machen.

Der vierte Bereich militärischer Bio-Forschung betrifft die *Materialentwicklung*. Selbst hierbei könnte die Gentechnik eine Rolle spielen: Molekularbiologen der kalifornischen Gen-Firma Syntro Inc. haben vor zwei Jahren Bakterien ein Gen eingepflanzt, das die Bauanleitung für den Faserstoff des Seidenspinners enthält. Ziel der Syntro-Forscher ist es, mit Hilfe dieser Bakterien auf biotechnologischem Weg Seidenfasern zu erzeugen.

In einem zweiten Schritt denken die Forscher nun daran, das Protein – es trägt den Namen Seidenfibroin – so abzuändern, daß es andere Materialeigenschaften aufweist. Wie diese Methode – das Protein-Design – funktioniert, ist ausführlich im Kapitel »Haute Couture der Pillendreher« beschrieben. Nicht nur für Mode-Designer ist indes die bakteriell erzeugte Seide von Interesse. Finanziert hat das Syntro-Projekt die US-Marine, die sich vor allem von der zweiten Projektphase ein optimales Fallschirm-Material verspricht.

Ich gebe zu, mein Aufriß in Sachen Waffen-Entwicklung und Gentechnik ist nicht annähernd so spannend wie die Geschichte vom Simmelschen Monster-Virus. Dafür – so hoffe ich wenigstens – hat dieses Kapitel den Vorteil, sich mit der Bedeutung der Gentechnik für die Militärforschung anhand konkret anstehender Projekte zu beschäftigen. Der Leser könnte dabei den allerdings falschen Eindruck gewinnen, nur die US-Armee betreibe B-Waffenforschung. Dies ist sicher nicht der Fall.

Auch in der Bundesrepublik Deutschland gibt es molekularbiologische Forschungsprojekte mit militärischem Hintergrund. Zumindest unterstützt das Verteidigungsministerium finanziell mehrere Forschergruppen in Deutschland. Auch hierzulande liegt ein Schwerpunkt auf der Antidot-Forschung von chemischen Waffen. Und selbstverständlich betreiben die Staaten des Warschauer Paktes militärische Bio-Forschung. Nur sind die Projekte dort wesentlich schwieriger dokumentierbar als etwa in den USA. Deshalb möchte ich diesen Punkt noch einmal ganz deutlich herausstellen: Biowaffenforschung ist kein nationales, sondern ein weltweites Problem.

Doch wie soll man dieses Problem lösen? Ein Forschungsverbot bietet meines Erachtens keine Garantie, daß in Zukunft keine Biowaffen-Forschung mehr stattfindet. Außerdem, so ist am Beispiel der Oxforder Baculoviren-Forschung deutlich geworden, kann die Entwicklung einer B-Waffe einen durchaus friedlichen Anfang haben. Hinzu kommt, daß ein weltweites Verbot – etwa eine Erweiterung der Genfer Biowaffen-Konvention auf jegliche Forschung – die Betreiber nur weiter in die Geheimniskrämerei flüchten lassen würde, als dies heute bereits der Fall ist.

Andererseits ist die derzeitige Unterscheidung der Genfer B-Waffen-Konvention in biologische Defensiv- und Offensiv-Forschung eine Illusion. Das einzige, was helfen könnte, ist Öffentlichkeit, genauer *öffentliche Kontrolle*. Staaten, die militärrelevante Bio-Forschung betreiben, müßten zur Offenlegung von Etats und Projekten verpflichtet sein. Ferner müßte sichergestellt sein, daß die Ergebnisse »defensiver« B-Waffen-Forschung uneingeschränkt publiziert werden. Wer etwa ein Nervengas-Antidot nur zu Verteidigungszwecken entwickelt hat, dürfte schließlich nichts dagegen haben, wenn alle Staaten über dieses Know how verfügten. Nach dem atomaren »Gleichgewicht des Schreckens« wäre dies vielleicht ein vertrauenbildendes »Gleichgewicht des Schreckennehmens«.

Von einen hoffnungsvollen Anstoß zu mehr »Glasnost« im Bereich der B-Waffen-Forschung berichtete letztes Jahr die Wissenschaftsjornalistin Bruni Kobbe in der Zeitschrift »bild der wissenschaft«: Auf der wichtigsten US-amerikanischen Forscher-Tagung der Amerikanischen Vereinigung zur Förderung der Wissenschaft (AAAS) forderten die dort versammelten Biologen von ihrer Regierung, sich für eine Nachbesserung der Genfer B-Waffen-Konvention einzusetzen. Die Biologen wiesen darauf hin, daß sich die Zahl der Staaten, die mittlerweile Biowaffen herstellen können, auf zehn erhöht hat. Deshalb schlagen die Forscher vor, bis zur nächsten Nachfolge-Konferenz, die 1991 in Genf stattfinden soll, Vorschläge auszuarbeiten, wie die Einhaltung der Konvention durch die Unterzeichnerstaaten überprüft werden kann.

Vor einigen Jahren traten in Deutschland und anderswo Geologen mit Plänen an die Öffentlichkeit, wie sich ein unterirdisches *Atomwaffen-Teststopp-Abkommen* überprüfen lasse. Bis dahin sträubten sich nämlich die Atommächte gegen ein derartiges Abkommen. Als Haupthemmnis führten die Staaten an, unterirdische Atomtests ließen sich mit den vorhandenen seismischen Meßmethoden nicht sicher von natürlichen Erd- oder Seebeben unterscheiden; die Verifikation eines entsprechendes Vertrages sei also unmöglich. Doch die Geologen bewiesen das Gegenteil. Das technische Schutz-Argument war vom Tisch. Wer nun noch gegen ein Teststopp-Abkommen votierte, mußte schon – wie im Falle Frankreichs – das Argument der »vitalen Verteidigungsinteressen« bemühen, um sich herauszureden.

Inzwischen ist ein Teststopp-Abkommen auch für unterirdische Versuche in Sicht. Zweifellos hat die verbesserte politische Großwetterlage zwischen den Machtblöcken diese Entwicklung begünstigt. Doch der Anstoß dazu kam unstrittig aus der Wissenschaft. Wenn es darum geht, daß Wissenschaftler in der Öffentlichkeit für ihre Arbeit um Akzeptanz und Vertrauen werben, dann sind solche Initiativen der überzeugendste Beitrag. Gerade die Gentechnik hat dieses Vertrauen der Öffentlichkeit bitter nötig. Eine internationale Initiative der Biologen auf dem Gebiet der B-Waffen-Forschung könnte nicht nur unser Leben ein Stückchen sicherer machen. Sie würde der Öffentlichkeit signalisieren, daß die Genforscher ihre Verantwortung nicht nur in Worten, sondern auch tatkräftig ernst nehmen.

Der *Gen*eral

Erklärungen statt Fachchinesisch

Adenin

Neben →*Cytosin*, →*Guanin* und →*Thymin* eine der vier informationstragenden Einzelbausteine der Erbsubstanz →*DNA*. Die Abfolge oder Sequenz dieser vier Moleküle bestimmt die →*Primärstruktur* der →*Proteine*.

Agrobacterium tumefaciens

Bodenbakterium, das bei einer Gruppe von Pflanzenarten eine Art Krebswachstum verursachen kann. Die Wucherungen heißen aufgrund ihres Aussehens auch *Wurzelhalsgallen*. In der →*Gentechnik* spielen diese Bodenbakterien eine wichtige Rolle als Überträger (→*Vektoren*) von fremden Genen. Agrobakterien verfügen wie die meisten Bakterien über ringförmige →*Plasmide*, die aus →*DNA* bestehen. Diese Plasmide können aus den Bakterienzellen in Pflanzenzellen eindringen. Ihre Erbsubstanz können sie in die →*Chromosomen* der Pflanzen einklinken. Durch gentechnischen Einbau fremder DNA in den Plasmidring der Agrobakterien, lassen sich neue →*Gene* mit neuen Eigenschaften in das Erbgut von Pflanzen einfügen. Der Nachteil des Gen-Transfers mit Agrobakterien: Diese Mikroorganismen können – von wenigen Ausnahmen abgesehen – nur die Gruppe der *zweikeimblättrigen* Pflanzen infizieren. Die wirtschaftlich interessanten Getreidearten wie Mais, Gerste, Weizen oder Roggen gehören indes zu den *einkeimblättrigen* Pflanzen. Sie lassen sich mit Agrobakterien als Vektoren bislang nicht gentechnisch verändern.

AIDS

Abkürzung für »*aquired immune deficiency syndrome*«. Zu deutsch: erworbene Immunschwächekrankheit. Schwere, meist tödlich verlaufende Krankheit, die durch →*Retroviren* verursacht wird. Zur Zeit sind zwei retrovirale AIDS-Erreger bekannt – HIV-1 und HIV-2. Diese Viren können mehrere Zelltypen des →*Immunsystems* sowie einige Nervenzelltypen infizieren.

Mit Hilfe der Gentechnik konnten bereits sehr empfindliche HIV-Tests entwickelt werden. Die Gentechnik spielt auch bei der Entwicklung von Medikamenten und Impfstoffen gegen AIDS eine entscheidende Rolle.

Aminosäuren

Einzelbausteine der →*Proteine*. Es gibt 20 verschienene Aminosäuren. Während der →*Proteinsynthese* werden die unterschiedlichen Aminosäuren an den *Ribosomen* nach der Vorgabe der →*messenger-RNA* zu mehr oder weniger langen Ketten verknüpft. Die Aufeinanderfolge oder →*Sequenz* der kettenförmig verknüpften Aminosäuren wird als →*Primärstruktur* des Proteins bezeichnet. Nach Beendigung der Proteinsynthese falten sich die Aminosäureketten spontan zu komplizierten, dreidimensionalen Molekülgebilden auf (→*Sekundär-*, →*Tertiär-* und →*Quartärstruktur*). Inner- und intermolekulare Kräfte sorgen dafür, daß Aminosäureketten mit gleicher Primärstruktur immer wieder zu gleichen dreidimensionalen Proteinstrukturen führen.

Amniozentese

Untersuchungsmethode während der Schwangerschaft. Mit einer dünnen Hohlnadel wird dabei Fruchtwasser der Schwangeren gewonnen. Dieses Fruchtwasser enthält auch Zellen des →*Embryos*. Diese Zellen müssen vor der eigentlichen Untersuchung im Labor kultiviert, also vermehrt werden. Mit konventionellen Methoden lassen sich grobe Schädigungen oder →*Mutationen* der Chromosomen des ungeborenen Kindes feststellen. Mit Hilfe von →*Gentests* lassen sich mittlerweile ein Vielzahl von Erbkrankheiten lange vor der Geburt erkennen, selbst wenn sie nur auf molekulare Schäden im Erbgut zurückzuführen sind.

Antikörper, monoklonale Antikörper

Charakteristisch geformte, Y-förmige Abwehrmoleküle des →*Immunsystems*. Chemisch gesehen handelt es sich um körpereigene →*Proteine*. Ihre Aufgabe ist es, Fremdstoffe zu erkennen, die in den Körper eingedrungen sind. Meistens handelt es sich bei Fremdstoffen selbst wieder um Proteine – diesmal allerdings von Krankheitserregern. Die Antikörper heften sich an diese Fremdproteine an und markieren sie so für die Abwehrzellen des Immunsystems. Jeder Antikörper kann lediglich einen Typ von Fremdproteinen erkennen und sich mit diesem verbinden. Diese Spezifität der Antikörper-Bindung nennt man auch anschaulich Schlüssel-Schloß-Prinzip. Antikörper schwimmen entweder frei im Blut umher oder sie sind fest auf der Oberfläche von →*B-Lymphozyten* gebunden.

Die beiden Immunologen Georges Köhler und Cesar Milstein entwickelten eine Methode zur Herstellung *monoklonaler Antikörper*, das sind Antikörper, die von einem einzigen B-Lymphozyten abstammen und daher auch nur eine bestimmte Spezifität haben. Dies ist ein Verfahren der →*Biotechnologie* und nicht der →*Gentechnik*. Es beruht auf der Verschmelzung eines B-Lymphozyten mit einer bestimmten Krebszelle. Das Verschmelzungsprodukt, Forscher sprechen von einer *Hybridomzelle*, ist gleichsam ein unsterblich gemachter Produzent von Antikörpern derselben Spezifität. Monoklonale Antikörper entwickelten sich nicht nur zu eminent wichtigen Forschungs-Werkzeugen. Auch in der Diagnostik von Krankheiten haben sie inzwischen ihren festen Platz. Mit Farbstoffen oder →*Enzymen* gekoppelt zeigen sie sehr empfindlich die Anwesenheit des Stoffes – etwa ein Oberflächenprotein eines Krankheitserregers – an, den sie aufgrund ihrer Spezifität erkennen. Sogar in der Therapie von Krankheiten ist der Einsatz von monoklonalen Antikörpern denkbar und wird zur Zeit in unterschiedlichen Konzepten intensiv geprüft.

Autoradiographie

Laborverfahren, bei dem zuvor radioaktiv markierte Moleküle dadurch sichtbar gemacht werden, daß sie nach einer bestimmten »Belichtungszeit« eine Schwärzung auf einem fotographischen Film hervorrufen. Die Filmschwärzung zeigt dabei die Anwesenheit der zu untersuchenden Substanz in einem Substanzgemisch an. Meist wird die Autoradiographie mit einem weiteren Verfahren, der →*Elektrophorese* verknüpft. So entstehen räumlich aufgelöste Schwärzungsmuster, wie sie etwa für die →*Sequenzanalyse* von *DNA* erforderlich sind.

Bakterien

Einzellige, mikroskopisch kleine Lebewesen oder Mikroorganismen. Im Unterschied zu allen anderen ein- und mehrzelligen Organismen (Hefezellen, Pflanzen, Tiere einschließlich des Menschens) besitzen Bakterien keinen Zellkern. Ihre Erbsubstanz schwimmt frei im Zellkörper umher. Ihr Erbgut enthält neben einem bakteriellen →*Chromosom* meist auch →*Plasmide*. Bakterienzellen vermehren sich ungeschlechtlich, das heißt, eine Zelle teilt sich, ohne daß es zu einer →*Rekombination* des Erbgutes kommt. Aus einer Bakterienzelle entsteht daher ein →*Klon* genetisch identischer Nachkommen. Lediglich durch Prozesse wie etwa der *Konjugation* kann das genetische Material der Plasmide von einer Bakterienzelle zur anderen weitergegeben und daher rekombiniert werden. Bakterien sind neben Hefezellen die bedeutsamsten Produktionsorganismen der →*Biotechnologie*. Mit Hilfe der →*Gentechnik* läßt sich ihr Erbgut gezielt so verändern, daß sie etwa Medikamente wie Insulin, Wachstumshormone oder Blutgerinnungsfaktoren sowie Impfstoff-Eiweiße – etwa Hepatitis B-Oberflächenproteine – und diagnostische Eiweiße – etwa HIV-Oberflächenproteine – herstellen.

Basenpaar/Basenpaarung

Das doppelsträngige Erbsubstanz-Molekül →*DNA* enthält die informationstragenden Bausteine, die Basen →*Adenin*, →*Cytosin*, →*Guanin* und →*Thymin*, jeweils paarweise. Verbunden über zwei sogenannte Wasserstoffbrücken liegt jeweils einem Adenin-Molekül des einen Stranges ein Thymin-Molekül des anderen Stranges gegenüber. Die Basen Cytosin und Guanin sind über jeweils drei Wasserstoffbrücken miteinander verbunden. Erst kurz vor einer Zellteilung oder wenn ein bestimmter DNA-Abschnitt zum Zweck der →*Proteinsynthese* aktiviert und abgelesen wird, bricht die Basenpaarung auf und die ursprünglich doppelsträngige DNA liegt kurzfristig als Einzelstrang vor.

Biotechnologie

Definitionen für Biotechnologie gibt es wie Sand am Meer. Die wohl allgemeinste könnte lauten: Biotechnologie ist der zweckgerichtete technische Einsatz von Lebewesen zur Erzeugung, Verarbeitung, Umwandlung oder Vernichtung von Substanzen. Läßt man diese Definition gelten, so wäre jede Art von Pflanzen- oder Tierzucht – also jede landwirtschaftliche Betätigung – Biotechnologie. Im heutigen Sprachgebrauch ist die Biotechnologie allerdings weitgehend auf den zweckgerichteten technischen Einsatz von Mikroorganismen wie Bakterien oder Hefezellen sowie auf den Einsatz von Säugetier-Zellkulturen beschränkt.

Ein Kollege, der Mikrobiologe und Wissenschaftsjournalist Claus Conzelmann, hat einmal die Biotechnologie als »ältestes Gewerbe der Welt« bezeichnet. Ich bin mir zwar nicht sicher, ob der Biotechnologie tatsächlich die Ehre dieses Superlativs gebührt. Dennoch ist es richtig, daß Menschen auch ohne Wissen um die tatsächlichen Abläufe bereits vor über 6000 Jahren Biotechnologie betrieben haben. Aus sumerischen Keilschriften geht hervor, daß die damaligen Bewohner des Zweistromlandes ein berauschendes, also Alkohol enthaltendes Getränk kannten. In gewerblichen Brauereien vergoren sie mit mikrobieller Hilfe Gerstensaft zu unterschiedlichen – allerdings noch hopfenlosen – Biersorten und kelterten Früchte zu einer Art Wein. Später lernten die Menschen mit Hilfe von Hefen Sauerteigbrot herzustellen und Lebensmittel wie Milch durch die Umwandlung zu Käse, Kefir oder Joghurt haltbarer zu machen. Auch hierbei halfen ihnen Mikroorganismen wie etwa die *Milchsäurebakterien*.

Der erste wirklich »professionelle« Biotechnologe war der französische Forscher Louis Pasteur. Im Auftrage französischer Winzer untersuchte er »Weinkrankheiten«, die immer wieder zu schweren Produktionsausfällen führten. Pasteur lernte beim Blick durchs Mikroskop einen der Verursacher kennen: Das Bakterium Acetobacter aceti, das in kürzester Zeit aus vielversprechenden Bordeaux-Trauben schaurig sauren Essig statt vollmundigen Rotwein entstehen ließ. Pasteurs allgemeine Erkenntnis daraus: Kleinstlebewesen wandeln Nahrungsmittel um. Als mikroskopisch kleine Störenfriede können sie schädlich, als unsichtbare Helfer allerdings auch nützlich sein. Pasteur erkannte, daß Milch durch Erhitzen (*Pasteurisieren*) länger haltbar bleibt, weil er auf diese Weise schädliche Keime in der Milch abtöten konnte. Und er nutzte die Acetobacter-Bakterien kurzerhand, um aus verschiedenen Früchten Essig herzustellen.

Nicht nur in der Lebensmittelherstellung lernte man Mikroorganismen als professionelle Stoffumwandler kennen. 1929 entdeckten britische Wissenschaftler Pilzkulturen, die Bakterien abtöten konnten – der Beginn der Antibiotika-Forschung. Bis heute werden *Antibiotika* ganz oder teilweise biotechnologisch hergestellt. Seit geraumer Zeit schätzen wir Bakterien in sogenannten biologischen Klärstufen als biologische Saubermänner bei der Abwasserreinigung. Kupfer- und Uranminen setzen Mikroorganismen zum Abbau der Metalle in alten Abraumhalden ein, wo eine konventionelle Erzanreicherung aufgrund des zu geringen Kupferanteils im Gestein längst unwirtschaftlich geworden ist. Schwefelfressende Bakterien können gar zur Entschwefelung von Braun- und Steinkohle eingesetzt werden. Biotechnologie-Firmen verschmelzen B-Zellen von Mäusen mit Krebszellen, um sogenannte monoklonale →*Antikörper* zur Diagnostik und Therapie von Krankheiten zu produzieren. Dies alles ist Biotechnologie. Neuerdings werden allerdings auch moderne Formen der Pflanzen- und Tierzüchtung als biotechnologische Prozesse aufgefaßt (siehe etwa →*Chimären* und →*Protoplasten*).

Häufig wird Biotechnologie mit →*Gentechnik* gleichgesetzt. Dies ist falsch. Die Gentechnik ist lediglich ein neues Teilgebiet der viel umfas-

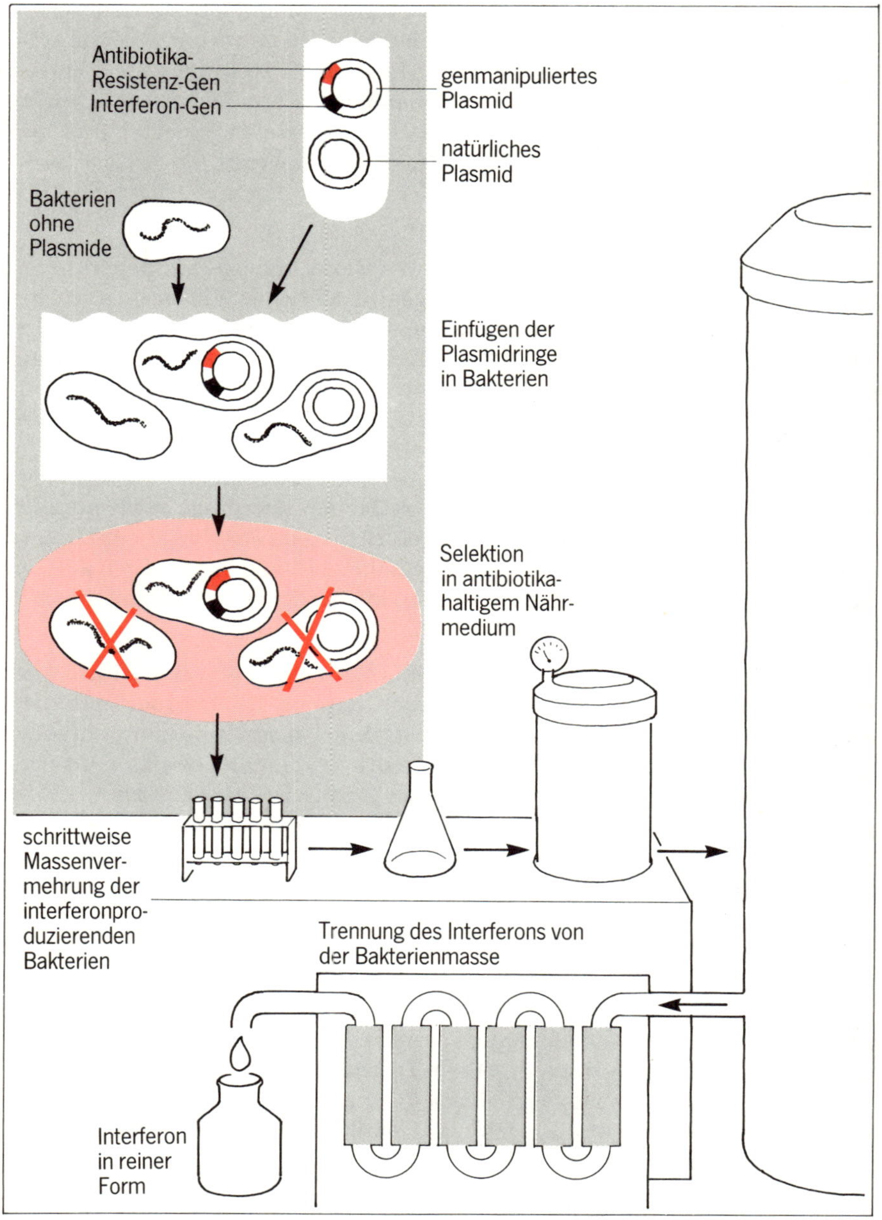

Abb. 1 Biotechnologische Produktion von Interferon

senderen Biotechnologie. Mit Hilfe der Gentechnik kann das Leistungsspektrum der biotechnologisch eingesetzten Organismen zielgerichtet verändert und erweitert werden, etwa indem Mikroorganismen Medikamente oder technische *Enzyme* herstellen, die sie natürlicherweise nicht herstellen würden.

Ausgangspunkt der biotechnologischen Produktion ist ein Klon von Mikroorganismen, der ein bestimmtes Produkt – sei es ein traditionelles Antibiotikum wie Penicillin oder ein gentechnisches Medikament wie Insulin – herstellt. Dieser Produktionsstamm wird in immer größeren Kulturgefäßen vermehrt, bis er schließlich im *Fermenter* oder *Bioreaktor* in unvorstellbarer Zahl massenvermehrt werden kann. Biotechnologen nennen dieses gestufte Vergrößern der Produktionsvolumina ›*Upscaling*‹. Großfermenter mit bis zu 150000 Litern Fassungsvermögen können dabei die Dimension eines mehrstöckigen Hauses erreichen. Sie enthalten neben den Mikroorganismen Nährflüssigkeit, in der die mikrobiellen Produzenten leben können. Durch ständiges Rühren, durch ausreichende Zufuhr von Nährstoffen und Sauerstoff, einer exakten Temperierung und Regulation des Säuregehaltes müssen Aberbilliarden von Mikroorganismen »bei Laune« gehalten werden – eine sehr schwierige Aufgabe, mit der sich die Fermentationstechnologie beschäftigt.

Daran schließt sich die Aufarbeitung des Produktes an. Mit unterschiedlichen Trennverfahren muß das Produkt von allen anderen Stoffen und Partikeln abgesondert werden. Diese Reinigungsprozeduren – Biotechnologen sprechen vom ›Downstream Processing‹ – führen schrittweise zum reinen Produkt. Bei der Herstellung eines gentechnischen Produktes ist es oft gar nicht die Konstruktion eines geeigneten Produktionsorganismus, der die Hauptschwierigkeiten verursacht. Häufig sind es Mängel der biotechnologischen Verfahrensschritte, die die Produktentwicklung verlangsamen.

B-Lymphozyten

Spezialisierte Blutzellen des Immunsystems, die →*Antikörper* auf ihrer Zelloberfläche tragen. Als sogenannte *Gedächtniszellen* schwimmen sie nach einem ersten Kontakt mit einem bestimmten Krankheitserreger in geringer Zahl im Blut. Bei einem erneuten Kontakt mit diesem Erreger können sich diese Zellen außerordentlich rasch teilen und eine Vielzahl von Antikörpern produzieren, die den Eindringling erkennen, sich mit diesem verbinden und ihn so für den Rest der Immunabwehr kenntlich machen. Jeder B-Lymphozyt produziert jeweils nur eine Sorte von Antikörpern mit nur einer Spezifität, sogenannte monoklonale Antikörper.

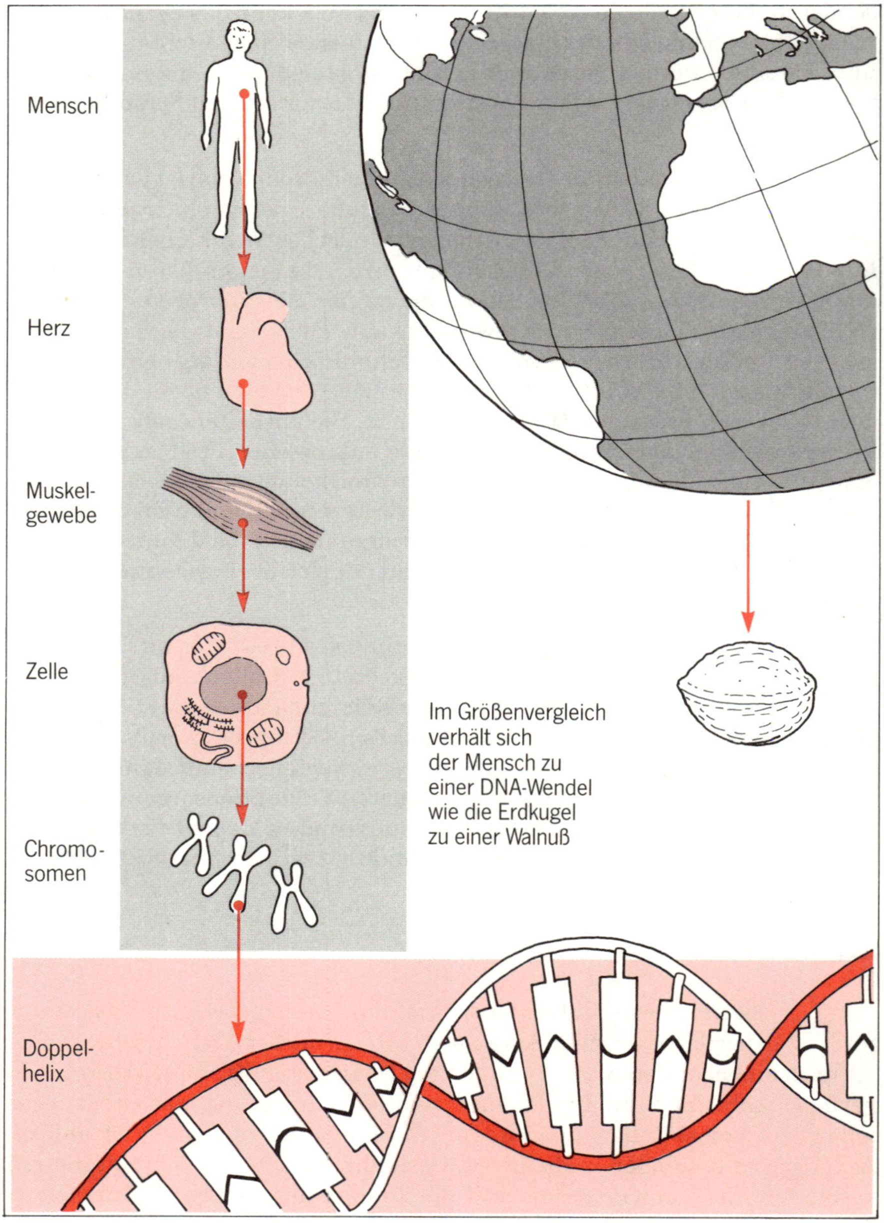

Abb. 2 Zur Veranschaulichung der Größenverhältnisse

Chimäre

Ursprünglich bezeichnete dieser Begriff in der griechischen Mythologie ein Fabelwesen aus Löwe, Schaf und Schlange. In der »entzauberten« modernen Welt der Biotechnologie bezeichnet man indes solche Lebewesen als Chimären, die mehr als zwei Eltern haben. Durch Verschmelzung von Embryonalzellen gelang es beispielsweise 1984, ein Mischwesen aus Schaf und Ziege, eine »Schiege« zu erzeugen. Nicht immer müssen unterschiedliche Arten an der Chimärenbildung beteiligt sein. So läßt sich etwa auch eine Maus-Chimäre erzeugen. Frühe Embryonalzellen zweier Mäuse werden innerhalb einer Eihülle zusammengebracht und die fusionierten Embryonen werden per →*Embryo-Transfer* in die Gebärmutter einer *Ammen-Maus* übertragen. In einem kleinen Prozentsatz der Fälle wachsen solche chimären Embyonen zu Mäusen heran. Stammen die beiden Embyonalzellen von Mäusestämmen mit unterschiedlicher Fellfärbung, dann lassen sich chimäre Mäusenachkommen mit ihrem gescheckten Fellmuster leicht erkennen. Auch unter Pflanzen gibt es Chimären. Die bekannteste ist die »Tomoffel«, eine Fusion der beiden Nachtschattengewächse Tomate und Kartoffel.

Chorionbiopsie

Untersuchungsmethode während der Schwangerschaft. Probeentnahme von Zellen aus der mittleren Eihülle (Chorion) des menschlichen Embryos zwischen der 7. und 11. Schwangerschaftswoche. Im Unterschied zur →*Amniozentese* lassen sich →*Gentests* mit Chorionzellen sofort machen. Eine Kultivierung und Vermehrung der embryonalen Zellen ist nicht notwendig. Das Ergebnis liegt daher schneller vor. In einer geringen Zahl der Fälle – man schätzt gegenwärtig ein bis zwei Prozent – verursachen jedoch beide Methoden einen Abort des Embryos.

Chromosom

Im Mikroskop sichtbarer, mit bestimmten Substanzen anfärbbarer Teil der Erbguts höherer Lebewesen. Der Mensch besitzt beispielsweise 22 Chromosomenpaare sowie zwei Geschlechts-Chromosomen – bei der Frau zwei X-Chromosomen, beim Mann jeweils ein X- und ein Y-Chromosom. Über die Größenverhältnisse informiert die nebenstehende Grafik.

Codon

Folge von drei →*Nucleotiden* innerhalb des Erbsubstanz-Moleküls →*DNA* oder seiner Kopie, der →*messenger-RNA*. Ein Codon ist die kleinste informationstragende Einheit innerhalb der Erbsubstanz, sozusagen ein Wort in der genetischen Programmiersprache. Die dreifache Basenabfolge eines Codons definiert entweder jeweils eine der 20 →*Aminosäuren* oder ein Stopp-Signal innerhalb der genetischen Information. Derjenige Strang der zunächst doppelsträngigen DNA, der als Matritze für die Kopie der messenger-RNA dient, wird auch als sinntragender oder codogener Strang bezeichnet.

Cytosin

Neben →*Adenin*, →*Guanin* und →*Thymin* eine der vier informationstragenden Einzelbausteine der Erbsubstanz →*DNA*. Die Abfolge oder Sequenz dieser vier Moleküle bestimmt die →*Primärstruktur* der →*Proteine*.

DNA

Abkürzung für *deoxyribonucleic acid*. Zu deutsch: *Desoxyribonucleinsäure* (daher manchmal auch als *DNS* abgekürzt). Mit der Strukturaufklärung der DNA – dem Träger der Erbsubstanz – machten die beiden Biologen Francis Crick und James Watson 1959 den Weg für die Entwicklung der Molekulargenetik frei. Die beiden erkannten, daß die DNA normalerweise als doppelsträngiges und ineinander verdrilltes Riesenmolekül auftritt. Sie bezeichneten diese Struktur als →*Doppelhelix*. Man kann sich das DNA-Molekül als eine schraubig verdrillte Strickleiter vorstellen. Die beiden Holmen dieser molekularen Strickleiter bestehen aus den »Gerüst-Substanzen«, den Kettensträngen der beiden DNA-Moleküle. Dieses molekulare Gerüst ist aus Einheiten von übereinandergestapelten Verbindungen des Zuckers Desoxyribose mit einem Phosporsäure-Molekül aufgebaut.

Die Monotonie des immer gleichen Aufbaus aus Zucker plus Phosphorsäure ließ die Forscher lange Zeit glauben, daß das DNA-Molekül gar nicht als Träger der Erbinformation in Frage kommen kann. Doch Watson und Crick erkannten, daß die eigentliche genetische Information in den Sproßen dieser Strickleiter steckt. An jedem »Holm-Segment« hängt nämlich – jeweils nach innen gerichtet – eine der vier Basen, entweder →*Adenin*,

→*Cytosin*, →*Guanin* oder →*Thymin*, meist abgekürzt als A,C,G und T. Die Basen der gegenüberliegenden Holme stehen sich dabei paarweise gegenüber, und zwar A : T und C : G. Chemische Festigkeit gewinnen diese Sprossen aus jeweils einem Basenpaar durch sogenannte Wasserstoff-Brükken. Die unterschiedliche Zahl der Wasserstoffbrücken – A und T bilden zwei, C und G bilden drei Brücken – verhindern auch eine willkürliche Paarbildung, etwa zwischen A und G. Ein einzelner DNA-Baustein – bestehend aus Zucker, Phosphorsäure und Base – heißt →*Nucleotid*. Im DNA-Doppelstrang liegen sie als Nucleotidpaar vor. Drei Nucleotide bilden ein →*Codon*, die kleinste Informationseinheit in der genetischen Programmiersprache.

Und so funktioniert diese Programmiersprache: Aufgabe der Erbinformation ist es, die Bauanleitungen für sämtliche Proteine eines Lebewesens zu speichern. Da jedes nur denkbare Protein aus maximal 20 verschiedenen →*Aminosäuren* aufgebaut ist, muß die genetische Sprache nur eine kleine Zahl von »Worten« bereithalten, nämlich mindestens 20 »DNA-Worte« für jeweils eine Aminosäure sowie ein genetisches »Satzzeichen«, die das Ende einer Bauanleitung für eine Eiweißkette kennzeichnet. Codons sind nun genau diese Worte in der genetischen Programmiersprache. Da sie alle aus drei Nucleotiden, gleichsam den Buchstaben der genetischen Sprache, bestehen, und es nur vier verschiedene Nucleotide oder Buchstaben gibt, lassen sich mit dieser genetischen Sprache $4^3 = 64$ verschiedene Codons oder Worte bilden. Ein Beispiel: Das DNA-Codon mit der Basenabfolge AGA steht etwa für die Aminosäure Arginin. Aber auch fünf weitere – sogenannte synonyme – Codons stehen für diese Aminosäure. Schließlich hat die Natur alle 64 möglichen Dreierkombinationen der Codons mit einer »Bedeutung« versehen. Es gibt sozusagen mehrere Worte (Codons) für ein und dieselbe Bedeutung (Aminosäure), aber niemals mehrdeutige Worte in der DNA-Sprache. Auf diese Weise läßt sich also die Bauanleitung für jedes Protein unmißverständlich molekular verschlüsseln. Derjenige DNA-Abschnitt, der die Bauanleitung für ein komplettes Protein enthält, wird *Gen* genannt. Wie nun nach der Vorlage eines Gens ein Protein aufgebaut wird, ist unter dem Stichwort →*Proteinsynthese* nachzulesen.

Noch ein Wort zur Informationsmenge, die im Erbgut eines Lebewesens gespeichert ist. Trotz des begrenzten »Wortschatzes« der genetischen Sprache nimmt es die genetische Bibliothek vieler Lebewesen leicht mit jedem Lexikon auf. Selbst Viren, denen Biologen nur ungern eigenes Leben zusprechen, da sie über keinen eigenen Stoffwechsel verfügen, besitzen immerhin einige Tausend Nukleodidpaare, ungefähr etwa 2000 Codons, mit denen sie immerhin eine Hand voll Proteine herstellen können. Bakterien verfügen bereits über zwei Millionen Nucleotidpaare mit etwa 2000 bis 5000 Genen, mit denen ebensoviele Proteine gebildet werden können.

Der Mensch besitzt mindestens drei Milliarden Nucleotidpaare, die die Bauanleitung für 50000 bis 100000 verschiedene Proteine enthalten. Vergleicht man die genetische Informationsmenge, die in einem Gen steckt mit derjenigen eines ausführlichen Lexikon-Stichwortes, dann wird klar, daß es die Gen-Bibliothek des Menschens selbst mit der Encyclopedia Britannica aufnehmen könnte. Und noch ein wichtiger Aspekt für die Vorstellung von unserem Erbgut: Auseinandergezogen würden sich die DNA-Molekülketten in jeder einzelnen menschlichen Zelle über zwei Meter erstrecken. Da sie trotzdem in den mikroskopisch kleinen Zellkern passen, wird klar, daß die ohnehin verdrillten DNA-Fäden hochgradig verknäult im Zellkern vorliegen.

Bei allen höherstehenden Lebewesen als den Bakterien sind indes nicht alle Nucleotide Teil einer Bauanleitung für ein Protein. Genau genommen dient nur ein verschwindend kleiner Teil der DNA der Informationsverschlüsselung. Beim Menschen sind es beispielsweise gerade 10%. Zwischen den informationstragenden DNA-Abschnitten, den →*Exons*, liegen riesige, scheinbar sinnlose DNA-Abschnitte, die →*Introns* genannt werden. Der aus Japan stammende Biologe Susumu Ohno hat einmal die informationstragenden Exons oder Gen-Fragmente im Erbgut des Menschens als »kleine Oasen in der weiten Wüste des Erbguts« bezeichnet. Ob allerdings die Bezeichnung »Nonsense-DNA« für die Intron-Abschnitte der Erbsubstanz gerechtfertigt ist, oder ob die Molekulargenetiker bislang nur nicht die Funktion dieser angeblich unsinnigen DNA herausgefunden haben, wird sich erst in Zukunft zeigen.

DNA-Fingerabdruck

Auch als *DNA-fingerprinting* bezeichnet. Molekularbiologische Methode, bei der ein individuelles Schnittmuster von DNA-Abschnitten als unverwechselbares Muster der Erbsubstanz einer Person dient. Ähnlich wie das Muster der Fingerbeeren als indiduelles Erkennungszeichen benutzt werden kann, dient der Vergleich zweier DNA-Fingerabdrücke dem Feststellen der Identität einer Person. 1985 hat der britische Wissenschaftler Alec Jeffreys diese Methode zum ersten Mal beschrieben. Die Grafik zeigt das Verfahren.

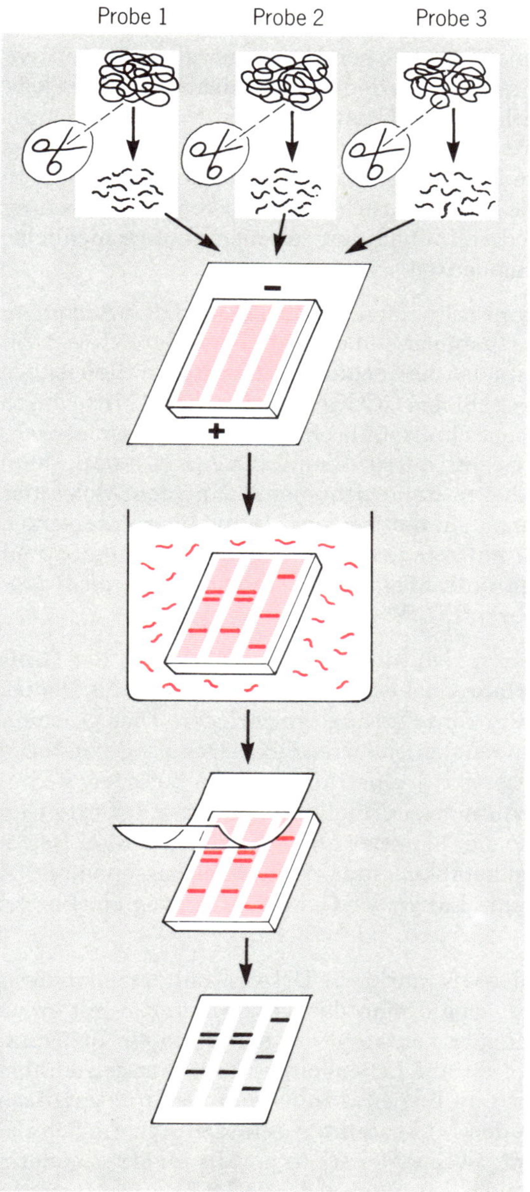

Aus Körperzellen isolierte, einsträngige DNA wird mit Schneideenzymen in Bruchstücke zerlegt.

Mittels Elektrophorese trennt man die Bruchstücke nach Größe und Ladung auf.

Die DNA-Proben werden in eine Flüssigkeit mit radioaktiv markierten Gensonden getaucht, die sich an die komplementären DNA-Bruchstücke anheften; der Überschuß an Gensonden wird ausgewaschen.

Autoradiogramm:
Überall dort, wo sich radioaktiv markierte Gensonden an passende DNA-Bruchstücke geheftet haben, färbt sich ein über das Gel gelegter Film schwarz.
Nach der Filmentwicklung zeigt ein Vergleich der Schwärzungsmuster, ob die verwendeten Proben von der gleichen oder von verschiedenen Personen stammen.
Die Proben 1 und 2 stammen von einer Person. Probe 3 stammt von einer anderen Person.

Abb. 3 DNA-Fingerabdruck

Jeffreys entdeckte in den nicht informationstragenden →*Intron*-Abschnitten des Genoms von Pflanzen und Tieren kurze Bereiche, die sich besonders häufig wiederholten. Fachleute sprechen generell von repetitiver DNA, Jeffreys nannte sie in diesem speziellen Fall »Minisatelliten«. Da jedes Individuum eine Vielzahl gleichartiger Minisatelliten enthält, kann man sie mit einer einzigen →*Gensonde* erfassen. Innerhalb dieser Minisatelliten scheint es besonders häufig zu Mutationen zu kommen. Schneidet man nun mit →*Restriktionsenzymen* die DNA in Bruchstücke, so kommt es – bedingt durch die Mutationen – bei jedem Individuum zu einem unterschiedlichen »Schnittmuster« von DNA-Fragmenten.

Die Restriktionsenzyme schneiden nämlich einen DNA-Strang immer an einer bestimmten Basenabfolge – meist ist es ein Bereich von vier oder sechs Nucleotiden. Beispielsweise schneidet das Restriktionsenzym mit dem Kürzel SmaI die Basenabfolge CCCGGG exakt in der Mitte durch. Entsteht nun just an solch einer Schnittstelle eine Mutation (beispielsweise ein Austausch des dritten Cytosins durch Adenin: CCAGGG), dann kann das Enzym SmaI die DNA an dieser Stelle nicht mehr schneiden. Molekulargenetiker nennen dieses Phänomen, daß bei zwei Individuen unterschiedliche DNA-Bruchstücklängen auftreten, wenn man ihre Erbsubstanz mit demselben Restriktionsenzym aufschneidet, »*Restriktions-Fragment-Längen-Polymorphismus*«, abgekürzt *RFLP*.

Diese Fragmente lassen sich mittels →*Elektrophorese* der Größe nach sortieren. Für dieses Verfahren ist es wichtig, die zunächst als Doppelstrang vorliegende DNA in zwei Einzelstränge zu zerlegen. Dies geschieht einfach durch schwaches Erhitzen der isolierten DNA. Das Trägermaterial, auf dem sich die nach Größe sortierte, einsträngige DNA befindet, wird in einer Lösung gebadet, die in flüssiger Form die radioaktiv markierte Gensonde enthält. Überall dort, wo die Gensonde auf eine Minisatelliten-Region stößt, hybridisieren die beiden komplementär zueinander passenden DNA-Abschnitte. Es entsteht über die Länge der Gensonde hinweg ein Bereich doppelsträngiger DNA.

Da die Gensonde radioaktiv markierte DNA enthält, erzeugt dieser Bereich eine Filmschwärzung, sobald man das Trägermaterial mit einem Röntgenfilm zur Deckung bringt. Es entsteht auf dem Film ein Strichmuster, das dem Computer-Barcode auf Lebensmittelverpackungen ähnlich sieht. Dieses Strichmuster ist nun für jedes Individuum charakteristisch. Bedingt durch Mutationen in den Minisatelliten befinden sich die Schnittstellen der Minisatelliten-DNA zweier Menschen jeweils an einer anderen Stelle. Deshalb werden sich auch die Längen der DNA-Fragmente beider

Personen unterscheiden. So entsteht ein für jedes Individuum charakteristisches Banden-Muster – der DNA-Fingerabdruck.

Zum Einsatz kommt das Verfahren bislang etwa in der Gerichtsmedizin. Mit an Sicherheit grenzender Wahrscheinlichkeit läßt sich aus dem Vergleich zweier DNA-Fingerabdrücke klären, ob eine verdächtige Person als Täter in Frage kommt. Hat der Täter beispielsweise Blutflecken, Sperma oder Haare am Tatort hinterlassen, so läßt sich per Vergleich feststellen, ob der DNA-Fingerabdruck des Verdächtigen mit dem aus der Probe am Ort des Verbrechens übereinstimmt.

Da sich zwei DNA-Fingerabdrücke um so stärker ähneln, je höher der Verwandtschaftsgrad zweier Personen ist, läßt sich dieses Verfahren etwa auch bei Vaterschaftsklagen oder bei Immigrations-Verfahren im Zuge der Familienzusammenführung als Beweismittel einsetzen. In Deutschland ist die Zulässigkeit des DNA-Fingerabdrucks in Straf- und Zivilprozessen noch umstritten und wird künftig durch ein eigenes Gesetz geregelt werden.

Doppelhelix

Bezeichnung für die schraubenförmige Struktur zweier langkettiger Moleküle, die durch sprossenartige Querverbindungen miteinander verknüpft sind. Die Erbsubstanz →*DNA* liegt normalerweise in dieser Form vor.

Drug-Design

Zielgerichtete Konstruktion von Arzneimitteln mittels Grafik-Computern. Dem Drug-Design liegt die Erkenntnis zugrunde, daß die allermeisten Medikamente an spezifisch strukturierten Oberflächenmolekülen von Zellen – den sogenannten *Rezeptoren* – wirken. Dabei müssen Arzneimittel und Rezeptor räumlich genau zueinander passen. Den prinzipiellen Ablauf zeigt die Grafik auf Seite 150.

Bei den Rezeptoren handelt es sich um Proteine. Sie lassen sich also, sobald die Bauanleitungen oder Gene dafür bekannt sind, mit Hilfe der →*Gentechnik* in reiner Form herstellen. Dies wiederum ist die Voraussetzung für eine Kristallisation der Rezeptor-Proteine. Solche Kristalle sind notwendig, um mit Hilfe der *Röntgenstrukturanalyse* die dreidimensionale Raumstruktur der Rezeptor-Proteine zu ermitteln. Grafik-Programme machen schließlich diese Raumstruktur am Bildschirm sichtbar. Durch gleich-

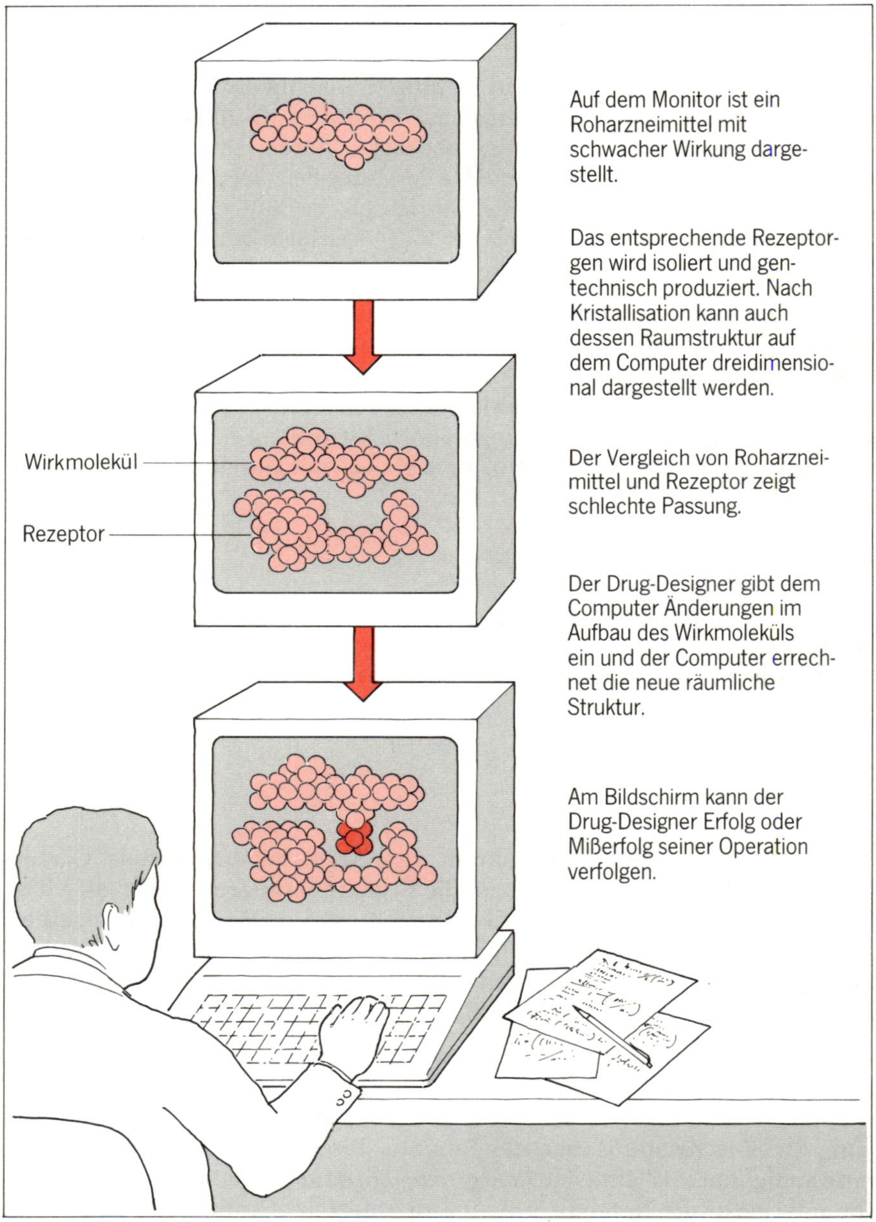

Abb. 4 Drug-Design

zeitige Darstellung von Rezeptor und Arzneimittel-Substanz kann der »Drug-Designer« am Bildschirm die Passung von Wirkmolekül und Wirkort optimieren.

Das Drug-Design ersetzt dabei nicht die notwendige Prüfung einer Substanz zunächst in der Zellkultur, dann im Tierversuch und letztlich am Menschen. Doch mit diesem Verfahren können Medikamenten-Entwickler zielgerichteter als heute nach neuen – und vielleicht nebenwirkungsärmeren – Arzneimitteln suchen. Nadelöhr beim Einsatz des Drug-Designs ist gegenwärtig noch die geringe Zahl von Rezeptoren, deren dreidimensionale Struktur bekannt ist.

Das hängt übrigens nicht am Unvermögen der Gentechniker, solche Rezeptor-Proteine in reiner Form herzustellen. Viel schwieriger und zeitraubender ist die – gegenüber der Gentechnik – relativ alte Methode der Röntgenstrukturanalyse. Es dauert auch heute noch mindestens ein Jahr, bis ein versierter Wissenschaftler die Raumstruktur eines großen Rezeptormoleküls entschlüsselt hat.

In den letzten Jahren erhielt die Röntgenstrukturanalyse Konkurrenz von der sogenannten *Kernspin-Magnetresonanz-* oder kurz *NMR-Spektroskopie*. Ihr Vorteil: Für die Analyse werden keine Kristalle mehr benötigt. Statt der gentechnischen Herstellung reicht oftmals bereits eine Anreicherung der Rezeptormoleküle aus biologischem Probenmaterial aus. Ein zweiter Vorteil liegt darin, daß Moleküle in der NMR-Spektroskopie in wäßriger Lösung – und damit in ihrer biologischen Form – untersucht werden können. Bei Röntgenstrukturanalysen kann man dagegen nicht ausschließen, daß die kristalline Struktur des Moleküls von seiner biologisch aktiven Struktur im wäßrigen Medium abweicht. Der Nachteil der NMR-Spektroskopie besteht jedoch darin, daß mit dieser Methode bislang nur relativ kleine Biomoleküle räumlich analysierbar sind. Der Zeitaufwand ist zudem auch bei diesem Verfahren kaum geringer.

Eiweiß

Deutschsprachiges – allerdings irreführendes – Synonym für →*Protein* (siehe dort alle weiteren Informationen). So enthält etwa nicht nur das Eiweiß oder Eiklar eines Hühnereis, sondern auch das Eigelb oder Dotter Eiweiße.

Elektrophorese

Weitverbreitete physikalische Methode zum Auftrennen von Substanzen in einem Substanzgemisch. Je nach Art der zu trennenden Substanzen sind unterschiedliche Elektrophorese-Methoden in Gebrauch. Ihnen allen gemeinsam ist der Effekt, daß verschiedene (schwach elektrisch geladene) Substanzen in einem elektrischen Feld je nach Ladung und Größe unterschiedlich weit wandern.

In der Molekularbiologie ist etwa die Gel-Elektrophorese am weitestens verbreitet. Sie kommt immer dann zum Einsatz, wenn Proteine, RNA- oder DNA-Bruchstücke getrennt werden müssen. Auch für →*Sequenzierungsanalysen* von DNA wird diese Art der Elektrophorese benötigt. Das Prinzip ist einfach. Ein Gemisch unterschiedlich großer DNA-Bruchstücke wird auf ein Gel aus Polyacrylamid aufgetragen. Das Gel kann man sich als flache Scheibe von »wackelpuddingartiger« Konsistenz vorstellen. Das zwischen zwei Glasplatten fixierte Gel wird in eine elektrisch leitende Flüssigkeit getaucht und eine Spannung angelegt. Die DNA-Bruchstücke wandern dann aufgrund ihrer negativen Ladung in Richtung des Pluspols. Das Gel wirkt dabei wie eine Art »molekulares Sieb«: Kleinere Fragmente wandern schneller als große DNA-Bruchstücke.

Man kann die Elektrophorese sogar zum Auffinden bestimmter DNA-Fragmente verwenden. Voraussetzung ist dafür allerdings, daß ein Teil der →*Sequenz* des entsprechenden Fragmentes bekannt ist. Dann kann man nämlich eine →*Gensonde* im Labor herstellen, die sich nur mit dem gesuchten einsträngigen DNA-Fragment zu einem Doppelstrang verbindet oder hybridisiert, wie die Wissenschaftler sagen. Enthält die Gensonde radioaktiv markierte →*Nucleotide*, so läßt sich mit einer →*Autoradiographie* die Anwesenheit und die Lage des gesuchten DNA-Abschnittes feststellen. Auf diesem Prinzip beruhen etwa auch →*Gen-Tests* und der →*DNA-Fingerabdruck*.

Embryo

Bezeichnet allgemein jede befruchtete Eizelle von sich sexuell fortpflanzenden Lebewesen. In der Humanmedizin heißt die befruchtete Eizelle nur bis zum Abschluß der Organentwicklung nach den ersten beiden Monaten der Schwangerschaft *Embryo*. Danach – bis zur Geburt – sprechen Mediziner vom *Fetus*.

Embryo-Transfer

Übertragung eines im Reagenzglas (*in vitro*) gezeugten (fertilisierten) Embryos in Gebärmutter oder – neuerdings – in den Eileiter (*GIFT* = Abkürzung für englisch: *gamete intra fallopian transfer*). Bei Labor- und Haustieren ist die Methode des Embryo-Transfers schon lange gebräuchlich. Beim Menschen gelang eine Geburt nach In-vitro-Fertilisation und anschließendem Embryo-Transfer erst 1977. Seitdem sind mehrere Tausend Kinder mit Hilfe dieser reproduktionsmedizinischen Technik geboren worden. Weder die In-vitro-Fertilisation noch der Embryotransfer haben im strengen Sinne etwas mit →*Gentechnik* zu tun. Dennoch ergeben sich einige Berührungspunkte. Sie sind im Text (etwa Kapitel »Die genetische Gesellschaft«) erwähnt. Ein eigenes Gesetz soll die rechtlichen Grundlagen für diesen Bereich schaffen.

Enquetekommission

Einrichtung des Deutschen Bundestages zur »Vorbereitung von Entscheidungen über umfangreiche und bedeutsame Sachkomplexe«. Die Berufung einer Enquetekommission – sie enthält neben Parlamentariern externe Fachleute – muß von mindestens 25% der Abgeordneten des Parlaments beantragt werden.

Im August 1984 begann die Enquetekommission »Chancen und Risiken der Gentechnologie« ihre Arbeit. Im Januar 1987 legte die Kommission ihren Abschlußbericht vor (Der umfangreiche und sehr empfehlenswerte Bericht kann beim Deutschen Bundestag, Referat Öffentlichkeitsarbeit, kostenlos angefordert werden). Die wichtigste Empfehlung dieser Kommission: eine möglichst rasche und differenzierte gesetzliche Regelung für die unterschiedlichen Bereiche der Gentechnik. Dennoch dauerte es bis Mitte 1989, bis die Regierung einen entsprechenden Gesetzentwurf vorlegen konnte. Nach vielen Einsprüchen und Änderungswünschen seitens des Deutschen Bundesrates wird das sogenannte Gen-Stammgesetz zum Sommer 1990 in Kraft treten.

Enzyme

Proteine, die Stoffwechselreaktionen beschleunigen, ohne selbst dabei »verbraucht« zu werden. Ein veralteter, aber synonymer Begriff für Enzym ist *Ferment*. Enzyme stellen das biologische Pendant zu den chemischen Katalysatoren dar. Biochemiker sagen daher auch, daß Enzyme Stoffwechselreaktionen katalysieren. Enzyme arbeiten meist streng substratspezifisch: Sie können nur eine bestimmte Substanz – das *Substrat* – katalysieren. Dies beruht auf der Tatsache, daß Enzym und Substrat untereinander in chemische Wechselwirkung treten. Enzym und Substrat müssen daher räumlich zueinander passen. Diejenige Stelle im Enzym, die direkt in Wechselwirkung mit einem Substrat tritt, nennt man *aktives Zentrum*.

Ohne Enzyme könnte kein Organismus leben. Viele *Erbkrankheiten* beruhen auf Enzymdefekten. Mutationen im Erbgut eines Organismus können dazu führen, daß ein bestimmtes Enzym gar nicht, nicht korrekt oder nicht in ausreichender Menge hergestellt wird. Dadurch kann der Körper beispielsweise bestimmte Nahrungsstoffe nicht mehr abbauen, oder aber er kann lebenswichtige Substanzen, die im Körper aus Grundstoffen synthetisiert werden, nicht mehr herstellen.

Mittels →*Gentechnik* lassen sich Enzyme von Mikroorganismen herstellen. Als Arzneimittel kommen sie beim Menschen, als sogenannte *technische Enzyme* in der Industrie zum Einsatz. Via Gentechnik ist es sogar denkbar, vorhandene Enzyme für bestimmte Stoffwechselreaktionen zu optimieren. Molekularbiologen sprechen in diesem Fall vom *»enzyme engineering«*, im Prinzip eine Variante des →*Drug-Design*: Ist die dreidimensionale Struktur eines Enzyms bekannt, dann ist es prinzipiell möglich, durch Abänderungen dieser Raumstruktur Enzyme zu konstruieren, die beispielsweise eine andere Substratspezifität haben, in einem anderen Säure-Bereich aktiv sind, eine höhere Aktivität haben, also ihr Substrat rascher umsetzen oder besser gegen Hitze gefeit sind.

Am Bildschirm tauscht der »Enzym-Ingenieur« am aktiven Zentrum eines vorhandenen Enzyms beispielsweise einige Aminosäuren aus. Das Grafik-Programm errechnet die veränderte Raumstruktur der Enzym-Variante und zeigt sie auf dem Bildschirm an. Durch einen Vergleich zwischen der neuen Enzymstruktur und der Form des Substrates läßt sich die Güte der Passung direkt am Bildschirm verfolgen. Erhält der Wissenschaftler so eine vielversprechende Enzym-Variante, kann er die veränderte Aminosäuren-Sequenz in eine entsprechende DNA-Sequenz umcodieren. Diese Sequenz gibt er einem →*Gen-Synthesizer* ein, der daraufhin ein synthetisches Gen mit der Bauanleitung für die Enzym-Variante erzeugt. Via Gentransfer wird dieses Gen in das Erbgut eines geeigneten Mikroorganismus eingebaut. Der daraus entstehende genmanipulierte Produktionsstamm dient schließlich zur biotechnologischen Herstellung der Enzymvariante.

Erste Beispiele für derartig erzeugte Enzymvarianten gibt es bereits. Dennoch ist diese Methode erst am Anfang ihrer Möglichkeiten. Das entscheidende Hindernis ist zur Zeit, daß die Wissenschaftler bislang keine Struktur-Funktions-Regeln für Proteine kennen. Bereits der Austausch einer einzigen Aminosäure in einem Enzym kann die Raumstruktur dieses Moleküls restlos zerstören. Es ist heute kaum möglich abzuschätzen, wie sich eine Änderung der Aminosäuresequenz auf die Raumstruktur des Enzyms auswirkt und welche Funktionsänderungen dieser Wechsel nach sich zieht.

Erbgut

Gesamtheit aller Erbinformationen eines Lebewesens. Der Mensch besitzt nicht nur in den Chromosomen des Zellkerns Erbinformationen. Ein Bestandteil des Zellplasmas, die sogenannten Mitochondrien enthalten eigenständige →*DNA*. Ein synonymer Begriff für Erbgut ist *Genom* (siehe dort auch *Genomanalyse* und *Genom-Projekt*).

Erbsubstanz

Stoffliche Basis der Erbsubstanz ist bei den allermeisten Lebewesen das Molekül →*DNA*. Lediglich einige Viren (RNA-Viren, →*Retroviren*) verwenden RNA als Erbsubstanz.

Exon

Abschnitt innerhalb der →*DNA*, der tatsächlich Informationen zum Aufbau eines Proteins enthält. Die meisten →*Gene* eines Lebewesens (Ausnahme Bakterien) liegen nicht in einem Stück vor. Vielmehr sind die informationstragenden Gen-Bruchstücke oder Exons von DNA-Abschnitten, den →*Introns*, unterbrochen, die bei der →*Proteinsynthese* nicht in Aminosäuren übersetzt werden. Genetiker sprechen bei intronhaltigen Genen auch von *Mosaikgenen*.

Fermentation

Teilprozeß der →*Biotechnologie*: Herstellung oder Veredelung von Produkten mit Hilfe von Mikroorganismen. Die Kulturgefäße, in denen die Mikroorganismen aufbewahrt werden, heißen Fermenter oder Bioreaktoren. Ihre Größe kann beträchtlich schwanken: Vom Laborfermenter mit wenigen Litern Fassungsvermögen bis zum Großfermenter mit 150000 Litern.

Gen

Derjenige Abschnitt auf der *DNA*, der die Bauanleitung für ein Protein enthält.

Genbank

Bezeichnung für eine Sammlung von →*DNA*-Abschnitten, die Teile oder gar das gesamte *Erbgut* eines Lebewesens repräsentieren. Molekulargenetiker legen Genbanken an, um das Erbgut eines Organismus unabhängig vom Organismus selbst aufbewahren zu können. Dazu wird zunächst die DNA eines Organismus aus einigen seiner Zellen isoliert. Diese DNA wird mit →*Restriktionsenzymen* in Bruchstücke zerlegt. Diese Bruchstücke lassen sich in *Plasmide* von Bakterien einbauen (→*Gentechnik*), auch, wenn man nicht weiß, welche →*Gene* auf diesen Bruchstücken liegen. Die um ein Bruchstück erweiterten Plasmide werden in Bakterienzellen zurückgeschleust. Zusammen mit den Bakterien läßt sich so das DNA-Bruchstück beliebig oft vermehren. Für spätere Untersuchungen steht es ebenfalls zur Verfügung, da sich die Bakterien mühelos tiefgefrieren lassen, ohne daß sie ihre Vermehrungsfähigkeit einbüßen.

Neben den Plasmiden als »Genkonten« finden heute sogenannte Cosmide (das sind »Plasmide« von Bakterienviren oder Bakteriophagen) und »künstliche Hefe-Chromosomen« – Wissenschaftler sprechen von YACs (englisch für *yeast artificial chromosomes*) – immer stärkere Verbreitung. Der Grund ist, daß sich in diese »Gen-Container« deutlich längere DNA-Bruchstücke einfügen lassen.

genetischer Code

Die Zuordnung von *Codons* der →*messenger-RNA* zu den Aminosäuren. Da die Programmiersprache der *DNA* und RNA nur vier Buchstaben (A,C,G und T, beziehungsweise A, C, G, und U) enthält, die im Codon jeweils zu dritt eine Informationseinheit bilden, lassen sich mit dem genetischen Code maximal $4^3 = 64$ verschiedene Informationseinheiten bilden. 61 Informationseinheiten oder Codons stehen für die 20 →*Aminosäuren* zur Verfügung. Daraus folgt, daß für einige Aminosäuren mehrere Codons verwendet werden. Die Aminosäure Leucin wird beispielsweise durch die sechs messenger-RNA-Codons CUG, CUA, CUC, CUU, UUG und UUA repräsentiert. Die drei Codons UAA, UAG und UGA werden als Stopp-Signale verwendet. Sie führen bei der →*Proteinsynthese* an den →*Ribosomen* zum Abbruch der synthetisierten Aminosäuren-Kette.

Genexpression

Umsetzung der genetischen Information der *DNA* in ein entsprechendes →*Protein*. Dies geschieht in zwei Schritten: der →*Transkription* und der →*Translation* (siehe auch →*Proteinsynthese*).

Gen-Firma

Bezeichnung für ein Unternehmen, das →*Gentechnik* einsetzt, um zu verkaufbaren Produkten zu kommen oder das anderen Firmen – etwa einem Chemie- oder Pharma-Unternehmen – sein gentechnisches Know how und Forschungskapazitäten gegen Entgelt zur Verfügung stellt. »Urahn« aller Gen-Firmen ist das in Kalifornien ansässige Unternehmen Genentech. Der Anlageberater und Finanzexperte Robert Swanson und der Molekularbiologe Herbert Boyer gründeten das Unternehmen 1976. Heute arbeiten über 1600 Mitarbeiter für Genentech, die 1989 400,5 Millionen US-Dollar umgesetzt haben.

Dem Beispiel von Genentech sind in den USA inzwischen über 1000 Firmen gefolgt. Viele von ihnen wurden von Wissenschaftlern oder – wie Genentech – von Wissenschaftlern und Finanzexperten gemeinsam gegründet. Als forschungsintensive Unternehmen, die bei der Gründung meist noch kein verkaufbares Produkt vorweisen können, sind sie alle auf beträchtliche Kapitalsummen von außen angewiesen. Eine Umfrage des Marktforschungsunternehmen Ernst & Young High Technology Practise in

San Francisco unter 480 US-amerikanischen Gen-Firmen ergab, daß jedes dieser Unternehmen in den nächsten 10 Jahren durchschnittlich mindestens 55 Millionen US-Dollar an zusätzlichem Kapital benötigt. Große Firmen beziffern ihren zusätzlichen Finanzbedarf in diesem Zeitraum sogar auf 219 Millionen US-Dollar.

Ähnlich wie in der Gründerzeit der Mikroelektronik, wo aus sogenannten »Garagenfirmen« respektable Unternehmen wurden, haben inzwischen auch viele Gen-Firmen eine beachtliche Größe und entsprechende Umsätze erreicht. So beschäftigen heute 29 Unternehmen mehr als 300 Mitarbeiter. Doch die Parallele zur »Goldgräberzeit« im Silicon Valley geht weiter: Inzwischen hat bei den Gen-Firmen ein Konzentrationsprozeß eingesetzt. Große multinationale Konzerne haben sich das Knowhow der kleinen Gen-Firmen durch Mehrheitsbeteiligungen oder komplette Firmenübernahmen gesichert. Auch in der Bundesrepublik Deutschland kam es – allerdings im geringeren Umfang und mit erheblichem Zeitverzug gegenüber den USA – zur Gründung neuer Gen-Firmen.

Gen-Gesetz

Zum 1. Juli 1990 ist mit dem »Gentechnik-Stammgesetz« in der Bundesrepublik Deutschland eine gesetzliche Grundlage für die gentechnische Forschung und Produktion geschaffen worden. Das Gesetz bietet zumindest einen Ordnungsrahmen für Forscher und Industrieunternehmen, die Gentechnik betreiben. Wie in anderen Sachbereichen auch, müssen noch zu schaffende Ausführungsbestimmungen allerdings die Detailfragen regeln.

Das Gesetz stellt die Arbeit der →*ZKBS* auf eine gesetzliche und damit für alle rechtsverbindliche Grundlage. Eine wichtige Unterscheidung des Gesetzes betrifft die *Genehmigung von Forschungsvorhaben und Produktionsanlagen*. Für beide Bereiche sind die Länder zuständig. Deren Behörden – beispielsweise die Regierungspräsidien – haben über die Anträge der Forscher und Firmen zu entscheiden. Die Anstragssteller müssen den zuständigen Länderbehörden eine Begutachtung des Projektes durch die ZKBS vorlegen. Das nach wie vor wichtigste Kriterium für eine Genehmigung ist die Zuordnung des Projektes zu einer der vier Labor- beziehungsweise Produktions-Sicherheitsstufen (siehe →*Laborsicherheit*).

Die Zuständigkeit des Bundes beschränkt sich auf die Bereiche »Freisetzen von gentechnisch veränderten Organismen« und »Inverkehrbringen gentechnisch erzeugter Produkte«. Je nach Art des Produktes sind dafür die jeweils anwendbaren Gesetze zu beachten – etwa das Lebensmittelgesetz, das Arzneimittelgesetz oder das Chemikaliengesetz. Freisetzungsexperimente sollen in Form von Einzelfallentscheidungen durch die ZKBS geprüft werden.

Ein wichtiges Element des Gesetzes ist die Verankerung der *Bürgerbeteiligung* (*»öffentliche Anhörung«*). Übernommen aus anderen Gesetzesbereichen – etwa dem Bundesimmissionsschutzgesetz – sieht das Genehmigungsverfahren von gentechnischen Produktionsanlagen oder Teilen davon eine Öffentlichkeitsbeteiligung ab Sicherheitsstufe LP 1 vor. Die Bürger erhalten damit die Möglichkeit, die Antragsunterlagen, die ein Hersteller bei der Genehmigungsbehörde eingereicht hat, einzusehen und Widerspruch einzulegen. Der Einspruch hat aufschiebende Wirkung und muß auf dem Wege der Verwaltungsgerichtbarkeit bestätigt oder abgelehnt werden. Auch bei Freisetzungsexperimenten, bei denen die Ausbreitung der genmanipulierten Organismen »nicht begrenzbar« ist, sieht das Gesetz eine öffentliche Anhörung vor.

Das Gesetz verankert weiterhin die sogenannte »Gefährdungshaftung«. Jeder Betreiber von gentechnischen Labors oder Produktionsanlagen wird verpflichtet, für Personen- und Sachschäden aufzukommen, die durch den Betrieb seiner Anlagen entstanden sind – und zwar auch bei Vorliegen sogenannter höherer Gewalt und unabhängig von der Schuldfrage. Die Haftungshöchstgrenze liegt generell bei 160 Millionen DM, bei gentechnischen Arzneimitteln gemäß dem Arzneimittelgesetz bei 200 Millionen DM.

Genom

Gesamtheit aller Erbinformationen eines Lebewesens. Der Mensch besitzt nicht nur in den Chromosomen des Zellkerns Erbinformationen. Ein Bestandteil des Zellplasmas, die sogenannten Mitochondrien enthalten eigenständige →*DNA*. Unter *Genomanalyse* versteht man in der Humangenetik jegliche Form der genetischen Diagnostik. Als *Genom-Projekt* bezeichnet man ein ganzes Bündel unterschiedlicher Pläne, die komplette Erbinformation des Menschens zu entschlüsseln (Einzelheiten S. 38ff). Ein synonymer Begriff für Genom ist →*Erbgut*.

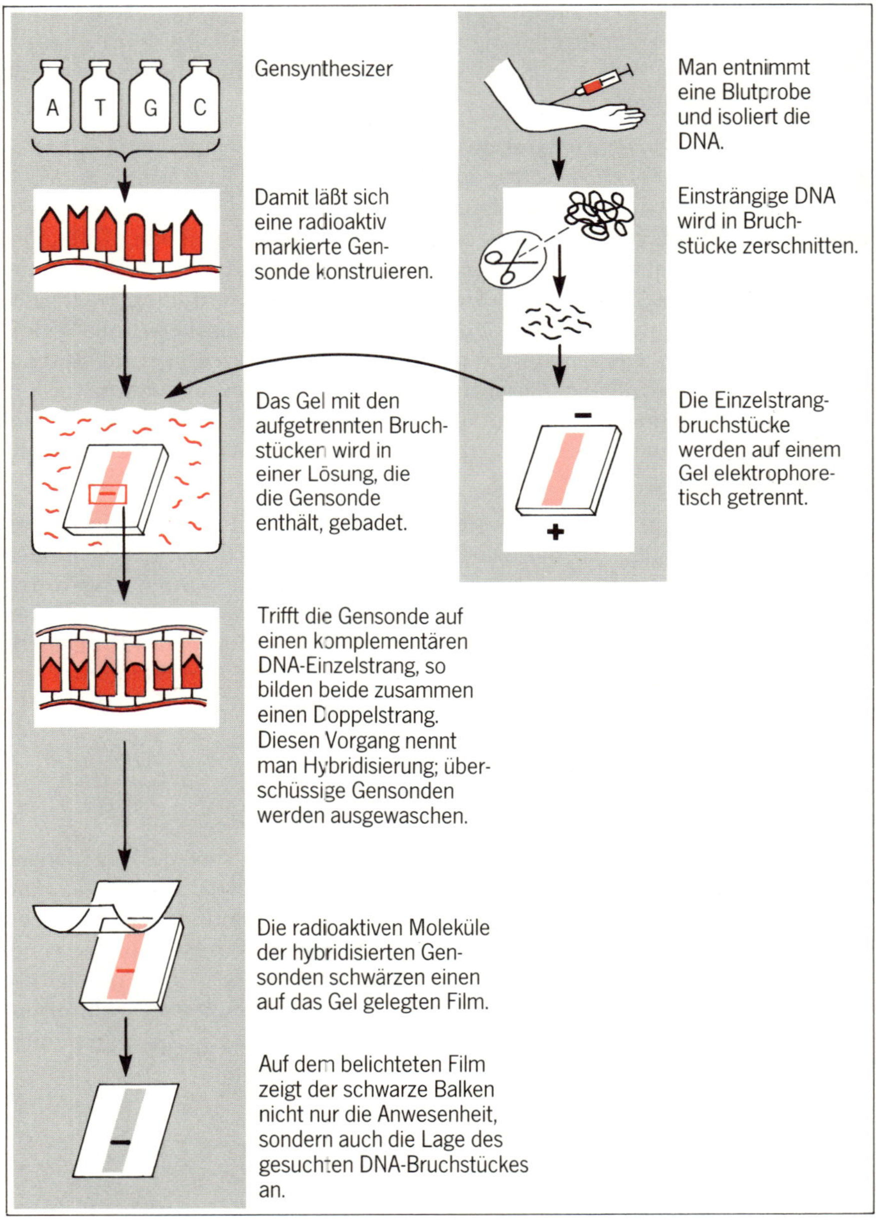

Abb. 5 Gensonde

Gensonde

Kurzer, radioaktiv markierter →*DNA*-Abschnitt, mit dem sich ein gesuchtes Stück DNA im Erbgut eines Lebewesens auffinden läßt. Verwendung finden Gensonden etwa beim →*DNA-Fingerabdruck* oder beim →*Gentest*. Die Grafik erläutert den Einsatz einer Gensonde.

Zunächst wird im →*Gen-Synthesizer* ein kurzes Stück DNA – die Gensonde – hergestellt. Die →*Sequenz* der Gensonde muß zu einem Teil des gesuchten DNA-Einzelstrangs →*komplementär* sein. Zum Aufbau der Gensonde benutzt man radioaktive Bausteine. Dann isoliert man aus Zellen – etwa einer Blutprobe – die zu untersuchende DNA. Durch Erhitzung sorgt man dafür, daß sie sich in zwei Einzelstänge auflöst. Mit →*Restriktionsenzymen* werden die einsträngigen DNA-Fäden in Bruchstücke zerschnitten. Diese Bruchstücke werden per →*Elektrophorese* der Länge nach getrennt. Jetzt taucht man das Trägermaterial mit den aufgetrennten DNA-Bruchstücken in eine Lösung mit den Gensonden. Da die Abfolge der einzelnen →*Nucleotide* in der Gensonde zu dem gesuchten DNA-Abschnitt in der Probe komplementär ist, kann sich die Gensonde mit dem entsprechenden DNA-Abschnitt der Probe verbinden (Wissenschaftler sprechen vom →*Hybridisieren*). An dieser Stelle entsteht ein DNA-Doppelstrang. Die nicht gebundenen Gensonden werden wieder vom Trägermaterial abgewaschen. Jetzt legt man einen Röntgenfilm auf das Trägermaterial und »belichtet« den Film. Die radioaktiv markierten Gensonden schwärzen daraufhin den Film an der Stelle, an der Gensonde und Proben-DNA hybridisierten. Die Schwärzung des Filmes zeigt daher nicht nur an, ob der gesuchte DNA-Abschnitt in der Proben-DNA vorhanden ist, sondern auch auf welchem DNA-Abschnitt die gesuchte Stelle liegt.

Gen-Synthesizer

Chemischer Laborautomat, mit dem sich beliebige →*Sequenzen* von →*Nucleotiden* zu beliebig langen Ketten von →*DNA* synthetisieren lassen. Gen-Synthesizer werden dazu verwendet, kurze DNA-Abschnitte – sogenannte Oligonucleotide – etwa als →*Gensonden* zu erzeugen. Aber auch komplette künstliche Gene mit mehren Hundert Nucleotiden lassen sich mit diesen Maschinen erzeugen.

Gentechnik

Angenommen ein Industriespion dringt in eine Fabrik ein, in der nach geheimem Rezept ein Erfrischungsgetränk produziert wird. Er läuft geradewegs in die Computerzentrale. Mit kennerhaftem Blick hat er zuvor wahrgenommen, daß die Produktion computergesteuert abläuft. Es gelingt ihm, das Steuerprogramm für die Getränkeanlage im Computer zu finden. Auf einem Datenträger fertigt er eine Programmkopie an und verschwindet wieder. Vorausgesetzt sein Auftraggeber ist in der Lage, das Programm korrekt zu lesen, dann wird er an dem Datenträger viel Freude haben. Er muß nur noch die Rohstoffe besorgen, das fremde Programm in seinen eigenen Computer einspeisen, und schon stellt auch seine Getränkeanlage das Produkt des Konkurrenten her.

Gentechnik – so kann man in Anlehnung an dieses Beispiel sagen – ist der gezielte Versuch der Molekularbiologie, dem großen Erfinder und Produzenten Natur die Programme abzuluchsen, die in seinen Fabriken, den Lebewesen, die Herstellung der Bio-Produkte steuern. Die Produkte der lebenden Bio-Fabriken gehören alle der gleichen chemischen Stoffgruppe an. Es sind →*Eiweiße* oder – wie die Wissenschaftler sagen – →*Proteine*. Alle Lebewesen – vom kleinsten Bakterium über Elefanten bis zum Menschen – bestehen aus Eiweißen. Ein Beispiel für ein menschliches Eiweiß ist etwa Keratin, der Stoff, aus dem Haare und Haut bestehen. Aber auch Verdauungsenzyme, die es dem Menschen erlauben, aus der Nahrung biologisch nutzbare Energie zu gewinnen, sind Eiweiße.

Und ähnlich wie die computergesteuerte Getränkeanlage ist auch die Herstellung der Eiweißmoleküle in Lebewesen programmgesteuert. Nur sehen die biologischen Programme und die Träger, auf denen sie festgehalten werden, anders aus als Computer-Software. Die biologischen Programme heißen *Gene*. In ihrer Gesamtheit bilden sie das *Erbgut* oder *Genom* eines Lebewesens. Aufbewahrt werden sie im Kern jeder einzelnen Zelle. Ihre stoffliche Form – also der Träger der Programminformation – ist das kompliziert klingende Molekül *Desoxyribonucleinsäure*. Abgekürzt heißt es *DNS*, oder im internationalen Sprachgebrauch →*DNA* (die englische Abkürzung für *deoxyribonucleic acid*). Wie die zelluläre Maschinerie mit Hilfe einer molekularen Bauanleitung – also einem Gen – das Produkt – also ein Eiweiß oder Protein – herstellt, ist unter dem Stichwort →*Proteinsynthese* nachzulesen.

Interessanterweise benutzen alle Lebewesen nur eine Programmiersprache. Wie diese funktioniert, finden Sie unter dem Stichwort →*DNA* (Es gibt eine Ausnahme: Einige Viren verwenden als Erbsubstanz RNA statt

DNA. Allerdings streiten sich die Biologen noch, ob Viren tatsächlich selbständige Lebewesen sind, oder ob sie sich ihr Leben von den Wirtszellen »borgen«, die sie überfallen). Jedes Lebewesen hat zwar sein eigenes Programm, doch die Programmiersprache ist bei allen »echten« Lebewesen gleich. Deshalb ist es möglich, daß beispielsweise ein menschliches Gen-Programm auch von einem bakteriellen »Zentralrechner« gelesen und verarbeitet werden kann. Es ist wie bei zwei Computern, die miteinander kompatibel sind. Die Software von einer Maschine läßt sich – meistens – problemlos auf der zweiten Maschine benutzen.

Diesen Umstand – Wissenschaftler sprechen von der »Universalität des genetischen Codes« – macht sich die Gentechnik zunutze. Gentechnik bezeichnet nämlich nichts anders als die Übertragung einzelner DNA-Abschnitte – seien es Gene oder nur Bruchstücke davon – von einem Organismus auf einen anderen im Labor. Dieser Vorgang wird auch als →*Rekombination* bezeichnet. Deshalb nennen Forscher solche fremden Erbinformationen auch *rekombinante DNA*.

Der »offizielle« Startschuß der Gentechnik war ein Experiment von vier Molekularbiologen der Stanford-University unter der Leitung von Stanley Cohen. 1973 berichteten sie in einer US-amerikanischen Fachzeitschrift über die erste gentechnische DNA-Übertragung von einem Bakterium auf ein anderes. Dieses Experiment – und damit (fast) jedes gentechnische Experiment – setzt vier Schritte voraus:

- Die DNA von Spender- und Empfänger-Organismus muß sich zerschneiden und wieder zusammenfügen lassen. Dafür benötigen die Molekularbiologen →*Restriktionsenzyme* (Schneidewerkzeuge) und →*Ligasen* (Kleber).
- Die DNA, die es zu übertragen gilt, muß in ein Transportvehikel eingeschleust werden. Allgemein heißen solche DNA-Transporteure oder Gen-Taxis →*Vektoren*.
- Das Gen-Taxi muß in den Empfänger-Organismus eingeschleust und die mit ihm transportierte DNA muß dort aktiv werden.
- Alle Empfänger-Organismen, die das Gen-Taxi mit der fremden DNA aufgenommen haben, müssen gefunden und aussortiert werden.

Diese vier Voraussetzungen waren Anfang der 70er Jahre erfüllt. Die Stanford-Biologen waren die ersten, die dieses neue Wissen und die damit verbundenen Methoden im gentechnischen Basis-Experiment zusammenführten. Wie dies funktioniert, zeigt die Grafik auf Seite 164.

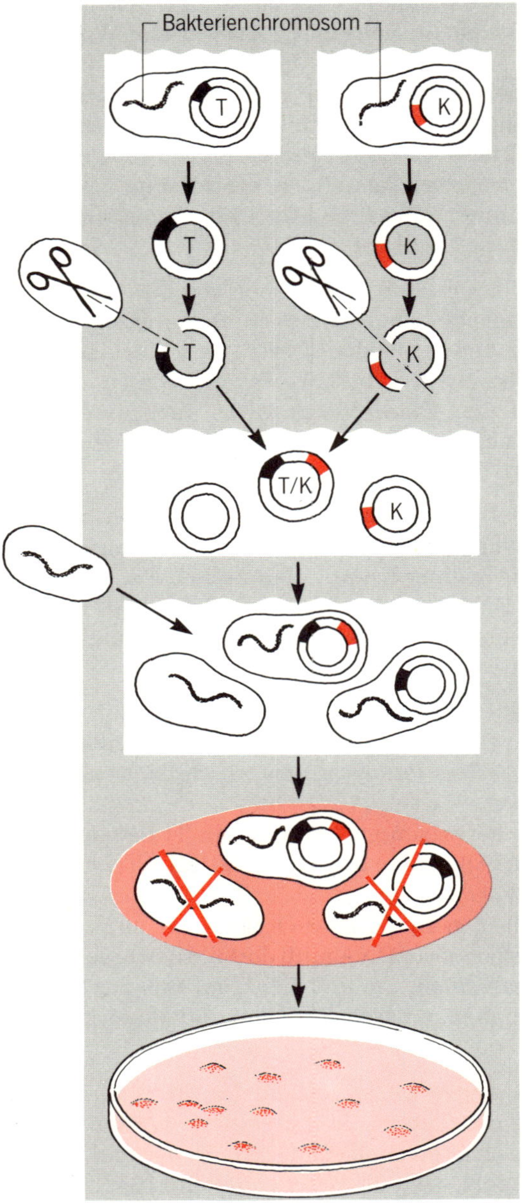

Bakterien mit einem Kanamyzin(K)- bzw. Tetrazyklin(T)-Resistenzgen auf dem Plasmid.

Die Plasmide werden aus den Zellen isoliert.

Schneideenzyme zerlegen die Plasmide in Bruchstücke.

Die Bruchstücke werden neu zusammengefügt. Es entstehen Plasmide mit unterschiedlichen Eigenschaften.

Man läßt die Plasmide in plasmidfreie Bakterien eindringen.

In einem Nährmedium, das Kanamyzin und Tetrazyklin enthält, können nur Bakterien mit beiden Resistenzgenen überleben.

Die überlebenden Bakterien vermehren sich und werden als Kolonien auf einem festen Nährboden sichtbar.

Abb. 6 Gentechnik: das Grundprinzip an Mikroorganismen

Die Wissenschaftler hatten als Gen-Taxi oder Vektor ein →*Plasmid* aus dem Darmbakterium Escherichia coli gefunden. Dieser ringförmige DNA-Doppelstrang verleiht dem Bakterium, das ihn enthält, Resistenz gegen das Antibiotikum *Tetrazyklin*. Der Plasmid-Ring läßt sich nun mit einem bestimmten Restriktionsenzym an einer Stelle aufschneiden. Aus einem anderen Plasmid schnitten die Wissenschaftler ebenfalls mit Restriktionsenzymen ein DNA-Stück heraus. Diese Erbinformation verleiht seinem Träger Resistenz gegen ein anderes Antibiotikum – nämlich *Kanamyzin*. Nun vermischten die Forscher die geöffneten Plasmidringe mit der Fremd-DNA. In einem gewissen Prozentsatz der Fälle vermischen sich Plasmid-DNA und Fremd-DNA zu einem jetzt rekombinanten DNA-Strang. Mit Hilfe von Ligasen verschlossen die Forscher die geöffneten DNA-Ringe wieder.

Damit war sozusagen die Halbzeit im Experiment erreicht. Jetzt galt es, die Plasmidringe wieder in die Bakterienzellen einzuschleusen und schließlich diejenigen Bakterien zu finden, die nicht nur die natürlichen Plasmide enthielten, sondern auch das rekombinante. Das Einschleusen der Gen-Taxis bewerkstelligten die Forscher auf chemischen Wege. Mit der Chemikalie Kalziumchlorid kann man die Bakterienzellen selbst für größere DNA-Moleküle – also etwa für ganze Plasmide – porös machen. Gen-Taxis können also durch eine »durchlöcherte« Bakterienhülle in das Zellinnere einwandern. Bleibt noch die Sortierarbeit, die →*Selektion* des rekombinanten →*Klons*, wie die Wissenschaftler sagen. Sie ist in diesem Fall ganz einfach. Die Wissenschaftler fügen lediglich zu der Nährflüssigkeit der Bakterien die beiden Antibiotika Tetrazyklin und Kanamyzin hinzu. Jetzt können nur noch solche Bakterien überleben, die das rekombinante Plasmid enthalten. Denn nur das rekombinante Plasmid enthält beide Gene für die Antibiotika-Resistenz. Bakterien, die gar kein Plasmid aufgenommen haben, sterben »zwei Tode« – sowohl an Kanamyzin wie an Tetrazyklin. Bakterien, die nicht rekombinante Plasmide erhalten, werden zwar mit dem Tetrazyklin fertig, sterben indes an Kanamyzin. Nur Bakterien mit rekombinanten Plasmiden sind gegen beide Zellgifte gefeit. Auf einem Kulturschälchen sind sie ganz einfach zu erkennen: Nach wenigen Tagen sind sie auf ihrer antibiotikahaltigen Nährstoff-Unterlage zu einer mit dem bloßen Auge sichtbaren *Kolonie* herangewachsen. Jede Kolonie besteht aus genetisch identischen Nachkommen, einem →*Klon*, der sich durch einfache Zellteilung – Bakterien haben schließlich noch keinen Sex erfunden – vermehrt. Das bedeutet auch, daß alle Bakterienzellen dieses Klons das rekombinante Plasmid enthalten. Auf Nährböden oder in Nährflüssigkeiten lassen sie sich fortan beliebig vermehren.

Darin liegt der immense Vorteil der mikrobiellen Gentechnik: Im Prinzip reicht ein geglückter Gentransfer in eine einzige Bakterien- oder

Hefezelle aus, um die eingeschmuggelte Information der rekombinanten DNA in beliebig vielen Nachkommen dieses genmanipulierten »Stammvaters« verfügbar zu haben. Bei jedem Vermehrungsschritt wird automatisch auch die hinzugefügte Information mitkopiert. Dabei sind nur die ersten Schritte – von der Konstruktion des Vektors über den Gentransfer bis zur Selektion des rekombinanten Klons – im strengen Sinne Gentechnik. Die weiteren Schritte – also die Massenvermehrung der genmanipulierten Bakterien und alles, was danach folgt – ist die Domäne der →*Biotechnologie*.

Das Experiment der Stanford-Wissenschaftler war eigentlich nicht mehr als eine »Trockenschwimm-Übung«. Niemand interessierte sich wirklich für die Übertragung einer Antibiotika-Resistenz von einem Bakterium auf ein anderes. Doch dieses Basis-Experiment legte den Grundstein für vieles, was heute gentechnisch möglich und ökonomisch lukrativ ist. Schrittweise tasteten sich die »Gen-Pioniere« weiter. Sie entdeckten, daß Erbinformation nicht nur innerhalb einer Bakterienart übertragbar ist. Sogar zwischen unterschiedlichen Bakterienarten war eine Genübertragung möglich. Immer kühner wurden die Versuche: Gene von Pflanzen und Tieren – Fröschen, Ratten und Mäusen – übertrugen die Gentechniker in Bakterienzellen. Wissenschaftlich gesehen war es da nur noch ein kleiner Schritt, menschliche Gene in Bakterien einzubauen und aktiv werden zu lassen. Doch ökonomisch betrachtet war dieses Experiment ein »Knaller«: Nur wenige Jahre nach dem kalifornischen Basis-Experiment gelang es Wissenschaftlern, chemisch synthetisierte und natürliche menschliche Gene in Bakterien einzubauen. Die genmanipulierten Bakterien stellten – getreu der fremden Baueinleitung – die menschlichen Proteine her. Insulin und Wachstumshormon waren die ersten menschlichen Proteine, die genmanipulierte Bakterien produzierten. Aus der wissenschaftlichen Methode der Gentechnik wurde der Wirtschaftsfaktor Gentechnologie.

Auch in bezug auf diesen Wandel waren die US-amerikanischen Wissenschaftler am schnellsten: 1976 gründeten der Molekularbiologe Herbert Boyer – ein Kollege von Stanley Cohen, der auch bei der gentechnischen »Premiere« 1973 dabei war – und der Anlageberater Robert Swanson die erste *Gen-Firma* der Welt. Der Name des Unternehmens ist seit Beginn Programm: Genentech. Die Erfolgsgeschichte der Gentechnik läßt sich wohl nicht besser als am Schicksal dieses Unternehmens illustrieren: 2 × 500 Dollar (Boyer mußte sich das Geld angeblich sogar pumpen) betrug das Gründungskapital von Genentech. Der gegenwärtige Aktienwert von Genentech dürfte die vier Milliarden-Grenze anstreben; der Jahresumsatz 1989 lag bei 400,5 Millionen US-Dollar. Befragt man Boyer zur Gewinnsituation, so antwortet er sibyllinisch, man sei auf der »sunny side of the street«. Vor allem seit dem Februar 1990 dürfte sich die finanzielle Wetterlage des Unternehmens sogar langfristig dem schon sprichwörtlichen kalifornischen Sonnenschein angepaßt haben. Für 2,1 Milliarden US-Dollar erwarb das schweizerische Pharma-Unternehmen Hoffmann-La Roche die 60%ige Aktienmehrheit von Genentech. Mit dem schweizererischen Unternehmen im Rückhalt, dürfte es Genentech auch in Zukunft nicht schwerfallen, bei der gentechnischen Produktentwicklung die Nase immer ein kleines Stück vor denen der Konkurrenten zu haben.

Doch zurück zur Wissenschaft. Mit der Methode, menschliche Gene in Bakterien einzubauen, ist es möglich, Protein-Moleküle biotechnologisch herzustellen, die für Synthese-Chemiker viel zu groß und zu kompliziert sind. Neben Insulin und Wachstumshormon ist der körpereigene Abwehrstoff *Interferon* ein frühes Beispiel. Die Grafik auf Seite 140 zeigt, wie es gentechnisch gewonnen werden kann.

In diesem Fall durchbrach der Züricher Molekularbiologe Charles Weissmann die Phalanx der erfolgreichen US-amerikanischen Gen-Pioniere. Er isolierte aus menschlichen Blutzellen das Interferon-Gen und baute es – analog dem gentechnischen Basis-Experiment – in Escherichia coli-Bakterien ein. Nach der Selektion der rekombinanten Bakterien-Klone, die tatsächlich Interferon produzierten, konnte Weissmann im →*Fermenter* oder Bioreaktor einen dieser Klone massenhaft vermehren. Zum Schluß mußte er lediglich das nützliche Protein Interferon von den Bakterienzellen und den Nährstoffen abtrennen, und die Substanz lag in reiner Form vor. Heute, nachdem Interferon als Medikament bei verschiedenen Krebsarten und Virus-Infektionen zugelassen ist, produzieren mehrere Pharmafirmen diesen Stoff gleich kiloweise.

Während es den Genforschern bereits Ende der 70er Jahre routinemäßig gelang, Bakterien gentechnisch zu verändern, mußten die Pflanzenforscher bis 1980 warten, bis sie Pflanzen gentechnisch verändern konnten. Ihnen fehlte ein wichtiges gentechnisches Requisit: ein geeignetes Gen-Taxi. Erst ein »natürlicher Gentechniker«, das Bodenbakterium →*Agrobacterium tumefaciens* führte sie auf die Spur. Dieses Bakterium kann bei Pflanzen eine Art Krebs hervorrufen. Als die Wissenschaftler herausgefunden hatten, wie das Bakterium Krebs in der Pflanze auslöst, war ihnen sofort klar, daß sie »ihr« Gen-Taxi gefunden hatten.

Ähnlich wie das Darmbakterium Escherichia coli verfügt auch das Bodenbakterium Agrobacterium tumefaciens über ein Plasmid. Dieses Plas-

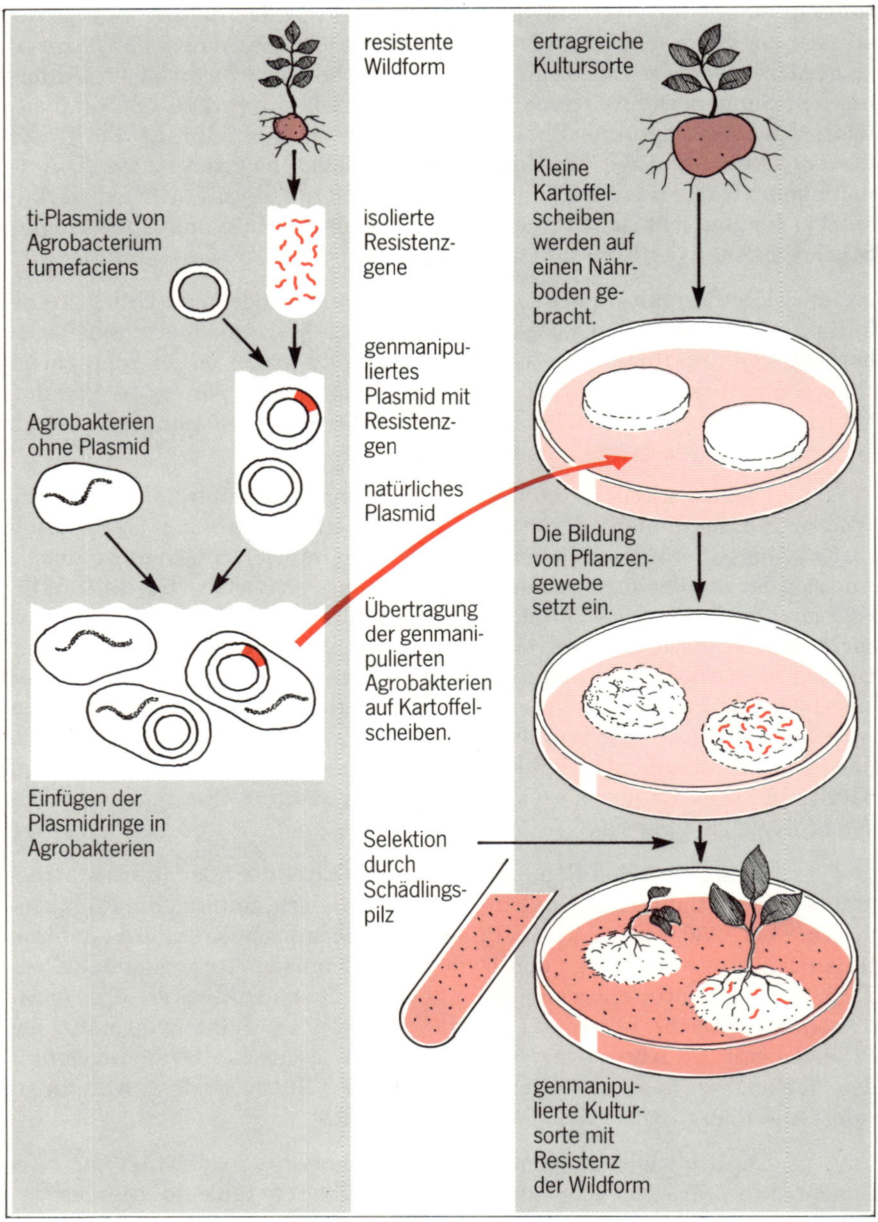

Abb. 7 Gentechnik an Pflanzen

mid kann von den Bakterienzellen in Pflanzenzellen einwandern. Dabei transportiert es bakterielle Gene in die Pflanze, die in ihr Erbgut eingebaut werden. Diese Gene werden von der Pflanzenzelle zusammen mit ihren eigenen Genen abgelesen und die pflanzliche Zell-Maschinerie stellt nach diesen Bauplänen Proteine her. Die bakteriellen Proteine stören den Hormonhaushalt der Pflanze und erzeugen bei ihr Tumorwachstum. Ein Name für dieses Plasmid war schnell gefunden. Da es einen Tumor auslöst, nennen die Forscher es *tumorinduzierendes Plasmid*, oder kurz *ti-Plasmid*.

Damit hatten endlich auch die Pflanzen-Gentechniker einen geeigneten Vektor gefunden. Der Versuch wird in Abbildung 7 gezeigt.

Analog zu Stanley Cohens Basis-Experiment mußten die Forscher das ti-Plasmid mit Restriktionsenzymen aufschneiden, ein fremdes Gen einfügen und den Plasmidring wieder schließen. Den Rest besorgte »Kollege« Agrobacterium. Die Forscher infizierten eine Pflanze mit genmanipulierten Agrobacterien, diese schmuggelten das rekombinante ti-Plasmid in die Pflanzenzellen und bauten dabei auch das fremde Gen in das Erbgut der Pflanze ein. Es gab allerdings noch ein Problem. Schließlich war es auf diesem Weg nur möglich, einzelne Pflanzenzellen, nicht jedoch eine ganze Pflanze oder gar eine beliebige Zahl von Pflanzen genetisch zu verändern.

Doch die Natur kommt den »grünen« Gentechnikern zu Hilfe: Bei vielen Pflanzenarten ist es möglich, aus einzelnen Pflanzenteilen – etwa einem Blatt – eine vollständige Pflanze zu regenerieren. Jeder Hobbygärtner benutzt dieses Verfahren der Sprossung, um etwa aus einem Papyrus-Blatt wieder ein vollständiges Exemplar dieser Zierpflanze zu ziehen. Er steckt das Blatt dazu umgekehrt in ein Wasserglas und wartet, bis an der Blattbasis Wurzeln entstehen. Dann kann er das bewurzelte Blatt in einen Blumentopf stecken, und es wächst ein neuer Papyrus.

Da die Sprossung nichts anderes als eine ungeschlechtliche Vermehrung ist, sind die dabei entstehenden neuen Pflanzen mit der Ursprungspflanze genetisch identisch. Auf diese Art läßt sich also ebenso wie bei Bakterien ein Klon herstellen. Enthält das Ausgangsmaterial genmanipulierte Zellen, so enthalten auch die gesprossenen Exemplare die fremden Gene, und zwar nicht nur in ihren Wurzel-, Stengel- oder Blattzellen sondern auch in ihren Keimzellen.

Schritt für Schritt kletterten die Gentechniker die evolutionäre Stufenleiter nach oben: Zuerst Mikroorganismen wie Hefezellen oder Bakterien und später Pflanzen. Nur bei den Tieren gab es noch keine Methode des Gentransfers. 1982 übersprangen US-Molekularbiologen aus Seattle und Philadelphia auch diese Hürde: Die Forscher um Richard Palmiter und

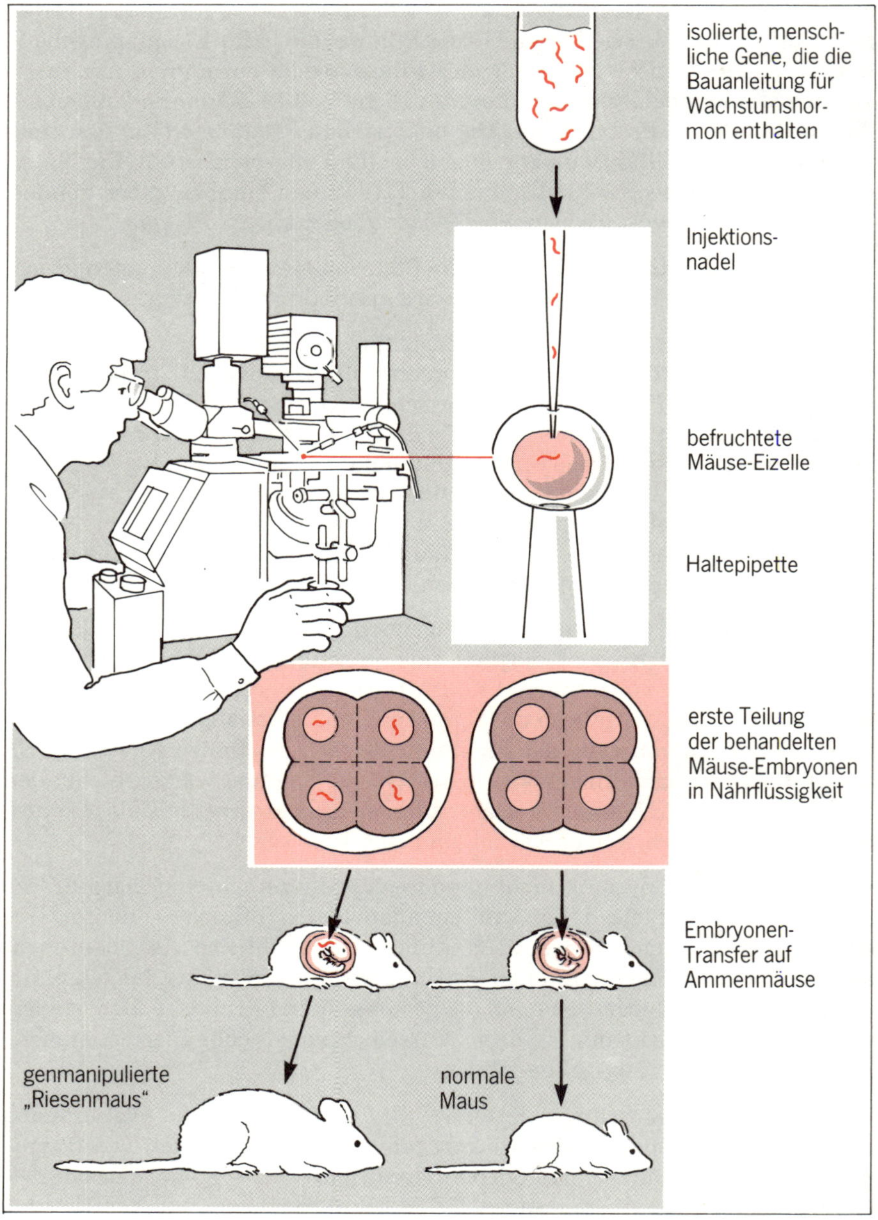

Abb. 8 Gentechnik an Säugetieren

Ralph Brinster waren die »Schöpfer« der ersten gentechnischen Tierkreation. Sie übertrugen das Gen für das *menschliche Wachstumshormon* in Embryonen von Mäusen. Das Ergebnis waren sogenannte *Riesenmäuse* – die Nagetiere waren etwa um die Hälfte größter als ihre normalen Artgenossen. Das grafische Schema ihres Versuchs (Abb. 8) macht den Vorgang der Genmanipulation deutlich.

Ausgangspunkt des Experimentes ist diesmal die fast »nackte« DNA des menschlichen Wachstumshormons. Die Forscher verwendeten nämlich keinen Vektor als Gen-Transporteur. Stattdessen koppelten sie das menschliche Gen mit einem genetischen Schaltelement, einem sogenannten *Promotor* aus dem Erbgut der Maus zusammen. Dieser Schalter – ebenfalls ein Stück DNA – bewirkt, daß das Gen, das auf dem Chromosom hinter dem Schalter liegt, besonders aktiv wird, wenn sich in der Zelle Schwermetalle wie Zink oder Cadmium anhäufen. Beides zusammen – das menschliche Gen mit dem Maus-Promotor – injizierten die Wissenschaftler in den Zellkern von befruchteten Mäuse-Eizellen. Ein Teil der Eizellen integrierte tatsächlich die fremde DNA in ihr eigenes Erbgut. Die behandelten Mäuse-Embryonen verpflanzten die Forscher in die Gebärmutter von Mäuseweibchen.

Die Mäusebabies, die schließlich in den Laborkäfigen herumkrabbelten, wuchsen unterschiedlich rasch heran. Tatsächlich konnten die Forscher bei einem kleinen Prozentsatz der Tiere menschliches Wachstumshormon in den Zellen nachweisen. Diese Tiere wuchsen zu »Riesenmäusen« heran. →*Transgene* Tiere nennen die Wissenschaftler solche Individuen, die rekombinante DNA enthalten.

Dann verfütterten die Forscher an die Mäuse schwermetallhaltiges Futter. Diese Substanzen reicherten sich in der Mäuseleber an. Als Folge davon stieg die Produktion von menschlichem Wachstumshormon in den Leberzellen der Tiere noch an. Brinster und Palmiter hatten nicht nur ein menschliches Gen auf Mäuse übertragen. Sie konnten sogar die Gen-Aktivität von außen – via Diät – über den genetischen Schalter kontrollieren.

Nur eines schafften auch diese beiden Forscher nicht: einen Mäuseklon herzustellen. Zwar befand sich das menschliche Gen im Erbgut der transgenen Tiere, und es war auch aktiv. Das fremde Gen ließ sich sogar von einer Mäuse-Generation zur nächsten wie ein mäuseeigenes Gen vererben. Doch die ausschließlich sexuelle Fortpflanzung bei höheren Tieren führt zur Durchmischung des väterlichen und mütterlichen Erbgutes in den Keimzellen. Deshalb sind die Nachkommen der transgenen Tiere nicht mit den Elterntieren genetisch identisch. Das, was bei Pflanzen möglich ist, klappt höchstens bei niedrigen Wirbeltieren, etwa Fröschen. Bereits in den 60er

Jahren – also lange vor der Geburtsstunde der Gentechnik – klonierte der britische Entwicklungsbiologe John Gurdon Krallenfrösche (Damit ist auch klar, daß Klonierung nichts mit Gentechnik zu tun hat). Er praktizierte die Kerne von Körperzellen eines Individuums in zuvor entkernte Eizellen. Daraus entwickelten sich ganz normale Frösche. Offensichtlich können die Kerne der spezialisierten Körperzellen des Frosches das komplette genetische Entwicklungsprogramm »Frosch« reaktivieren, sobald sie sich in der Eizell-Umgebung befinden. Sie sind, wie es in der Fachsprache heißt, *totipotent*.

Die differenzierten Körperzellen von höheren Wirbeltieren haben diese Totipotenz eingebüßt, obwohl auch ihre Kerne das komplette Erbgut in doppelter Ausfertigung besitzen. Offenbar sind eine Reihe von Genen, die für die Entwicklung der Tiere notwendig sind, dauerhaft blockiert. Diese Tierarten lassen sich daher zur Zeit nur auf eine andere Art klonieren: Teilt man ganz junge Embryonen – etwa von Mäusen oder Rindern – während sie nur aus vier Zellen bestehen, so kann man damit künstlich eineiige Vierlinge erzeugen. Alle vier Zellen sind noch totipotent, sie können zu vier vollständigen Individuen heranwachsen, wenn man sie teilt. Bereits im nächsten Stadium – wenn der Embryo also aus acht Zellen besteht – verlieren die Embryonalzellen ihre Totipotenz. Ein unbegrenztes Klonieren ist daher bei höheren Tieren bis heute nicht möglich. Es ist noch unklar, ob dieses Unvermögen in Zukunft überwunden werden kann, oder ob biologische Gründe dem Klonieren im Wege stehen und deshalb dieses Verfahren prinzipiell unmöglich machen.

Die hier dargestellten Experimente und Methoden stellen sozusagen nur die »Grundausstattung« des gentechnischen Handwerks dar. Ständig kommen neue Tricks und Möglichkeiten hinzu. So läßt sich DNA etwa auf unterschiedlichste Weise in Zellen von Mikroorganismen, Pflanzen und Tieren einbauen. Die Selektionsmethoden, mit denen rekombinante Zellen von normalen aussortiert werden können, sind heute wesentlich verbessert. Der erste Versuch von Brinster und Palmiter, genetische Kontrollschalter zusammen mit den gewünschten Genen zu transferieren, ist heute eines der »heißesten« Arbeitsfelder der Gentechnik. Wissenschaftler lernen immer mehr über die Mechanismen, nach denen die einzelnen Gene in einer Zelle kontrolliert an- und ausgeschaltet werden. Dies wiederum führt zu immer raffinierteren Rekombinations-Versuchen mit DNA.

Und eines der größten Mankos der Gentechnik wird in Zukunft sehr wahrscheinlich überwunden sein: Bislang war es nämlich nicht möglich, Gene ganz gezielt an eine bestimmte Stelle ins Erbgut einer Zelle einzubauen. Das führt dazu, daß beim Einbau rekombinanter DNA unter

Umständen ein wichtiges zelluläres Gen auseinandergerissen und dadurch dessen Information zerstört wird. Kürzlich ist es gelungen, fremde DNA zielgenau in ein fremdes Erbgut einzubauen. Diese Methode eröffnet beispielsweise auch die Möglichkeit einer →*Gentherapie* beim Menschen.

Gentest

Bezeichnet unterschiedliche Analysemethoden in der Humangenetik, mit denen Erbkrankheiten diagnostiziert werden können, die auf einer →*Mutation* innerhalb eines Gens beruhen. Grundlage aller Gentests ist eine →*Gensonde*. Bei den direkten Gentests weist die Gensonde die Mutation in dem betreffenden Gen selbst nach. Bei einem indirekten Gentest weist die Gensonde ein benachbartes Stück →*DNA* nach, das – je nach Abstand – mehr oder weniger häufig mit dem defekten Gen gemeinsam vererbt wird. Während direkte Gentests praktisch eine hundertprozentige diagnostische Sicherheit erreichen, lassen sich mit indirekten Gentests nur Wahrscheinlichkeitsaussagen über das Vorhandensein eines Erbdefektes machen.

Gentherapie

Behandlung von Krankheiten durch einen Eingriff in das Erbgut. 1989 gab es in den USA erste Vorversuche zu einem gentherapeutischen Eingriff beim Menschen. Die Risiken und der Nutzen dieses Therapieprinzips sind bei weitem noch nicht ausgelotet. Zwei Arten der Gentherapie werden unterschieden:

Die *somatische Gentherapie* ist ein Eingriff in das Erbgut von Körperzellen. Mediziner hoffen, auf diesem Weg beispielsweise Erbkrankheiten heilen zu können. Der Erbdefekt in einem Gen soll dadurch ausgeglichen werden, daß in einige, teilungsaktive Körperzellen mit Hilfe der →*Gentechnik* ein funktionierendes Gen eingebaut wird. Im günstigsten Fall könnte es auf diese Weise gelingen, den erblich bedingten Ausfall des mutierten *Gens* und in dessen Folge auch des entsprechenden →*Proteins* durch die Integration eines funktionstüchtigen Gens auszugleichen. Der gentherapierte Patient würde allerdings dennoch seine Erbkankheit an Nachkommen weitergeben können. Die meisten Forscher setzen eine somatische Gentherapie ethisch mit einer Organtransplantation gleich. Sie akzeptieren eine derartige Therapie, sobald die technischen Risiken der Behandlung beherrschbar geworden sind.

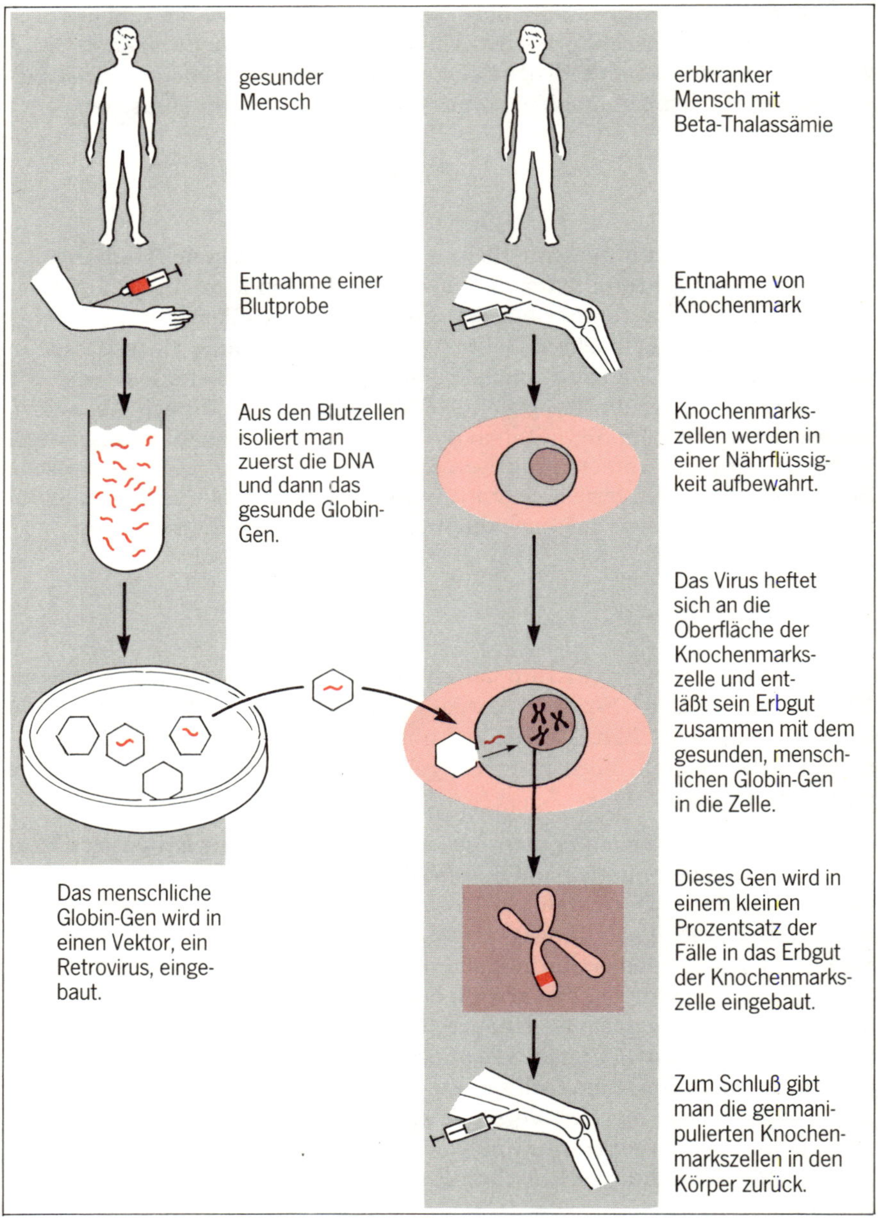

Abb. 9 Gentherapie

Die →*Keimbahn-Gentherapie* setzt einen Eingriff in das Erbgut der Fortpflanzungszellen (Ei- und Samenzellen) des Menschen oder in das Erbgut des menschlichen Embryos voraus. Ein derartiger Eingriff hätte zur Folge, daß die gentechnisch eingefügte Erbinformation nicht nur in dem behandelten Individuum, sondern auch in allen seinen Nachkommen auftreten kann. Wegen der Tragweite der Keimbahn-Gentherapie lehnen sie die allermeisten Forscher als unethisch ab (Siehe Kapitel »Die genetische Gesellschaft«).

Am Beispiel einer Erbkrankheit – der sogenannten *Beta-Thalassämie* – zeigt Abbildung 9 das Prinzip einer somatischen Gentherapie.

Hervorgerufen wird diese Erbkrankheit durch einen Defekt im Globin-Gen. Dieses Gen enthält die Bauanleitung für ein lebenswichtiges Protein, das Globin, das zusammen mit dem Häm-Farbstoff in den roten Blutzellen das Sauerstoff transportierende *Hämoglobin* bildet. Patienten mit Beta-Thalassämie stellen aufgrund einer →*Mutation* im Globin-Gen ein fehlerhaftes Protein her, dessen Fähigkeit, Sauerstoff zu binden, deutlich vermindert ist.

Diesen Defekt könnte eine somatische Gentherapie beheben. Zunächst entnimmt man dem Patienten etwas Flüssigkeit aus dem *Knochenmark* – ein relativ gefahrloser Eingriff. In dieser Flüssigkeit schwimmen unter anderem sogenannte *Stammzellen*. Dabei handelt es sich um noch undifferenzierte Blutbildungszellen. In diese Zellen werden mit Hilfe eines →*Vektors* Kopien eines funktionierendes Globin-Gens eingeschleust. Nach dieser Genmanipulation erhält der Patient die behandelten Knochenmarkzellen wieder zurück in sein Knochenmark. Entwickeln sich aus den genmanipulierten Stammzellen rote Blutzellen, dann sollten sie fortan nicht nur das defekte, sondern auch das korrekte Protein Globin herstellen, aus dem der Körper dann funktionsfähiges Hämoglobin bilden kann. Seine roten Blutzellen sollten – wenn alles gut geht – ausreichend viel Sauerstoff transportieren können. Der Erbdefekt wäre, wenn auch nicht behoben, so doch ausgeglichen.

Glykoproteine

→*Proteine*, die nicht nur aus →*Aminosäuren* bestehen, sondern auch Zuckerreste enthalten. Viele Proteine, die auf der Zelloberfläche in Zellmembranen eingebunden sind, aber auch viele Enzyme sind Glykoproteine. Bei einigen von ihnen ist der Zuckeranteil für ihre Wirkung nach heutigem Wissen unwichtig. Andere Glykoproteine verlieren teilweise oder ganz ihre Wirksamkeit, wenn sie keine oder nicht die richtigen Zuckerreste enthalten.

Diese Tatsache ist für die →*Gentechnik* von Bedeutung – etwa bei der Produktion von körpereigenen Glykoproteinen als Medikamenten. Leider können Bakterien überhaupt keine Zuckerreste an die von ihnen hergestellten Proteine anhängen. Hefezellen haben zwar diese Fähigkeit, häufig unterscheidet sich allerdings die Art ihrer »Verzuckerung« – Wissenschaftler sprechen nüchterner vom Glykosilierungsmuster – von derjenigen der im Körper glykosilierten Proteine. Lediglich Säugetierzellen produzieren ein dem natürlichen Glykoprotein ähnliches oder gar identisches Muster von Zuckerresten. Sind die Zuckerreste für die Wirksamkeit der körpereigenen Substanz notwendig, so bleibt dem Arzneimittelhersteller keine Wahl: Er muß das Glykoprotein in Säugetierzellkulturen herstellen – der teuersten der drei möglichen Produktionsvarianten.

Guanin

Neben →*Adenin*, →*Cytosin* und →*Thymin* eine der vier informationstragenden Einzelbausteine der Erbsubstanz →*DNA*. Die Abfolge oder Sequenz dieser vier Moleküle bestimmt die →*Primärstruktur* der →*Proteine*.

Hefen

Einfache, einzellige Lebewesen mit einem Zellkern, die zur Gruppe der Pilze gehören (Hefepilze). Das →*Erbgut* von Hefen ist in →*Chromosomen* gegliedert. Daneben verfügen Hefen über zusätzliche →*DNA* in bestimmten Zellbestandteilen, den Mitochondrien, und über →*Plasmide*. Bei einigen Hefestämmen gibt es darüber hinaus sogenannte »Killerfaktoren«, die die Erbinformation für einen Giftstoff (Toxin) enthalten, der andere, empfindliche, Hefestämme abtöten kann.

Hefeorganismen gehören zu den ältesten Lebewesen überhaupt, mit denen Menschen →*Biotechnologie* betrieben haben. Die wohl am weitesten verbreitete Gattung trägt den Namen Sacharomyces – darunter auch die Bierhefe Sacharomyces cerevisiae. Für die →*Gentechnik* gewinnen Hefen immer mehr an Bedeutung. Sie sind dabei in mancher Hinsicht Bakterien überlegen. Als Lebewesen mit Zellkern und echten Chromosomen stehen sie allen höheren Lebewesen deutlich näher als etwa Bakterien. Die →*Expression* von Genen höherer Lebewesen gelingt in Hefen oft einfacher. Anders als Bakterien können Hefen →*Glykoproteine* herstellen. Ihr Erbgut ist – zumindest bei den sehr gebräuchlichen Arten – ähnlich gut untersucht wie das von Bakterien. Andererseits haben sie gegenüber Säugetierzellkulturen den Vorteil, daß sie leichter – und damit billiger – züchtbar sind. Außerdem existiert eine jahrtausende lange Erfahrung in der →*Fermentation* mit Hefeorganismen.

Hormone

Körpereigene Signalstoffe von Pflanzen, Tieren und Menschen, die der Signalübertragung zwischen Zellen und Organen dienen. Sie sind meist in winzigen Konzentrationen wirksam. Die Hormonwirkung unterliegt daher sehr fein abgestimmten Regulationsmechanismen. Chemisch gesehen sind Hormone eine sehr heterogene Gruppe; sie können aus großen oder kleinen Proteinen, Steroiden oder Fettsäure-Abkömmlingen aufgebaut sein. Viele menschliche Hormone, die aus Proteinen aufgebaut sind, lassen sich inzwischen mit Hilfe der →*Gentechnik* herstellen – etwa Wachstumshormon und diverse Wachstumsfaktoren für Blutzellen. Für die Milchviehwirtschaft ist das Rinderwachstumshormon (BST) interessant, da es die Milchleistung von Kühen erhöht. Sein Einsatz ist allerdings umstritten und in der Europäischen Gemeinschaft zur Zeit nicht erlaubt.

Hybridisieren/Hybridisierung

Verfahren zur Bildung von →*DNA*- oder →*RNA*-Doppelsträngen aus →*komplementären* Einzelsträngen durch →*Basenpaarung*. Wichtiger Teilschritt beim Einsatz von →*Gentests*.

Als Hybride oder Bastarde bezeichnet man in der Tier- und Pflanzenzüchtung alle Individuen, die durch Kreuzung zweier Eltern entstanden sind, die genetisch verschieden sind – etwa unterschiedlichen Rassen, Unterarten oder Sorten angehören. In der Pflanzenzüchtung sind Hybride wegen ihres meist hohen Ertrages interessant (Hybridzüchtung). Da Hybride ihre Fortpflanzungsfähigkeit verloren haben, muß ein Landwirt jedes Jahr neues Saatgut kaufen, um den Vorteil des hohen Ertrages einer Hybridsorte weiter zu nutzen.

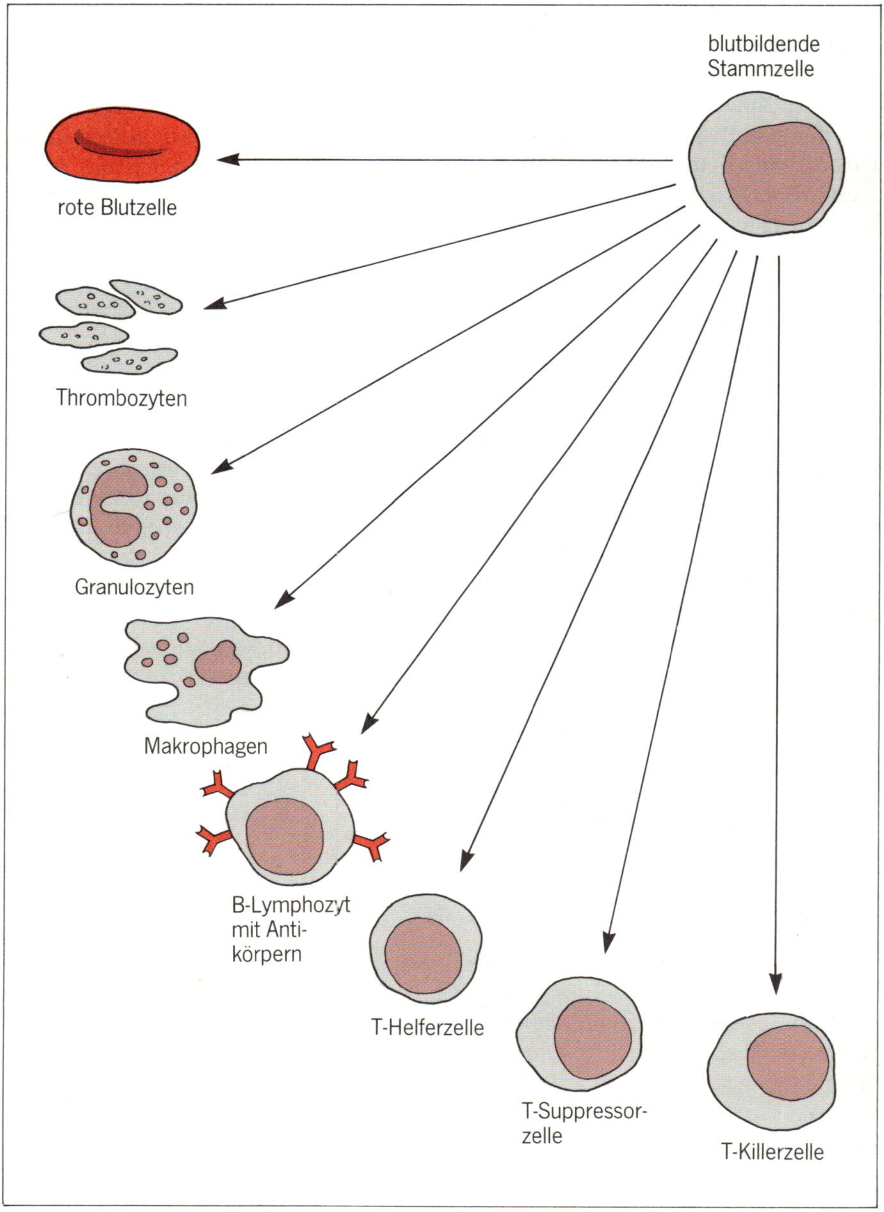

Abb. 10 Immunsystem: Das Knochenmark ist der Ursprungsort aller im Immunsystem aktiven Zellen und der roten Blutkörperchen

Als *Hybridome* oder Hybridomzellen bezeichnet man schließlich die Verschmelzung eines →*B-Lymphozyten* mit einer speziellen Krebszelle (Melanomzelle) zur biotechnologischen Herstellung monoklonaler →*Antikörper*.

Immunsystem

Das neben dem Gehirn vielleicht komplizierteste Organ höherer Tiere (Wirbeltiere), das der Abwehr gegen jegliche Fremdstoffe (Fremdkörper und Krankheitserreger wie Bakterien, Viren und Parasiten) dient. Es besteht aus einem zellulären Teil (*zellvermittelte Abwehr*) und einem nichtzellulären, stofflichen Teil (*humorale Abwehr*). Beide Elemente der Abwehr sind aufs komplizierteste miteinander vernetzt. »Entstehungsort« des Immunsystems sind undifferenzierte Blutzellen im *Knochenmark*. Da sich aus diesen Vorläuferzellen sämtliche Abwehrzellen des Immunsystems entwikkeln können, heißen sie *Stammzellen*. Aus ihnen entstehen rote und weiße Blutzellen. Weiße Blutzellen differenzieren sich zu →*B-Lymphozyten* und T-Lymphozyten, etwa T-Helfer-, T-Suppressor- und T-Killerzellen und schließlich noch Makrophagen, Granulozyten und Thrombozyten. B-Lymphozyten sind die Produzenten der →*Antikörper*. Alle weißen Blutzellen produzieren Signalstoffe (Interferone und Interleukine, auch Lymphokine genannt, sowie Wachstumsfaktoren), die andere Zellen des Immunsystems aktivieren oder hemmen können (Immunmodulation). Diese Signalstoffe waren in den letzten Jahren ein bevorzugtes Ziel der medikamentösen →*Gentechnik*. Einige der Substanzen werden inzwischen gentechnisch hergestellt und sind im klinischen Einsatz oder werden dort erprobt.

Intron

Derjenige Teil eines *Gens* höherer Lebewesen, der nicht zum Aufbau eines →*Proteins* verwendet wird. Man geht davon aus, daß Introns informationslos – sozusagen sinnlos – sind, da sie zwar während der →*Transkription* in →*RNA* übersetzt werden, aber vor der →*Translation* der →*messenger-RNA* in →*Aminosäure-Sequenzen* (siehe auch →*Proteinsynthese*) entfernt werden. Diesen Vorgang der sogenannten Prozessierung der messenger-RNA nennt man englisch »*splicing*« oder zu deutsch *spleißen*. Da Intron-DNA mengenmäßig die informationstragende DNA der *Exons* bei weitem überwiegen kann, ist es dennoch zweifelhaft, ob intronische DNA tatsächlich »sinnlos«, besser »funktionslos«, ist.

Keimbahn

Bezeichnet denjenigen Teil des Körpers von sich sexuell fortpflanzenden Organismen, der Geschlechtszellen (Ei- oder Samenzellen) produziert. Alle anderen Zellen werden als somatische oder Körperzellen bezeichnet. In der →*Gentechnik* ist es wichtig, ob fremde Gene lediglich in Körperzellen oder in Keimbahnzellen eingefügt wurden. Eine stabile Integration fremder Gene in Keimbahnzellen bedeutet, daß auch alle Nachkommen des genmanipulierten Organismus die fremden Gene tragen können. Beim Gentransfer in Körperzellen gelingt dies nur, wenn sich aus einzelnen Körperzellen durch Sprossung vollständige Individuen regenerieren lassen (etwa bei Pflanzen).

Klon/Klonierung

Ein Klon ist eine Kolonie genetisch einheitlicher Zellen, die sich von einer einzigen Zelle ableiten läßt. Die Klonierung von Organismen setzt nicht unbedingt Gentechnik voraus. Eine unveränderte Bakterien-Kolonie ist ein Klon, wenn sie aus einer einzigen Zelle hervorgegangen ist. Auch das Klonieren von Fröschen – etwa durch Regeneration einzelner Körperzellen eines Organismus zu vielen, genetisch identischen Nachkommen – setzt keinen gentechnischen Eingriff voraus. Die Gentechnik kommt erst ins Spiel, wenn etwa ein isoliertes Gen eines Organismus in das Erbgut eines Bakteriums eingefügt wurde und dieses anschließend kloniert wurde. Molekularbiologen sprechen dann von *Gen-Klonierung*.

Komplementarität/komplementär

Zwei komplämentäre Teile ergänzen sich gegenseitig. In der Molekulargenetik bezeichnet Komplementarität die →*Basenpaarung* zweier →*DNA*- oder →RNA-Einzelstränge zu einem Doppelstrang. Auch ein DNA- und ein RNA-Einzelstrang lassen sich zu einem komplementären Doppelstrang verbinden, wenn die →*Sequenz* der Basen beider Einzelstränge zueinander passen.

Konjugation

Gerichteter Austausch von *DNA* von einer Bakterienzelle zur nächsten. Über eine von der Zellwand gebildete »Röhre« können Bakterien →*Plasmide* untereinander austauschen – und zwar sogar zwischen verschiedenen Arten (horizontaler *Gentransfer*). Dieses Phänomen ist für die Beurteilung der Sicherheit der →*Gentechnik* sehr wichtig. Da gerade Plasmide als *Vektoren* zum Transfer fremder DNA eingesetzt werden, ist es prinzipiell möglich, daß harmlose Bakterien oder gar sogenannte »*Sicherheitsstämme*«, die nur unter Laborbedingungen lebensfähig sind, Fremd-DNA via Konjugation auf gefährlichere Mikroorganismen übertragen.

Krebsgene

auch Onkogene genannt. Körpereigene Gene, die an der Tumorentstehung beteiligt sind. Krebsgene haben im Körper normalerweise eine wichtige Funktion. Sie sind an der zellulären Regulation des Wachstums beteiligt. In dieser Form werden sie als *Proto-Onkogene* bezeichnet. Erst →*Mutationen* lassen aus ihnen Krebsgene entstehen, die Zellen entarten lassen können. Höchstwahrscheinlich wird indes nicht jeder Krebs durch Krebsgene ausgelöst. Zur Zeit sind etwa 30 Krebsgene bekannt; die Zahl der unterschiedlichen Krebsarten liegt wesentlich höher. Da man viele Krebsgene zunächst in krebsauslösenden Viren gefunden hat, spekulieren Forscher, daß Krebsgene erst im Laufe der Evolution aus Viren in das Erbgut höherer Organismen eingewandert sind. Die Fähigkeit viraler Krebsgene, sich in das Erbgut höherer Organismen einzuklinken, findet in der Gentechnik Verwendung. Krebsgene können als →*Vektoren* zum Einbau von Fremd-→*DNA* benutzt werden. Ihr Einsatz wirft allerdings schwerwiegende Sicherheitsprobleme auf.

Laborsicherheit

Jedes Labor in der Bundesrepublik Deutschland, das →*Gentechnik* betreibt – zur Zeit sind das etwa 800 – muß sich bei der →*ZKBS* registrieren lassen. Je nach Laborausstattung werden die Labors in eine von vier Sicherheitskategorien eingestuft. Jedes Labor darf nur diejenigen Arbeiten ausführen, die seiner Sicherheitsstufe entsprechen. Je gefährlicher beispielsweise die Mikroorganismen oder →*Vektoren* sind, mit denen gearbeitet wird, desto höhere Sicherheitsanforderungen werden an den Laborbetrieb ge-

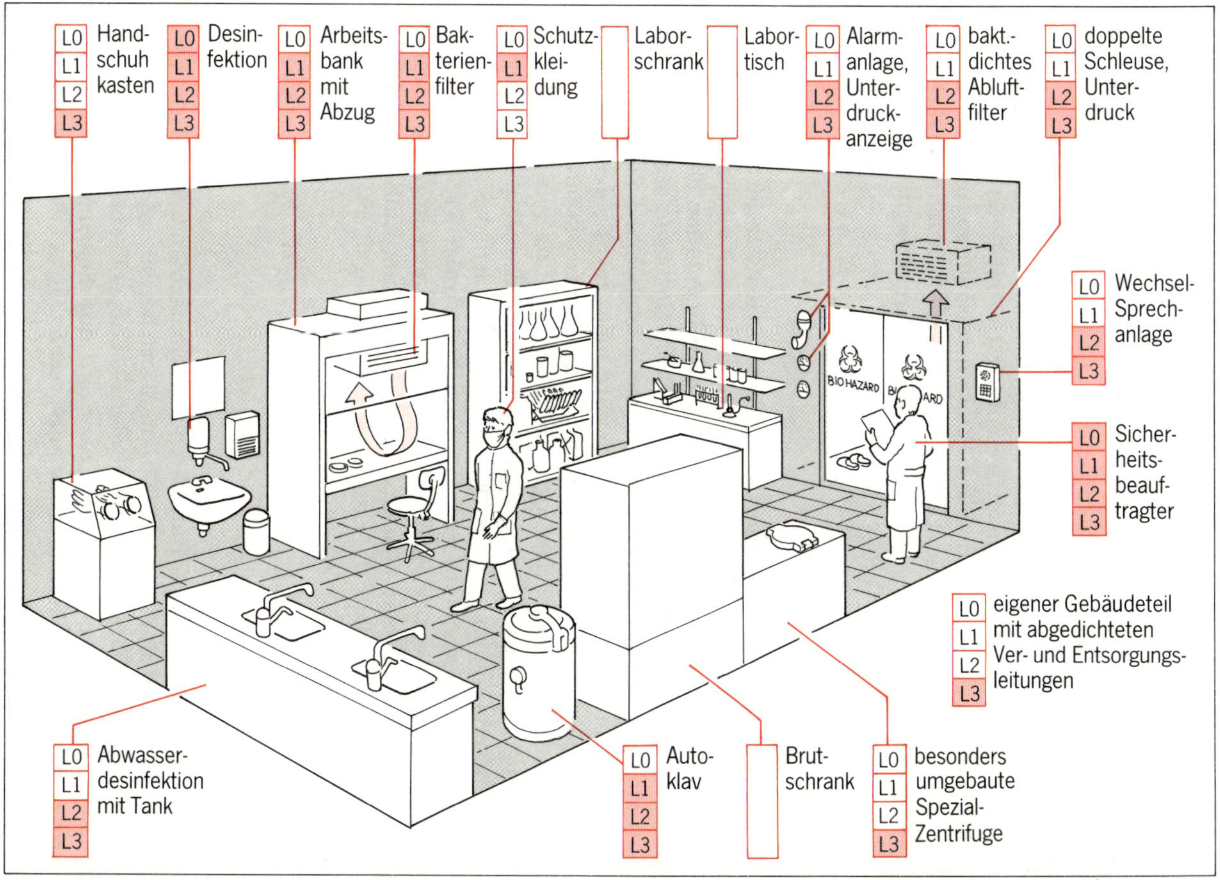

Abb. 11 Laborsicherheitsstufen. Die unterlegten Felder zeigen an, welche Maßnahmen bei welcher Sicherheitsstufe erforderlich sind

stellt. Die nebenstehende Grafik zeigt die wichtigsten Elemente der unterschiedlichen Sicherheitsstufen, die – aufeinander aufbauend – einen immer höheren Aufwand erfordern:

Die unterste Sicherheitsstufe (L 0 genannt) setzt eine Standard-Laboreinrichtung voraus. In der zweiten Stufe (L 1) müssen Laborabfälle, die Mikroorganismen oder →*Nucleinsäuren* enthalten, sterilisiert werden. Die Arbeiten müssen unter sogenannten Sicherheitswerkbänken der Klasse I ausgeführt werden. Ein kontinuierlicher Luftstrom unter den Arbeitsbänken soll verhindern, daß sich das Laborpersonal an in der Luft befindlichen Erregern infiziert. An den Filter dieser Umluftanlage werden bestimmte Mindestanforderungen gestellt.

Deutlich größer wird der Aufwand in der Stufe L 2: Das Labor muß von der Umgebung vollständig abgeschlossen sein. Es muß eine doppelte Schleuse enthalten und ständig unter Unterdruck stehen, damit keine infektiösen Keime aus dem Labor entweichen können. Die Fenster dürfen sich nicht öffnen lassen. An die Werkbänke (Klasse II) werden ebenfalls höhere Filter-Anforderungen gestellt. Die Abluft des gesamten Laborraumes muß gefiltert werden. Sämtliche Abfälle, einschließlich der Filter müssen sterilisiert werden, bevor sie aus dem Labor entfernt werden. Eine Wasserzuleitung darf nur dann existieren, wenn auch eine Abwasser-Desinfektion vorhanden ist. Nur autorisiertes und geschultes Personal darf L 2-Labors betreten.

Die höchste Sicherheitsstufe L 3 setzt zusätzlich folgendes voraus: Das Labor muß entweder in einem eigenen Gebäude oder in einem vollständig getrennten Gebäudeteil untergebracht sein. Wände, Decken und Böden müssen speziell abgedichtet sein, ebenso sämtliche Ver- und Entsorgungsleitungen. Alle Innenflächen einschließlich des Mobiliars müssen desinfizierbar sein. An die Raumluftfilterung werden die höchsten Sicherheitsanforderungen gestellt. Das Laborpersonal muß mit besonderer Schutzkleidung arbeiten. Eine Person darf nie alleine arbeiten. Es muß über Wechselsprechanlage eine Kommunikationsmöglichkeit nach draußen bestehen. Arbeiten dürfen nur in absolut gasdichten Arbeitsbänken der Klasse III erfolgen. Alternativ dazu sind gasdichte, einteilige und unter Überdruck stehende Arbeitsanzüge zulässig. Vorsorglich müssen Isolationsmöglichkeiten für eventuell kontaminierte Personen bestehen.

Analog zu diesen Sicherheitsstufen L 0 bis L 3 werden die Organismen (jeweils getrennt für Bakterien, Viren, Pilze und Parasiten) und →*Vektoren* in bis zu vier Gefährdungsklassen von Risikogruppe I – fehlendes oder geringes Risiko für Beschäftigte, Bevölkerung und Haustiere – bis Risikogruppe IV – hohes Risiko für die Beschäftigten und hohes oder unbekanntes Risiko für die Bevölkerung und Haustiere – gruppiert. Die Klassifizierung des Risikos eines bestimmten Experimentes ergibt sich dann aus der Art der verwendeten Organismen, der Art der Vektoren und der Art der verwendeten Erbsubstanz sowie den Volumina, in denen diese Arbeit ausgeführt werden soll. Diese Parameter entscheiden, welche Laborsicherheitsstufe mindestens eingehalten werden muß. Ein analoges Verfahren regelt die Festlegung von Sicherheitsstufen bei der gentechnischen Produktion.

Ligasen

Enzyme, die das Aneinanderkoppeln zweier →*Nucleotide* katalysieren. Salopp werden sie als »Klebe-Enzyme« bezeichnet, weil man mit ihnen zwei getrennte →*DNA*-Stränge zu einem entsprechend längeren Stück verbinden kann.

messenger-RNA (mRNA)

auch Boten-RNA genannt. Bezeichnet die →*komplementäre* Kopie des sinntragenden →*DNA*-Stranges bei der →*Transkription*. Ihren Namen erhielt die messenger-RNA, weil sie in Zellen höherer Lebewesen die Erbinformation aus dem Kern zum Ort der →*Proteinsynthese* – den →*Ribosomen* – transportiert. Nachdem aus der ursprünglichen RNA-Kopie – man spricht auch von pre-messenger-RNA – durch das sogenannte »splicing« alle →*Introns* entfernt wurden, dient diese »prozessierte« messenger-RNA als Matrize für die Herstellung von →*Proteinen*.

Mutagenese

Erzeugung von →*Mutationen*. Seit langem ist bekannt, daß bestimmte chemische Substanzen, aber auch energiereiche Strahlung – Röntgenstrahlung, Radioaktivität – erbgutschädigend wirken. Man benutzt diesen Effekt in der Wissenschaft, um die natürliche Mutationsrate von Mikroorganismen, aber auch von Nutzpflanzen zu erhöhen, und so mehr Mutanten zu erhalten. Die allermeisten dieser Mutanten sind gegenüber dem Ausgangsorganismus geschwächt. In Einzelfällen läßt sich allerdings durch Mutagenese eine vorteilhaftere Variante erzeugen. Mit den klassischen Verfahren der Mutagenese lassen sich lediglich zufallsbedingte Mutanten erzeugen. Mit Hilfe gentechnischer Verfahren ist es neuerdings möglich, zielgerichtet eine bestimmte Stelle im Erbgut eines Lebewesens zu verändern. Wissenschaftler sprechen von »side specific mutagenesis«.

Mutation

Natürliche oder künstlich erzeugte (→*Mutagenese*) Veränderung der Erbsubstanz eines Lebewesens. Als sogenannte Punktmutationen können diese Veränderungen nur ein einziges →*Nucleotid* im Erbgut betreffen. Es können jedoch auch größere Abschnitte der →*DNA*, ganze →*Chromosomen* oder gar das komplette →*Genom* betroffen sein.

Nucleinsäuren

Zusammenfassende Bezeichnung für →*DNA* und →*RNA*.

Nucleotid

Einzelbaustein der →*Nucleinsäuren*, der aus einem Zuckermolekül (Ribose oder Desoxyribose), einem Phosphorsäure-Molekül und einer Base (→*Adenin*, →*Cytosin*, →*Guanin*, →*Thymin* oder →*Uracil*) besteht.

PCR-Technik

Abkürzung für »*polymerase chain reaction*«, zu deutsch: Polymerase-Ketten-Reaktion. Erst kürzlich entwickelte Technik, mit der sich im Extremfall ein einziges DNA-Molekül in einer Lösung beliebig oft verdoppeln läßt, und zwar so lange, bis eine ausreichende DNA-Menge für die jeweilige Untersuchung vorhanden ist. Bislang benötigte man zur Vervielfältigung (→*Klonierung*) von DNA Mikroorganismen, die die zu untersuchende DNA-Kopie in ihr eigenes →*Erbgut* einbauten und fortan vermehrten. Um jedoch den *Klon* zu finden, der die zu untersuchende DNA auch enthielt, mußten entweder die DNA bereits bekannt oder zumindest Teile davon mit einer *Gensonde* auffindbar sein.

Die PCR-Technik erlaubt die Klonierung von DNA ohne Mithilfe von genmanipulierten Mikroorganismen, und zwar auch dann, wenn ihre *Sequenz* völlig unbekannt ist. Ein bestimmtes *Enzym*, die sogenannte Taq-

Polymerase, katalysiert die chemische Verdoppelung eines DNA-Einzelstranges zu einem →*komplementären* Doppelstrang. Dieser wird erhitzt, so daß er wieder in zwei Einzelstränge zerfällt, und ein erneuter Polymerase-Zyklus kann beginnen. Innerhalb von kürzester Zeit entstehen auf diesem Weg Mikrogramm-Mengen von DNA, wie sie für viele Untersuchungen benötigt werden. Nicht nur für die Forschung ist die PCR-Technik von Bedeutung. In der Gerichtsmedizin oder der Humangenetik erweitert sie die Anwendungsmöglichkeiten von →*Gentests* erheblich.

Plasmide

Ringförmige →*DNA*-Moleküle in Bakterien und Pilzen, die nicht in das *Genom* integriert sind und unabhängig von diesem vererbt werden können (→*Konjugation*). Diese Eigenschaft der Plasmide, DNA von einem Organismus auf einen anderen zu übertragen, nutzt die →*Gentechnik*. Die Plasmide werden mit Hilfe von →*Restriktionsenzymen* aufgeschnitten, der aufgeschnittene Ring wird um die Fremd-DNA erweitert und anschließend mit →*Ligasen* wieder zum Ring geschlossen. Derart genmanipulierte Plasmide werden als →*Vektoren* bezeichnet.

Primärstruktur

Lineare Abfolge oder *Sequenz* der Aminosäuren in einem →*Protein*.

Promotor

Bestimmte Stelle innerhalb eines →*DNA*-Moleküls, an der die →*Transkription* beginnt. Als Startsignal ist jedem Gen ein Promotor vorgeschaltet. An diesen Promotor können bestimmte →*Enzyme* (RNA-Polymerasen) ansetzen, die wie molekulare »Strickmaschinen« die einzelnen →*Nucleotide* der *RNA* zu einer dem DNA-Strang komplementären Kopie, der →*messenger-RNA*, aneinanderkoppeln.

Proteine

Klasse von Naturstoffen, die aus 20 verschiedenen →*Aminosäuren* aufgebaut sind. Jedes Lebewesen (einschließlich der Viren) ist aus Proteinen aufgebaut. Als Strukturproteine bilden sie die Bausteine, aus denen Zellen aufgebaut sind, als →*Enzyme* dienen sie dem Stoffwechsel, als Hormone der chemischen Signalübertragung im Körper.

Proteinsynthese

Bezeichnet den Aufbau von →*Proteinen* nach der Vorlage eines →*Gens* als Bauanleitung. Die Grafik auf Seite 188 verdeutlicht den Prozeß:

Irgendwo, mitten in dem langen DNA-Doppelstrang sitzt eine Startstelle für ein Gen – der →*Promotor*. An dieser Stelle kann ein bestimmtes →*Enzym*, die RNA-Polymerase, ansetzen. Sie weitet den verdrillten DNA-Doppelstrang über ein paar Dutzend →*Nucleotide* hinweg auf. Die →*Basenpaarung* der →*komplementären* DNA-Stränge bricht auf. Jetzt können sich einzelne →*RNA*-Nucleotide mit den Basen des codogenen DNA-Stranges paaren. Die Polymerase »überwacht« dabei die exakte Komplementarität und erleichtert die Verkettung der zunächst einzelnen RNA-Nucleotide zu einem Strang. Dieser Vorgang – er wird Transkription genannt – wird abrupt gestoppt, wenn der sich rasch fortbewegende DNA-RNA-Enzymkomplex auf ein Stopp-→*Codon* der DNA stößt. Die entstandene RNA-Kopie des Gens – ab jetzt heißt sie pre-→*messenger-RNA* – löst sich von der DNA. Die pre-messenger-RNA enthält sowohl »informative« (→*Exons*) wie »uninformative« Abschnitte (→*Introns*). Da aber nur die Exons zur Proteinsynthese benötigt werden, muß die pre-messenger-RNA noch »prozessiert« werden: Mit Hilfe von mehreren Enzymen werden die Intron-Stücke sauber herausgeschnitten und die einzelnen Exon-Fragmente direkt miteinander verknüpft. Diesen Vorgang nennt man *Spleißen* oder englisch »*splicing*«. Erst als »bearbeitete« messenger-RNA verläßt die Genkopie den Zellkern.

Die eigentliche Proteinsynthese geschieht im Zellinnern, an den →*Ribosomen*. Dorthin muß die messenger-RNA gelangen. An den Ribosomen kommt nun eine weitere Sorte von RNA-Molekülen zum Einsatz, die →*tRNA*. Jedes tRNA-Molekül ist mit einer bestimmten →*Aminosäure* beladen. Die messenger-RNA wird nun zwischen den beiden Untereinheiten der Ribosomen »eingeklemmt« und immer in Dreier-→*Nucleotid*-Schritten – also codonweise – hindurchbewegt. Jedes RNA-Codon verbindet sich dabei kurz mit dem komplementären Anticodon der tRNA. Erst jetzt gibt die tRNA

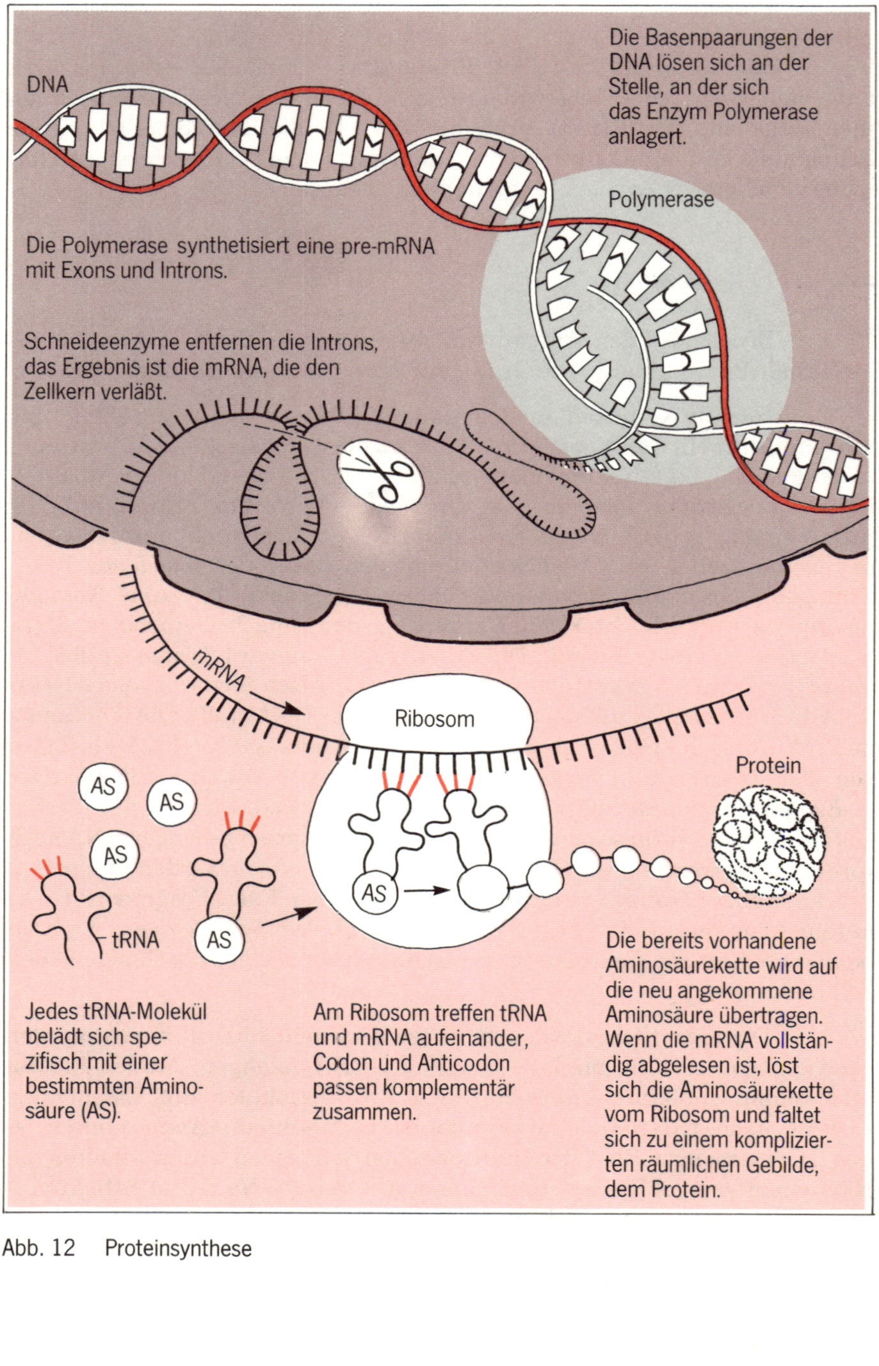

Abb. 12 Proteinsynthese

ihre Fracht – die zu ihrem jeweiligen Anticodon dazugehörige Aminosäure – frei. tRNA und messenger-RNA lösen sich wieder, die messenger-RNA rückt ein Codon weiter und die nächste dazu passende tRNA nimmt an der gegenüberliegenden Stelle Platz. Auch sie entläßt alsbald ihre Aminosäure, die sich mit der ersten verbindet. Dieser Prozeß wiederholt sich, bis das letzte Codon der messenger-RNA am Syntheseort des Ribosoms erscheint. Danach löst sich die Aminosäure-Kette ab und faltet sich spontan zum Protein. Die genetische Information ist in ein Protein übersetzt worden.

Quartärstruktur

Bezeichnet bei →*Proteinen*, die aus mehreren Untereinheiten aufgebaut sind, die räumliche Anordnung dieser einzelnen Proteinteile zueinander. Beispiel für ein aus zwei Untereinheiten zusammengesetztes Protein ist das Globin, das aus einer Alpha- und einer Beta-Kette besteht. Erst wenn beide Untereinheiten in korrekter räumlicher Beziehung zueinander stehen und zusätzlich die für die rote Farbe verantwortliche Hämgruppe eingelagert ist, kann das Molekül als Hämoglobin seine Aufgabe als Sauerstoff-Transporteur in den roten Blutzellen erfüllen.

Rekombination

Umlagerung von Erbgut im Rahmen der Zellteilungsvorgänge von Keimbahnzellen. Bei sich sexuell fortpflanzenden Lebewesen finden während der sogenannten *Reifeteilung* (*Meiose*) Umlagerungen ganzer →*Chromosomen* oder Teile davon statt. Dabei wird das väterliche und mütterliche Erbgut eines Individuums neu gemischt oder rekombiniert.

In der Gentechnik bezeichnet Rekombination das Einfügen oder Entfernen von *Genen* oder Gen-Bruchstücken im Erbgut eines Organismus. Man kann sagen: Gentechnik ist Rekombination von →*DNA* im Reagenzglas (*in vitro*). Daher wird Gentechnik auch als In-vitro-Rekombination von DNA bezeichnet. Im angloamerikanischen Sprachgebrauch spricht man neben »gene technology« auch von »recombinant DNA technology«.

Restriktionsenzyme

Bestimmte →*Enzyme*, die in der Lage sind, →*DNA* an einer ganz bestimmten Stelle zu schneiden. Restriktionsenzyme erkennen kurze →*Sequenzen* (vier bis sechs →*Nucleotide*) in der DNA und können den DNA-Strang spezifisch an dieser Stelle schneiden. Zusammen mit ihrem fuktionalen Gegenstück, den →*Ligasen*, bilden sie ein wichtiges Werkzeugpaar in der →*Gentechnik*.

Retroviren

Gruppe von →*Viren*, die *RNA* als Erbsubstanz besitzen. Beim Eindringen in eine Wirtszelle schreibt ein den Retroviren eigenes *Enzym*, die *Reverse Transkriptase*, die Virus-RNA in eine doppelsträngige DNA-Kopie um. Diesem Vorgang verdanken Retroviren ihren Namen. Erst diese doppelsträngige DNA-Kopie erlaubt es ihnen nämlich, die virale Erbinformation in das zelluläre →*Erbgut* einzubauen. Bei der späteren →*Expression* zellulärer *Gene* wird auch die virale Erbinformation in einsträngige RNA übersetzt, die zum Aufbau neuer Retroviren verwendet wird. Menschliche Krankheitserreger unter den Retroviren sind die blutkrebs- oder leukämieauslösenden Viren HTLV-1 und -2 und die →*AIDS*-verursachenden Viren HIV-1 und -2.

Die Fähigkeit der Retroviren, DNA (zunächst natürlich in Form von RNA) in die Zellen anderer Organismen einzuschleusen, macht sich die →*Gentechnik* zunutze. Sie setzt Retroviren als →*Vektoren* ein, etwa bei der →*Gentherapie*. Dabei stellt sich allerdings ein erhebliches Sicherheitsproblem. Molekularbiologen versuchen die Gefahr, die von retroviralen Vektoren ausgehen kann, dadurch zu begrenzen, daß sie solchen Vektoren wichtige, etwa zur Vermehrung notwendige Gene entfernen. Unklar ist, inwieweit solche »verkrüppelten«, genmanipulierten Retroviren mit bereits in der Zelle befindlichen Retroviren Erbsubstanz austauschen können und beispielsweise ihre Vermehrungsfähigkeit wiedererlangen können.

Ribosomen

Ort der →*Proteinsynthese*. Ribosomen werden daher auch salopp als »Proteinfabriken« der Zelle bezeichnet. Hier wird die Information der →*messenger-RNA* in die →*Primärstruktur* der Proteine, also die lineare

Abfolge der →*Aminosäuren* übersetzt. Die Ribosomen enthalten als strukturelle und funktionelle Bausteine einen eigenen Typ von RNA, die ribosomale oder rRNA.

RNA

Ribonucleic acid, zu deutsch: Ribonucleinsäure. Der Aufbau ähnelt dem der →*DNA*, mit zwei wichtigen Unterschieden: Im RNA-Molekül bildet Ribose den Zuckeranteil, und statt der in der DNA auftretenden Base →*Thymin* ist →*Uracil* eingebaut. RNA ist das Erbsubstanz-Molekül mancher →*Viren* (→*Retroviren*, RNA-Viren) und kommt in Lebewesen einsträngig entweder als →*messenger-RNA*, ribosomale RNA (rRNA) oder als →*transfer-RNA* (tRNA) vor.

Sekundärstruktur

Bezeichnet bei →*Proteinen* die Art der Faltung der zunächst linearen *Sequenz* der →*Aminosäuren*. Man unterscheidet drei Arten: Eine schraubenförmige, helikale (Alpha-Helix), eine zickzackförmige (Beta-Faltblatt) und eine unregelmäßige Form, das sogenannte Zufallsknäuel.

Selektion

Bezeichnet einen Arbeitsschritt in der →*Gentechnik*. Da in der Regel nie alle Organismen, die gentechnisch verändert werden sollten, das fremde Gen aufgenommen haben oder aktivieren können, ist es notwendig, diejenigen Organismen zu finden, die erfolgreich genmanipuliert wurden. Diesen Schritt nennt man Selektion. Ein gebräuchliches Selektionsverfahren basiert auf dem Einsatz selektionierbarer *Marker-Gene*. So kann man beispielsweise das zu übertragende Gen mit einem Resistenz-Gen gegen ein Antibiotikum koppeln. Setzt man anschließend die genmanipulierten Bakterien einem antibiotikumhaltigen Nährmedium aus, so überleben nur diejenigen Bakterien, die das fremde Gen – zusammen mit dem Marker-Gen – aufgenommen haben und die diese Gene auch aktivieren können.

Sequenz

Bezeichnet bei den →*Nucleinsäuren* die Abfolge der Basen →*Adenin*, →*Cytosin*, →*Guanin*, →*Thymin* und →*Uracil*, bei →*Proteinen* die Abfolge der →*Aminosäuren* (→*Primärstruktur*).

Sequenzanalyse/Sequenzierung

Laborverfahren zur Ermittlung der →*Sequenz* von →*Proteinen* und →*Nucleinsäuren*. Während die Sequenzanalyse von Proteinen heute weitgehend automatisiert werden kann (Protein-Sequenzer) ist dies bei der Sequenzierung von Nucleinsäuren erst ansatzweise gelungen. Zwei konkurrierende Verfahren stehen heute hierfür zur Verfügung. Im Prinzip handelt es sich dabei um einen schrittweisen Abbau des zu untersuchenden Moleküls. Das Verfahren beruht auf mehreren chemischen Reaktionsschritten, einschließlich des Einbaus radioaktiv markierter oder fluoreszierender Substanzen. Mit Hilfe der →*Elektrophorese* und der →*Autoradiographie* wird die Abfolge der einzelnen Basen schließlich sichtbar gemacht.

Die Sequenzierung eines →*Genoms* ist die detaillierteste Untersuchungsmethode der Molekulargenetik. Nur von ganz wenigen Mikroorganismen existieren inzwischen die kompletten Sequenzinformationen ihres Erbgutes. Alle Sequenzen, die Wissenschaftler irgendwo auf der Welt entschlüsselt haben, werden in sogenannten DNA-Datenbanken gespeichert. Die größten DNA-Datenbanken sind GenBank in Los Alamos, New Mexico sowie Mountain View, Kalifornien und die EMBL-DNA-Datenbank in Heidelberg.

Rechnet man alle Sequenzen zusammen, die Forscher bislang entschlüsselt haben, so entsprechen sie mengenmäßig etwa einem Hundertstel des menschlichen Erbgutes. Seit einigen Jahren werden indes sogenannte Genom-Projekte in den USA, Japan und Europa diskutiert. Ziel dieser Projekte soll es sein, bis in einigen Jahren das komplette menschliche Erbgut zu sequenzieren. Kritiker fürchten hierbei die gesellschaftspolitischen Gefahren, den »genetisch gläsernen Menschen«, den dieses Projekt heraufbeschwören könnte (siehe Kapitel »Die genetische Gesellschaft«).

Tertiärstruktur

Bezeichnet bei →*Proteinen* die Art der räumlichen Faltung der →*Sekundärstruktur*.

Thymin

Neben →*Adenin*, →*Cytosin* und →*Guanin* eine der vier informationstragenden Einzelbausteine der Erbsubstanz →*DNA*. Die Abfolge oder Sequenz dieser vier Moleküle bestimmt die →*Primärstruktur* der →*Proteine*. Innerhalb der →*RNA* steht an Stelle des Thymins das Molekül →*Uracil*.

transfer-RNA (tRNA)

Kleebattförmiges, aus circa 80 →*Nucleotiden* bestehendes →*RNA*-Molekül, das für die →*Proteinsynthese* unabdingbar ist. Die t-RNA stößt an den →*Ribosomen* mit der →*messenger-RNA* zusammen. Diese Andockstelle nennt man bei der tRNA *Anticodon*, da sie aus drei Nucleotiden besteht, die zum →*Codon* der messenger-RNA komplementär passen muß. Erst wenn dies der Fall ist, löst die tRNA ihre Verbindung zu einer →*Aminosäure*, die an einer anderen Stelle des Moleküls befestigt ist.

Jedes tRNA-Molekül mit einem bestimmten Anticodon trägt eine bestimmte Aminosäure. Bezogen auf die Zahl der möglichen Anticodons gibt es – analog den Variationsmöglichkeiten bei den Codons – 64 verschiedene tRNA-Moleküle. Somit ist die Informationskette via →*DNA* – messenger-RNA – tRNA – Aminosäure geschlossen, ohne daß es auf diesem vierstufigen Übertragungsweg zu Mehrdeutigkeiten in der Information kommen konnte.

transgen

Tiere oder Pflanzen, denen mittels →*Gentechnik* ein oder mehrere Gene eines anderen Organismus eingeschleust wurden, werden als transgen bezeichnet. »Transgen« ist in diesem Sinne gleichbedeutend mit »genmanipuliert«.

In den USA wurde 1988 zum ersten Mal ein *Patent* für transgene Mäuse und die Methoden ihrer Herstellung gewährt. Ein ähnlich lautendes Patent desselben Anmelders wurde 1989 vom Europäischen Patentamt mit dem Hinweis auf den Patentausschluß für höhere Tiere im Europäischen Patentübereinkommen zurückgewiesen. Da allerdings gegen diese Entscheidung Widerspruch eingelegt wurde, ist der Fall noch nicht endgültig entschieden. Transgene Pflanzen können dagegen sowohl in den USA wie in Europa unter bestimmten Bedingungen Patentschutz erhalten. Die Frage der *Patentierbarkeit* von transgenen Tieren und Pflanzen ist sehr umstritten. Befürworter eines Patentschutzes verweisen auf die große wirtschaftliche Bedeutung dieser Möglichkeit. Diejenigen, die einen Patentschutz für transgene Lebewesen ablehnen, befürchten, daß die Abhängigkeit von einzelnen Bauern oder ganzen Ländern gegenüber den Patentinhabern zu groß würde.

Transkription

Erster Schritt der →*Expression* eines →*Gens*: Von der →*DNA*-Matrize des →*Erbguts* wird mit Hilfe eines →*Enzyms* (RNA-Polymerase) eine →*komplementäre* →*RNA*-Kopie, die →*messenger-RNA*, synthetisiert. Diese dient nach der sogenannten Prozessierung als Bauanleitung für Proteine (siehe auch →*Proteinsynthese*).

Translation

Zweiter Schritt der →*Expression* eines →*Gens* nach der →*Transkription*: Nach der Vorlage der prozessierten →*messenger-RNA* wird an den →*Ribosomen* die →*Sequenz* der →*Aminosäuren* eines →*Proteins* synthetisiert (siehe auch →*Proteinsynthese*).

Uracil

Neben →*Adenin*, →*Cytosin* und →*Guanin* eine der vier informationstragenden Einzelbausteine des Erbsubstanzmoleküls →*RNA*. Lediglich einige →*Viren* enthalten RNA statt →*DNA* als Erbsubstanz. Doch in allen Lebewesen tritt RNA in Form von Boten- oder →*messenger-RNA* als DNA-Kopie auf, die für die →*Proteinsynthese* unabdingbar ist.

Vektor

Bezeichnung für einen DNA-Abschnitt, der sich in einer Zelle selbständig vermehren kann. Da Vektoren fremde DNA aufnehmen können, sind sie unverzichtbare Werkzeuge der Gentechnik. Salopp könnte man sie als »Gen-Taxis« oder »Gen-Fähren« bezeichnen. Können Vektoren gar in verschiedenartliche Wirtszellen eindringen, so sprechen die Molekularbiologen von Shuttle- oder Schaukel-Vektoren. Beispiele von Vektoren: →*Plasmide* bei Bakterien und Hefen, Cosmide bei Bakterien-Viren, →*Krebsgene* von →*Viren*, →*Retroviren*.

Viren

Kleinstlebewesen, die zur Vermehrung auf den Stoffwechsel von Wirtszellen angewiesen sind, die sie infizieren. Aus diesem Grund streiten viele Biologen ihnen den Status als Lebewesen ab und sprechen vielmehr vom »geborgten Leben«. Viren sind so klein, daß sie Bakterienfilter (Durchlaßgröße etwa 0,2 millionstel Meter) passieren können.

Zellkern

Der Ort in der Zelle von höheren Lebewesen, an dem sich der Großteil der Erbsubstanz befindet. Der Kern ist mit einer Membran vom Rest des Zellinnern abgegrenzt. Er ist sozusagen die Bibliothek der Zelle, da in ihm der Löwenanteil der Erbinformation gespeichert ist. Diese Erbinformation verläßt den Zellkern niemals. Stattdessen werden Kopien angefertigt, die in Form von →*messenger-RNA* den Zellkern verlassen und an den Ribosomen zur →*Proteinsynthese* benutzt werden kann.

ZKBS

Abkürzung für »Zentrale Kommission für Biologische Sicherheit«, elfköpfiges Expertengremium, das beim Bundesgesundheitsamt in Berlin angesiedelt ist. Die ZKBS kontrolliert im Auftrage des Bundesgesundheitsministeriums seit 1981 den Bereich der →*Gentechnik*. Handlungsgrundlage der ZKBS sind die vom Bundesforschungsministerium in Bonn formulierten »Richtlinien zum Schutz vor Gefahren durch in-vitro neukombinierte Nukleinsäuren«, die seit 1981 mehrfach überarbeitet worden sind. Aufgabe der

ZKBS ist es nicht nur, sämtliche Forschungslabors in der Bundesrepublik Deutschland, in denen Gentechnik betrieben wird, zu registrieren. Die ZKBS muß sämtliche gentechnischen Forschungsvorhaben, die mit öffentlichen Geldern finanziert werden, auf ihre sicherheitsrelevanten Aspekte überprüfen, begutachten und schließlich Empfehlungen aussprechen (siehe auch →*Laborsicherheit*). Da die Richtlinien nicht rechtsverbindlich sind, haben sie zunächst im Bereich privater Forschung und deren industrieller Anwendung keine Rechtskraft. Die deutsche Industrie hat sich jedoch freiwillig bereiterklärt, sich der Begutachtung der ZKBS zu unterwerfen.

Vor allem zwei Punkte stießen in letzter Zeit auf vehemente Kritik: Zum einen die Zusammensetzung der ZKBS – es sind praktisch nur Anwender der Gentechnik (»öffentliche« und Industrie-Forscher) in diesem Gremium vertreten – und zum andern der nicht ausreichend rechtsverbindliche Charakter der Richtlinien. Beide Einwände fanden beim *Gen-Stammgesetz*, das Mitte 1990 in Kraft getreten ist, Berücksichtigung.

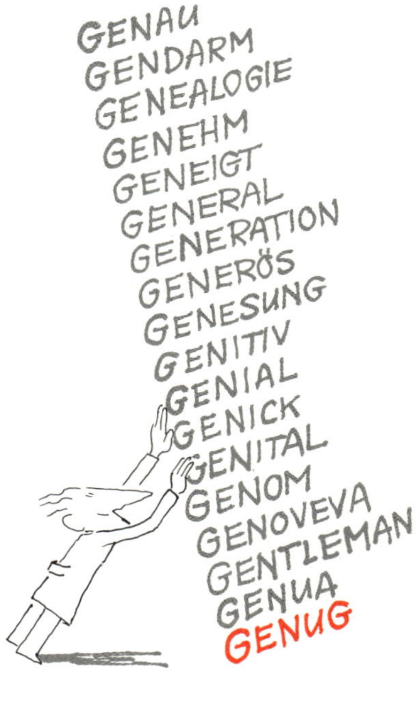

Sachverzeichnis